汽车数据流与波形

余 飞 主编

分析 · 识别 · 诊断 · 维修 · 案例

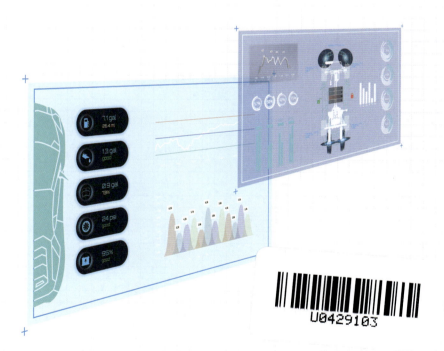

化学工业出版社

·北京·

内 容 简 介

《汽车数据流与波形 分析·识别·诊断·维修·案例》分为上下两篇，分别介绍了汽车数据流和汽车波形的相关知识。

本书内容涵盖常见的各车系、车型及其各大总成如发动机、变速器、车身、空调等的数据流和波形，以全彩图解、图表结合的形式并配以通俗易懂的文字进行介绍，内容全面系统，讲解由浅入深、循序渐进。

本书重点介绍了汽车数据流和波形的基本原理及分析、诊断和维修方法，对于较复杂的内容及部分案例还专门配备了数据流与波形操作视频，有利于读者快速学习、理解和掌握。

本书适合汽车维修技术人员使用，也可作为大中专院校、职业技术院校汽车相关专业师生及汽车维修企业培训机构的参考教材。

图书在版编目（CIP）数据

汽车数据流与波形：分析·识别·诊断·维修·案例/余飞主编. —北京：化学工业出版社，2022.6
ISBN 978-7-122-40864-8

Ⅰ.①汽… Ⅱ.①余… Ⅲ.①汽车-电子系统-控制系统-故障诊断 Ⅳ.① U472.41

中国版本图书馆 CIP 数据核字（2022）第 032137 号

责任编辑：黄　滢　张燕文　　　　　装帧设计：王晓宇
责任校对：杜杏然

出版发行：化学工业出版社（北京市东城区青年湖南街13号　邮政编码100011）
印　　装：中煤（北京）印务有限公司
710mm×1000mm　1/16　印张19　字数345千字　2022年6月北京第1版第1次印刷

购书咨询：010-64518888　　　　　售后服务：010-64518899
网　　址：http://www.cip.com.cn
凡购买本书，如有缺损质量问题，本社销售中心负责调换。

定　　价：108.00元　　　　　　　　　　　　　　　版权所有　违者必究

前言 PREFACE

数据流和波形是汽车维修技术人员全面了解车辆状态、快速定位故障部位的重要依据，分析与处理数据流和波形是汽车维修技术人员的必备技能。鉴于此，在化学工业出版社的组织下，特编写了本书。

读者在阅读本书之前需要注意的是，不同类型或不同系统的参数，其分析方法会有所不同；不同厂牌及不同车型的汽车，其电控装置的数据流参数的名称和内容也不完全相同。限于篇幅，本书在介绍具体内容时以部分车型为例进行讲解，读者可举一反三，在进行电控装置故障诊断时还应当将几种不同类型或不同系统的参数进行综合对照分析。

本书内容分为上下两篇，分别介绍了汽车数据流和汽车波形的相关知识。涵盖常见的各车系、车型及其各大总成如发动机、变速器、车身、空调等的数据流和波形，以全彩图解、图表结合的形式并配以通俗易懂的文字进行介绍，内容全面系统，讲解由浅入深、循序渐进。

本书重点介绍了汽车数据流和波形的基本原理及分析、诊断和维修方法。为便于读者学习和掌握，对于较复杂的内容及部分案例还专门配备了数据流与波形操作视频，已购书的读者可发送邮件至 huangying0436@163.com 免费索取。此外，本书还采用了化学工业出版社独家纸电同步技术，超值赠送全套电子书。纸书和电子书可同步对照学习，利用纸书做标记、划重点，利用电子书在线查阅、看视频，两者取长补短、互为补充，学习效果事半功倍。

本书适合汽车维修技术人员使用，也可作为大中专院校、职业技术院校汽车相关专业师生及汽车维修企业培训机构的参考教材。

本书由余飞主编，陈道旅、邱垂斌、黄俊飞参编。

限于笔者水平，书中不足之处在所难免，敬请广大读者批评指正。

编者

目录 CONTENTS

上篇 汽车数据流

第一章 汽车数据流简介

一、汽车数据流的定义和表现形式 / 1
  1. 汽车数据流的定义 / 1
  2. 汽车数据流的表现形式 / 2

二、汽车数据流的作用 / 3
  1. 维持电子控制系统正常工作 / 3
  2. 显示汽车工作状态 / 3
  3. 检测与诊断汽车电子控制系统的故障 / 3
  4. 实现汽车电子控制系统故障自诊断 / 4

三、汽车数据流分析的作用 / 4
  1. 弥补汽车故障自诊断的不足 / 4
  2. 用数据流分析故障的特点 / 5

四、汽车数据流的类型 / 5
  1. 按数据流所显示的参数分 / 5
  2. 按数据流与电子控制器的出入关系分 / 6
  3. 按系统的工作状态分 / 6
  4. 按数据所属的系统分 / 6

第二章 汽车数据流的分析方法

一、汽车数据流常用的分析方法 / 7

1. 数值分析法 / 7

2. 时间分析法 / 8

3. 因果分析法 / 9

4. 关联分析法 / 10

5. 比较分析法 / 11

二、汽车数据流分析的步骤 / 11

1. 有故障码的分析步骤 / 11

2. 无故障码的分析步骤 / 12

三、汽车数据流综合分析 / 12

1. 数据流综合测量 / 12

2. 数据综合分析 / 13

四、使用汽车数据流分析的优势 / 14

1. 传统汽车维修技术排除故障 / 14

2. 数据流分析方法排除故障 / 15

第三章　汽车发动机数据流分析

一、发动机基本数据流 / 17

1. 冷却液温度数据流 / 17

2. 大气压力数据流 / 18

3. 发动机负荷数据流 / 19

4. 发动机转速数据流 / 20

5. 凸轮信号数据流 / 21

6. 低速/高速风扇数据流 / 21

7. 发动机全损耗系统用油油位数据流 / 22

8. 全损耗系统用油警告灯数据流 / 22

9. 车辆防盗/燃油切断数据流 / 23

10. 故障警告灯数据流 / 23

二、发动机排放控制数据流 / 24

1. 废气再循环设定位置数据流 / 24

2. 废气再循环实际位置数据流 / 26

3. 废气再循环阀位置误差数据流 / 27

4. 废气再循环反馈电压数据流 / 27

5. 废气再循环阀占空比数据流 / 28

6. 活性炭罐电磁阀占空比数据流 / 28

7. 活性炭罐电磁阀数据流 / 29

8. 氧传感器电压数据流 / 30

9. 氧传感器就绪状态数据流 / 31

10. 氧传感器超过中值次数数据流 / 31

11. 空燃比数据流 / 32

三、发动机燃油控制数据流 / 32

1. 喷油脉冲宽度数据流 / 32

2. 指令燃油泵数据流 / 33

3. 燃油修正单元数据流 / 34

4. 燃油修正显示数据流 / 34

5. 短期燃油修正数据流 / 34

6. 长期燃油修正数据流 / 35

7. 减少燃油模式数据流 / 36

8. 动力增强模式数据流 / 36

9. 反馈状态数据流 / 37

四、发动机进气状态数据流 / 37

1. 空气流量数据流 / 37

2. 空气流量频率数据流 / 39

3. 进气歧管绝对压力数据流 / 39

4. 怠速控制阀位置数据流 / 41

5. 进气温度数据流 / 42

6. 启动时进气温度数据流 / 44

7. 节气门位置传感器数据流 / 44

8. 节气门开度数据流 / 45

五、发动机供电及点火控制数据流 / 46

1. 指令发电机数据流 / 46
2. 充电指示灯数据流 / 47
3. 3X 曲轴位置传感器数据流 / 47
4. 24X 曲轴位置传感器数据流 / 48
5. 点火模式数据流 / 48
6. 爆震滞后数据流 / 49
7. 总缸缺火故障数据流 / 50
8. 当前某缸缺火故障数据流 / 50
9. 以往某缸故障数据流 / 50
10. 点火正时数据流 / 51

第四章　汽车变速器数据流

一、自动变速器基本数据流 / 52
1. 自动变速器换挡数据流 / 52
2. 适配换挡数据流 / 53
3. 变速器锁止离合器制动开关数据流 / 54
4. 现用齿轮数据流 / 54
5. 现用变速器适配压力（TAP）单元数据流 / 54
6. 现用变速器适配压力（TAP）存储器数据流 / 54
7. 齿轮传动比数据流 / 54
8. 热模式数据流 / 55
9. 最后一次换挡时间数据流 / 55
10. 压力控制电磁阀实际电流数据流 / 55
11. 压力控制电磁阀负载周期数据流 / 55
12. 压力控制电磁阀参考电流数据流 / 56
13. 换挡模式数据流 / 56
14. 稳定变速器适配压力 1GR 数据流 / 56
15. 稳定变速器适配压力 2GR 数据流 / 56
16. 稳定变速器适配压力 2GR/TC 数据流 / 57

17. 稳定变速器适配压力 3GR 数据流 / 57

18. 稳定变速器适配压力 3GR/TC 数据流 / 57

19. 稳定变速器适配压力 4GR 数据流 / 57

20. 稳定变速器适配压力 4GR/TC 数据流 / 58

21. 稳定变速器适配压力（倒挡）数据流 / 58

22. TCC 负载周期数据流 / 58

23. TCC 负载周期电磁阀断路/搭铁数据流 / 58

24. TCC 负载周期电磁阀与电源短路数据流 / 59

25. TCC 释放开关数据流 / 59

26. TCC 滑移速度数据流 / 59

27. 变速器输入转速数据流 / 59

28. 变速器输出转速数据流 / 60

二、自动变速器油温度传感器数据流 / 60

1. TFT 传感器数据流 / 60

2. 自动变速器油温度数据流 / 60

三、自动变速器输入/输出转速传感器数据流 / 61

1. 自动变速器输入转速传感器数据流 / 61

2. 自动变速器输出转速传感器数据流 / 62

四、自动变速器电磁阀数据流 / 62

1. 1-2 挡换挡电磁阀数据流 / 62

2. 2-3 挡换挡电磁阀数据流 / 63

第五章　汽车车身数据流

一、ABS 数据流 / 64

1. 轮速传感器的轮速数据流 / 64

2. 制动灯开关数据流 / 65

3. 电磁阀继电器数据流 / 66

4. ABS 电压数据流 / 67

5. 液压泵电动机电压数据流 / 67

    6. ABS/TCS 指示灯数据流 / 68
    7. 制动液液位开关数据流 / 68
    8. 电磁阀数据流 / 69
  二、安全气囊系统数据流 / 70
    1. 前排乘客侧展开回路数据流 / 70
    2. 驾驶员侧展开回路数据流 / 71
    3. 安全气囊警告数据流 / 72

第六章　汽车空调主要数据流

  一、汽车空调传感器数据流 / 73
    1. 室内温度传感器数据流 / 73
    2. 环境温度传感器数据流 / 73
    3. 蒸发器温度传感器数据流 / 74
    4. 日照传感器数据流 / 74
    5. 压力传感器数据流 / 74
  二、风门控制伺服电动机数据流 / 75
    1. 空气混合风门伺服电动机数据流 / 75
    2. 进气风门控制伺服电动机数据流 / 75
    3. 出气风门控制伺服电动机数据流 / 75

第七章　汽车数据流典型故障案例

  一、宝马 5 系发动机故障灯点亮报警故障 / 76
  二、本田雅阁动力差故障 / 77
  三、大众速腾发动机故障警告灯亮、油耗很高 / 79
  四、大众迈腾发动机偶尔抖动故障 / 80
  五、别克威朗发动机偶尔出现怠速不稳故障 / 82
  六、日产骐达怠速不稳故障 / 83
  七、大众途观冷启动困难、行驶时加速无力故障 / 84

八、马自达阿特兹发动机故障灯点亮故障 / 84

九、大众迈腾启动时发动机怠速不稳、抖动故障 / 85

十、宝马 X5 机油压力过低故障诊断 / 86

下篇 汽车波形

第八章 汽车波形基础知识

一、汽车波形的分类 / 89
    1. 直流波和交流波 / 89
    2. 方波和脉冲 / 92

二、常见的信号种类 / 95

三、常见的汽车波形 / 96
    1. 传感器波形 / 96
    2. 执行器波形 / 100

第九章 汽车传感器波形

一、曲轴位置传感器波形 / 104
    1. 曲轴位置传感器的分类 / 104
    2. 磁电式曲轴位置传感器的工作原理与波形分析 / 104
    3. 霍尔式曲轴位置传感器的波形分析 / 110

二、凸轮轴位置传感器波形 / 111
    1. 凸轮轴位置传感器的工作原理 / 112
    2. 凸轮轴位置传感器波形分析 / 112

三、进气歧管绝对压力传感器波形 / 118
    1. 进气歧管绝对压力传感器工作原理 / 118
    2. 进气歧管绝对压力传感器波形分析 / 119

四、空气流量计波形 / 121
    1. 空气流量计工作原理 / 121
    2. 空气流量计波形分析 / 122

五、爆震传感器波形 / 125
    1. 爆震传感器工作原理 / 125
    2. 爆震传感器波形分析 / 125

六、EGR 位置传感器波形 / 127
    1. EGR 位置传感器工作原理 / 127
    2. EGR 位置传感器波形分析 / 128

七、加速踏板位置传感器波形 / 129
    1. 加速踏板位置传感器工作原理 / 130
    2. 加速踏板位置传感器波形分析 / 131

八、电子节气门波形 / 133
    1. 电子节气门工作原理 / 133
    2. 电子节气门波形分析 / 134

九、窄带氧传感器波形 / 140
    1. 窄带氧传感器工作原理 / 140
    2. 窄带氧传感器波形分析 / 140

十、宽带氧传感器波形 / 147

十一、机油压力传感器波形 / 148
    1. 机油压力传感器工作原理 / 149
    2. 机油压力传感器波形分析 / 149

十二、ABS 传感器波形 / 150
    1. ABS 传感器工作原理 / 151
    2. 磁电式 ABS 传感器波形分析 / 151
    3. 磁阻式 ABS 传感器波形分析 / 152

十三、增压压力传感器波形 / 157
    1. 增压压力传感器工作原理 / 157
    2. 增压压力传感器波形分析 / 158

十四、其他传感器波形 / 158

1. 输入涡轮转速传感器波形分析 / 158
2. 中间轴速度传感器波形分析 / 160
3. 车速传感器波形分析 / 160

第十章 汽车执行器波形

一、VVT 电磁阀波形 / 163
    1. VVT 电磁阀工作原理 / 163
    2. VVT 电磁阀波形分析 / 163

二、点火线圈波形 / 165
    1. 点火线圈工作原理 / 165
    2. 初级点火波形的作用及分类 / 166
    3. 次级点火波形的作用及分类 / 170
    4. 初级点火波形分析 / 175
    5. 次级点火波形分析 / 184
    6. 四线点火波形分析 / 190
    7. 初级/次级点火线圈故障波形分析 / 192

三、喷油器波形 / 208
    1. 喷油器工作原理 / 208
    2. 喷油器波形分析 / 209

四、怠速控制阀波形 / 216
    1. 怠速控制阀工作原理 / 216
    2. 怠速控制阀波形分析 / 216

五、其他执行器的波形 / 218
    1. 活性炭罐控制阀波形分析 / 218
    2. 汽油泵电流波形分析 / 219
    3. 自动变速器管路压力控制电磁阀 SLT 信号波形分析 / 220
    4. 自动变速器换挡电磁阀 SL1 信号波形分析 / 221
    5. 自动变速器锁止离合器电磁阀 DSL 信号波形

分析 / 222

6. 汽车音响音频信号波形分析 / 223

7. 发电机波形分析 / 223

第十一章 汽车驱动 CAN 波形分析

一、驱动 CAN 组成和工作原理 / 227

1. 驱动 CAN 的终端电阻 / 228

2. 驱动 CAN 的显性和隐形电压 / 228

二、驱动 CAN 的波形分析 / 229

1. CAN-Bus 线正常波形 / 229

2. CAN-Bus 线波形（休眠状态）/ 230

3. CAN-H 线对地短路 / 231

4. CAN-L 线对地短路 / 232

5. CAN-H 和 CAN-L 线同时对地短路 / 232

6. CAN-H 与 CAN-L 线互相短路 / 233

7. CAN-H 线对电源短路 / 234

8. CAN-L 线对电源短路 / 234

9. CAN-H 和 CAN-L 线同时对电源短路 / 235

10. CAN-H 线断路 / 235

11. CAN-L 线断路 / 236

第十二章 汽车波形典型故障案例

一、检查 CAN 总线 / 237

二、检查 CAN 总线是否短路 / 240

三、检查 CAN 总线是否对 +B 短路 / 257

四、检查 CAN 总线是否对搭铁短路 / 272

参考文献

上篇 汽车数据流

第一章 汽车数据流简介

一、汽车数据流的定义和表现形式

1. 汽车数据流的定义

汽车数据流是指用汽车故障诊断仪从汽车电子控制器（ECU）的诊断接口读取的数据，这些数据包括汽车 ECU 从传感器信号及开关信号中获取的汽车工况与状态识别参数，以及 ECU 为实现设定的控制目标而向执行器输出的控制参数。由于数据的传输就像队伍排队一样，一个一个通过数据线流向汽车故障诊断仪，因而称其为"数据流"。

汽车数据流是汽车 ECU 用来判别被控对象工况与状态的数据，以及用来控制被控对象的控制数据。汽车数据流分析，就是根据所获取数据流的具体情况，分析与判断汽车电子控制系统及相关系统或部件的工作状态、是否有故障等。通过汽车数据流分析诊断故障，已经在现代汽车使用与维修中得到很好的运用。

2. 汽车数据流的表现形式

在汽车运行过程中，汽车数据流随时间和工况而变化。汽车数据流除了在进行故障检修时由诊断接口"流向"汽车故障诊断仪外，在汽车电子控制系统工作过程中，其传感器、控制器及执行器之间时刻进行着数据的交流（信号传递）。

在汽车电子控制系统的检测与故障诊断过程中，通过汽车故障诊断仪从汽车诊断接口获取的数据是二进制代码。这些数据由汽车故障诊断仪内部的信号处理电路进行译码或数模转换后，以十进制数值、文字及波形等方式表达出来。

采用万用表和示波器等检测工具，通过传感器、控制器或执行器的线路连接端子检测到的数据表现形式则有多种。

（1）连续变化的模拟电压

以电压的高低表示数据值，例如节气门位置传感器、各种温度传感器、翼板式空气流量传感器、电位计式转向盘转矩传感器等，向控制器传送的信号都是以信号电压值表示当时的节气门位置、温度、进气的流量、转向盘的转矩等参数。

（2）脉冲电压的幅值

以脉冲电压的幅值反映数据值，例如电感式转向盘转矩传感器向控制器传送的就是此类信号。

（3）脉冲电压的频率

以脉冲电压的频率反映数据值，例如发动机转速传感器、车轮转速传感器、车速传感器、卡门涡旋式空气流量传感器等向控制器传送的脉冲信号均属此类信号。

（4）脉冲电压的占空比

此类脉冲电压的脉冲频率恒定，以脉宽的变化来表示数据值的变化（图1-1）。在汽车电子控制系统中此类数据流不少，例如电子控制器向转动式怠速控制电磁阀、变速器油压调节电磁阀、变矩器锁止电磁阀、脉动式怠速控制阀等输出的控制信号均为占空比脉冲信号。

（5）高低电平

以电压的高低表示数据值。在汽车电子控制系统中，此类信号也有很多，例如节气门位置传感器中的怠速开关、自动变速器的挡位开关、制动系统中的制动灯开关等均由各自的开关向电子控制器提供开关信号，而电子控制器向继电器、指示灯、开关式电磁阀、电动机等输出的也是开关信号。

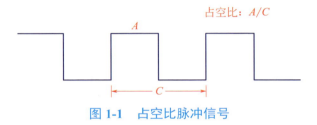

图 1-1　占空比脉冲信号

（6）故障码

汽车电子控制系统故障自诊断过程中所获得的故障码是反映汽车电子控制系统故障的数据流。当汽车电子控制系统的部件和线路出现故障时，自诊断系统就以二进制代码的形式，在指定的 RAM 存储器中储存故障信息，在故障检修时可通过扫描仪、汽车故障诊断仪或人工的方法读取故障信息。

二、汽车数据流的作用

1. 维持电子控制系统正常工作

在汽车电子控制系统内部，数据流的作用是使系统保持正常工作。例如传感器流向信息控制器的数据流，控制器根据传感器输入的数据流计算和判断被控对象的物理参量及工作状态，并向执行器发出控制数据流，执行器在这些数据流的作用下工作，将被控对象控制在设定的目标范围之内。

2. 显示汽车工作状态

当汽车的行驶工况与状态有变化时，汽车数据流随即改变，一些汽车数据流通过汽车显示仪表显示出汽车的行驶状态以及发动机的状况，例如汽车的车速、燃油液面、瞬时油耗、发动机的转速、发动机温度等。这些数据流通过显示装置使驾驶人随时了解汽车的工作状况，及时发现异常情况。

3. 检测与诊断汽车电子控制系统的故障

在现代汽车上，电子控制系统的应用已十分普遍，一些高级轿车所装备的电子控制系统的数据传输线多达数百条，各电子控制系统的工作状态即使有轻微的变化，都会在数据流上有所反映。因此，通过诊断接口或用其他检测手段获得相关的数据流（传感器的输入信号和控制器的输出信号），检修人员运用分析与比较的方法，就可以获得相关的系统工作正常与否，相关系统部件或线路是否有故障的诊断结果。

如果运用微机故障分析仪进行动态检测，就可将汽车运行中各种传感器和执行元件的输入与输出信号的瞬时数据值直接以数据流的方式在显示屏上显示出来。这样，可以根据汽车工作过程中控制系统各种数据的变化情况来分析与判断电子控制系统的工作是否正常。

4. 实现汽车电子控制系统故障自诊断

汽车电子控制系统设有故障自诊断功能，在电子控制器的 ROM 存储器中，储存有传感器输入信号和执行器反馈信号的标准参数及故障自诊断程序。电子控制系统工作时，控制器通过调用故障自诊断程序，将输入的信号与标准参数进行比较。如果输入信号丢失或不在正常范围之内，就诊断为提供输入信号的线路和部件有故障，并将故障信息以代码的形式储存于 RAM 存储器中。

三、汽车数据流分析的作用

1. 弥补汽车故障自诊断的不足

由汽车故障自诊断的原理可知，汽车故障自诊断系统只能检测出电控系统电路和部件有无故障，并不能监测传感器的特性变化。如果传感器出现性能不良（工作不正常、偏差严重和灵敏度下降等）而导致的信号不准确的故障，只要其信号未超出设定的正常范围，自诊断系统就不能识别。因此，在故障检修时，无法通过取得故障码来检测出这一类故障。

注意

汽车故障自诊断只对有信号输入 ECU 的电路和部件有效，因此根据 ECU 内部存储器储存的故障码进行故障检修时，能检测出的故障很有限。对于无反馈信号的执行器和机械装置的故障，故障自诊断系统不能识别其故障与否，因而在故障检修时，无法通过取得故障码来确认这些故障。

2. 用数据流分析故障的特点

在汽车电控系统故障检修时，读取数据流并对数据流进行综合分析，可有效地提高故障诊断效率。数据流分析的作用主要表现在以下几点。

❶ 通过对所获取的数据流进行分析，可以实时了解汽车电子控制系统各种传感器和执行器的工作状态信息，掌握汽车的运行状况，判断汽车各电子控制系统工作是否正常。

❷ 可以解决有故障而无故障码或误码等疑难故障问题。在使用汽车故障诊断仪读取电控系统故障码并根据故障码进行检修时，大多数情况下都能判明故障发生的原因和具体的故障部位，但有时候仅仅靠故障码寻找故障，往往会出现判断上的失误。因为有很多故障是不能被ECU所记录的，并且有些显示的故障码也不一定是汽车真正的故障。在这种情况下，最为可行的办法就是使用汽车故障诊断仪读取电控系统的数据流，动态分析电控系统的工作状况。通过对数据流中的各项参数进行数值分析并与标准数据参数进行综合比较，可以判断汽车电控系统的工作是否正常，从而准确、快速地排除故障。

❸ 通过读取数据流，可以进行控制器编码、基本设定和自适应值清除等，对电控系统进行更精确的匹配，使电控发动机等各系统能在最佳的状态下工作。

在汽车检测与故障诊断过程中，当一些故障不能通过故障码反映，或通过简单的故障码不能寻找到真正的故障时，检测并分析数据流就显得很重要，利用数据流分析方法可以比较准确地判断故障的类型和发生部位。因此，数据流分析，已是现代汽车检测与维修人员所必须掌握的重要技能。

四、汽车数据流的类型

1. 按数据流所显示的参数分

（1）数据参数

数据参数是指有一定单位、一定变化范围的参数，它通常反映出电控装置工作中各部件的工作电压、温度、压力、时间、速度等。

（2）状态参数

状态参数是只有两种工作状态的参数，如开或关、是或否、闭合或断开、高或低等，它通常表示电控装置中的开关和电磁阀等元件的工作状态。

2. 按数据流与电子控制器的出入关系分

（1）输入参数

输入参数是指各传感器或开关信号输入 ECU 的各个参数。输入参数可以是数值参数，也可以是状态参数。

（2）输出参数

输出参数是 ECU 给各执行器的输出指令。输出参数有状态参数，例如电磁阀的开与关、警告灯的亮与灭、电动机的转与停等控制信号；输出参数也有数值参数，例如喷油器的喷油时间、点火提前角等。

3. 按系统的工作状态分

（1）静态数据流

汽车电子控制系统接通电源，但未工作时所检测到的数据为静态数据流。例如接通点火开关但不启动发动机，这时，利用汽车故障诊断仪或其他测量仪器测得的汽车电子控制系统的数据即为静态数据流。

（2）动态数据流

汽车电子控制系统处于工作状态时检测到的数据为动态数据流。例如接通点火开关且启动发动机，在发动机处于运转状态下，用汽车故障诊断仪或其他测量仪器所测得的发动机电子控制系统的数据。动态数据流随电子控制系统工作状态的变化而改变。

4. 按数据所属的系统分

如果按数据所属的系统分，则可以将数据流分为电控发动机数据流、自动变速器数据流、ABS 数据流等。

第二章 汽车数据流的分析方法

一、汽车数据流常用的分析方法

1. 数值分析法

数值分析法是对所获取的数据流数值变化规律和数值变化范围进行分析，通过测得的数值与正常情况的标准值进行比较，得到被测对象正常与否的数据流分析方法。

汽车电子控制系统在工作过程中，电子控制器（ECU）对传感器的输入信号进行分析与处理，并向各执行器发出控制指令，使被控对象工作在设定目标范围。闭环控制还将被控对象的工作状态信息通过相关传感器反馈给 ECU，ECU 根据相应传感器的反馈信号对控制信号再加以修正。在这些输入与输出信号中，一些信号以数据大小反映被控对象的工况与状态。因此，用汽车诊断仪器读取这些信号参数后，需要通过所测得的数据流的数值来分析被控对象的状态和系统的工作情况。下面举几个实例来说明数值分析法。

（1）利用系统的电压值来分析故障

正常情况下，未启动发动机时，系统的电压为蓄电池电压，发动机启动后应等于该车充电系统的电压。如果测得的系统电压数值不正常，就表示充电系统有故障。有些汽车的充电系统受发动机 ECU 控制，若发动机启动后的系统电压不正常，也有可能是发动机控制系统出现了故障。

（2）利用发动机转速信号的数值分析故障

起动机转速正常，但发动机不能启动，读取发动机的转速信号（正常转速数据为 1500～3000r/min），如果数值很小或接近于零，则说明是转速信号过弱引起发动机不能启动。因为发动机转速信号是发动机控制系统进行点火控制和喷油控制必不可少的信号，如果发动机的转速参数过小，ECU 就不能进行正常的点火和喷油控制，发动机也就不能启动。

(3) 利用发动机温度参数值分析故障

有些汽车发动机的冷却风扇由发动机 ECU 控制，ECU 根据发动机冷却液温度传感器的电压信号来判断发动机冷却液温度，当温度达到极限值时 ECU 输出控制信号，通过控制风扇继电器使风扇工作。例如，一辆本田雅阁 2.3 轿车，发动机启动不久，温度还未达到正常工作温度时冷却风扇就开始工作，这说明冷却风扇控制不正常。连接汽车故障诊断仪未能读取故障信息；读取数据流，发动机冷却液温度是 112℃，而该车发动机电动风扇的工作温度为 9～95℃（开关 A 低速挡）和 103～109℃（开关 B 高速挡）。分析发动机冷却液温度数据流的数值和冷却风扇能转动的实际情况，可以确定 ECU 对冷却风扇的控制及控制电路正常，问题出在 ECU 得到的温度信号不正常。温度信号不正常的可能原因是冷却液温度传感器、线束接头或 ECU 内部的输出信号处理电路等有异常。经检查发现冷却液温度传感器的阻值不正确，更换后一切正常。

2. 时间分析法

时间分析法是通过对所获取的数据流数值随时间的变化进行分析，从而得到被测对象正常与否的数据流分析方法。

> **注意**
>
> 进行数据流分析时，某些数据参数不仅要考虑其数值大小，而且需要看其工作时限是否超出正常的范围。时限是指在一定单位时间内应发生的次数，或应达到的状态。通过工作时限判断有故障的传感器主要有冷却液温度传感器、发动机爆震传感器和氧传感器等。

(1) 冷却液温度传感器

正常情况下，发动机启动后几分钟，冷却液就可以达到正常的工作温度。如果发动机启动 10min 后，发动机电子控制器检测到的发动机冷却液温度还未达到 60℃，ECU 就会诊断为冷却液温度传感器有故障，并储存故障码。

(2) 发动机爆震传感器

迅速踩下加速踏板，在发动机转速 1500～4500r/min 时，发动机电子控制器至少应收到爆震传感器传来的两次大于或等于 3kHz 的信号。如果 ECU 未能接收到应有的信号，就会认为爆震传感器可能有故障，并储存故障码。如果没能及时给出故障码，需运用数据流分析传感器的信号是否过弱。

(3) 氧传感器

氧传感器的信号不仅要求有信号电压的变化，而且信号电压的变化频率在一定时间内要超过一定的次数（如某些车要求大于 6～10 次 /10s），当小于此值时，就会产生故障码，表示氧传感器响应过慢。如果氧传感器信号电压变化次数并未超过限定值，但反应较迟缓时，则不会产生故障码。此时，应接上汽车故障诊断仪观察氧传感器数据流的变化状态以判断传感器的好坏。若催化转化器前后均有氧传感器，则前后氧传感器的信号变化频率是不一样的。通常后氧传感器的信号变化频率至少应低于前氧传感器的一半，否则可能是催化转化效率已降低了。

3. 因果分析法

因果分析法是对相互联系（有因果关系）的数据间响应情况和响应速度进行分析，从中获得被测对象状态和故障信息。

汽车电子控制系统在控制过程中，许多参数具有因果关系。氧传感器的混合气过浓或过稀信号输入 ECU，必然会使 ECU 输出的喷油脉冲信号有所改变。ECU 根据一个输入对应一个输出，当某个控制过程出现异常时，将这些有因果关系的输入与输出参数连贯起来观察，就可以分析与判断控制系统的故障出现在何处。

例如，用于降低氮氧化合物（NO_x）排放的废气再循环（EGR）控制系统，ECU 根据发动机转速传感器、进气流量传感器（或进气压力传感器）、发动机温度传感器、节气门位置传感器等确定是否进行废气再循环及再循环流量，输出相应的控制信号控制 EGR 电磁阀工作，并根据 EGR 位置传感器的反馈信号来判断 EGR 阀的工作状态。当出现 EGR 系统未工作的故障码时，可在相应工况（非禁止废气循环工况）下检查 ECU 输出的 EGR 电磁阀控制信号和 EGR 位置传感器的反馈信号。如果 ECU 无控制信号输出，可能是监测发动机工况与状态的相关传感器有故障，或者是 ECU 本身有故障；如果 ECU 输出的 EGR 电磁阀控制信号变化正常，而 EGR 位置传感器反馈信号值没有变化，则可能是 EGR 位置传感器、传感器线路或 EGR 阀有问题。

> **注意**
>
> 判别 EGR 阀本身和废气通道有无问题，可在发动机怠速运转情况下，直接将一定的真空施加于 EGR 阀上，使 EGR 阀打开。如果这时发动机出现明显的抖动或熄火，说明 EGR 阀本身和废气循环通道无问题，可能是 EGR 位置传感器及线路或 ECU 有故障；如果无明显抖动，则可能是 EGR 阀或废气循环通道有异常。

再如，在自动空调系统中，当按下空调开关（A/C）时，该开关并不是直接接通空调压缩机电磁离合器，而是将该开关信号作为空调制冷请求信号发送给发动机 ECU。ECU 接收到此信号后，检查是否满足设定的条件，若满足，就会向空调继电器发出控制指令，接通继电器线圈，继电器触点闭合，接通压缩机电磁离合器，使压缩机工作。因此，当空调系统不工作时，可观察在按下空调开关后，空调请求（选择）、空调允许、空调继电器等这些有因果关系的参数的状态变化，据此来判断故障出自何处。

4. 关联分析法

关联分析法是对彼此有关联的数据流进行分析，通过相互关联的数据流的分析比较，找到故障的真正原因。

> **注意**
>
> 电子控制系统在工作时，ECU 对几个相关传感器信号进行比较，当发现它们之间的关系出现不合理的状况时，就会做出有故障的判断，并会给出一个或几个故障码，或指出某个信号不合理。在这种情况下，不能轻易断定是某个传感器不良，应根据它们之间的相互关系做进一步的检测和分析，以便得到正确的诊断结果。

例如，发动机 ECU 自诊断系统给出了节气门位置传感器信号不正确的故障码，但实际检测结果是节气门位置传感器及其设定值都无问题。在这种情况下，就需要注意检查相关联的传感器。通过检测发动机转速信号，发现发动机转速信号不正确，更换曲轴上的曲轴位置传感器（CKP 传感器）后，故障排除。故障原因是 ECU 接收到不正确的发动机转速信号后，不能判断转速信号是否正确（因 CKP 信号并未超出规定的正常范围），而是比较此时的节气门位置传感器信号，认为其信号与接收到的错误转速信号不相符，故给出节气门位置传感器的故障。

又如，空气流量与节气门开度关联，节气门开度增加，空气流量随之变大；反之变小。如果空气流量信号与节气门开度信号的关联系统出现矛盾，但两个信号都没有超过正常的电压范围时，通常情况下 ECU 会判定喷油的主信号异常，并记忆该传感器的故障码。因此，当空气流量与节气门开度两个关联信号出现矛盾时，电控单元就会存储关于空气流量传感器的故障码。鉴于此，当有空气流量传感器故障码，但检查结果又正常时，要注意检查节气门位置传感器的数据流，看节气门位置传感器的信号与节气门的实际开度变化是否相符。

5. 比较分析法

比较分析法是对相同车种及系统在相同条件下的相同数据组进行分析比较，以确定被测对象是否正常。

在对一些车型进行故障维修时，由于没有相关的详细维修技术资料和详尽的标准数据，虽然通过汽车故障诊断仪获得了想要的数据流，却无法正确地判断所测数据组的数据正常与否，也就不能判定相关器件的好坏。在这种情况下，可利用同类车型上相同系统的数据替代标准数据，根据故障车和正常车数据组相关数据的分析比较，从而判别所测数据是否正常，确认故障车的相关器件是否有故障。

比较分析法还可以应用于对同一车辆不同工作状态下的相关数据流做比较。例如，车辆出现冷车无故障而热车工作不良，或者热车正常而冷车工作不良时，可通过分析比较冷车或热车正常时的相关数据，找出不正常数据，并确定故障的原因。

注意

在实际的修理过程中，有时也可使用替换比较法来判断故障，即用无故障的器件替换后，看相关数据流是否不同或故障是否消失来确认故障原因。替换法也是一种简单易行的方法，但在进行替换时，注意应首先进行一定的基本诊断，在基本确定故障趋势后，再替换被怀疑有问题的器件，不可一上来就换这接那，否则其结果可能是换了所有的器件，仍未发现问题。此外，还应注意用于替换的器件一定要确认是良好的，而不一定是新的，因为有些情况下，新的未必是良好的，这是采用替换比较法确认故障时应该注意的。

二、汽车数据流分析的步骤

1. 有故障码的分析步骤

汽车电子控制系统故障检修过程中，通过读取故障码和确认操作，故障码确实存在时，数据流分析的步骤如下。

先查看记录故障码时的冻结数据帧，然后确认故障码产生时车辆的运行工况，并且可以使车辆在冻结数据帧提示的工况下进行故障验证，利用故障码快速准确地确定故障部位。

确认有故障码时，也可以直接找出与该故障码相关的各组数据进行分析，并根据故障码所设定的条件来分析故障码产生的原因，进而对数据的数值波形进行分析，最终找出故障点。

2. 无故障码的分析步骤

汽车电子控制系统故障检修过程中，确认无故障码时，数据流分析的一般步骤如下。

首先从故障现象入手，根据控制系统的工作原理和结构来推断相关数据参数，然后再用数据流分析的方法对相关数据参数进行观察和全面分析。

在进行数据流分析时，需要知道所修车辆控制系统的基本原理和结构、基本的控制参数及其在不同工况条件下的正确读数值。在此基础上，经过认真细致的数据流分析，才有可能得出准确的判断结果。

三、汽车数据流综合分析

1. 数据流综合测量

数据流综合测量包括发动机故障码检测、汽车数据流测量和发动机真实数据测量。

（1）发动机故障码检测

这是电子控制系统故障检修时的一项基本测量，如果发动机故障指示灯或其他电子控制系统的指示灯亮起，说明相应的电子控制系统出现了故障，并会有故障码存在。此时，必须通过汽车故障诊断仪读取故障码，并根据所示的故障信息及故障检修方法找到具体的故障部位（部件），修理或更换故障部位（部件）。

（2）汽车数据流测量

故障检修中未取得故障码，或故障码所示故障虽已排除，但故障码还未消失时，就必须进行数据流测量。在检修故障时，取得了故障码，通常也需要检测相关的数据流，以通过数据流分析，准确迅速地确认故障。读取标准工况下 ECU 的相关数据流比较关键，特别要注意数据标准及数据的变化。常规测量工况应选择热车状态下的怠速工况和发动机转速在 2000r/min 时的无负荷工况。

（3）发动机真实数据测量

发动机真实数据测量需要利用相关的检测设备来进行，其测量的数据是一些车辆工作时的基本数据。发动机的基本数据：进气歧管压力、气缸压缩压力、点火正时、发动机转速、燃油喷油压力、机油压力、发动机冷却液温度、进气阻力、废气排放值、排气阻力及曲轴箱通风压力等。

> **注意**
>
> 测量完成后，需要将实测值与利用汽车故障诊断仪读取的数据流进行对比，差值过大的数据即为故障所在。例如，发动机 ECU 显示冷却液温度为 60℃，而实际测量得到的数值是 85℃，则说明发动机冷却液温度传感器数据存在偏差，故障出自发动机冷却液温度传感器及其连接线路，也有可能是发动机 ECU 内部传感器信号处理电路有故障。

2. 数据综合分析

（1）建立数据群模块

将某一故障现象所涉及的数据流集中起来，逐一检查、对比及分析。例如，发动机怠速转速过高，达到了 1000r/min，其所涉及的数据包括冷却液温度、节气门开度、怠速控制阀步数（或开度）、点火提前角、进气歧管绝对压力、氧传感器信号、喷油脉宽、燃油系统压力、蓄电池电压、空调开关状态、转向助力开关状态、车速、挡位开关状态及发动机废气排放等，需要用汽车故障诊断仪读取相关的数据组，获取这些数据流。

（2）分析数据

将从 ECU 内部读取的数据流与实际测量的数据进行对比，差值越小，说明

ECU 及传感器越精确。

将 ECU 的数据与维修手册中的标准进行对比，如果误差值超过了极限，则说明相应的数据为工作不良数据。

找出有疑问的数据并进行分析。例如，氧传感器信号电压变化值为 0.1～0.9V，无故障码。简单看传感器无故障，数据也在维修手册规定的范围之内，但与新车 0.3～0.7V 的正常值相比却有了很大的变化。据此分析，可能是氧传感器接触到的发动机废气中的氧含量变化不稳定，即燃烧的混合气的空燃比不稳定。进一步分析，导致此种故障发生的原因可能是发动机进气管漏气、气门积炭、气门关闭不严、曲轴箱通风阀堵塞及发动机活塞环密封不严等。

注意

为了准确地分析故障，有时需要将几个问题数据间的关联关系逐一进行分析。例如，某缸火花塞工作不良，与其存在关联关系的包括部分燃油不能有效燃烧→发动机怠速抖动→废气中的 HC 含量过高→氧传感器信号电压偏低→发动机油耗增加→发动机动力不足→三元催化反应器温度过高（烧坏）→发动机 ECU 记录失真故障。

四、使用汽车数据流分析的优势

1. 传统汽车维修技术排除故障

传统的故障检修方法：根据故障现象分析可能的故障原因，然后根据"常见故障先检查""容易检查的先检查"原则，逐个检查可能故障部件（部位）。

（1）故障原因分析

根据故障现象分析，可能的故障原因如下。

❶ 燃料供给系统。例如，怠速控制阀脏污、喷油器不良、汽油滤清器堵塞、

油压调节器不良、燃油泵不良等。

❷ 点火系统。点火线圈不良、火花塞不良、高压导线不良等。

❸ 电子控制系统及其他。正时齿带不良、发动机电控系统相关传感器不良、电子控制器有故障等。

（2）故障检修步骤

传统故障检修方法与步骤如下。

❶ 检修燃料供给系统。由于怠速不稳，首先清洗节气门体，然后重做基本设置；冒黑烟，查油压，正常；清洗喷油嘴，换汽油滤清器；再次启动发动机，仍冒黑烟，但怠速已变平稳。

❷ 检修点火系统。由于还冒黑烟，更换氧传感器，但无效。检查火花塞与高压线，高压线正常，火花塞间隙较大且发黑。更换火花塞后试车，故障现象减弱，但加速时仍冒黑烟。

❸ 检修电子控制系统等。通过上述检修故障还未排除，有的维修工怀疑是ECU损坏，也有的维修工怀疑是点火线圈损坏，或是气门正时不当（正时齿带不良）、空气流量传感器损坏等。

在检查此故障时，本着由简到繁，从不换件到换件的程序。检查配气正时，良好；更换点火线圈，故障依旧；更换空气流量传感器后，故障消失。至此，故障排除。

2. 数据流分析方法排除故障

（1）检测发动机电控系统数据流

如对于大众轿车排气管冒黑烟且怠速不稳的发动机，可读取 01、02 和 07 组的数据流。从 07 组数据流读到：混合气控制为 -23%（正常是 -10%～10%），氧传感器电压为 0.6～0.8V（正常是 -0.1～1.0V）。这说明混合气确实过浓，已远远超出了正常的控制范围。从 02 组读到：发动机负荷 2.8ms（正常是 0～2.5ms）；发动机每循环喷射流量为 5.8g（正常为 2.0～4.0g）。从 01 组读到：节气门开度角为 4°～5°（正常是 0°～5°），4°～5°虽未超限，但也偏大。

（2）数据流分析

分析数据流，发动机怠速运转时，由于节气门位于关闭位置，故而 ECU 按怠速来调节发动机转速，所以引起控制超限。由于进气流量过大，ECU 认为是发动机负荷大而不会减少喷油量（喷射持续时间），导致怠速忽高忽低。由于怠速喷油量大，加速时喷油量就更大，导致排气管冒黑烟。清洗节气门体、更换空气流量传感器后故障清除。

对比上述两种故障检修方法，数据流分析方法根据读取的数据流进行了定量分析，可清楚地了解引起故障的真正原因，迅速找到故障部位（部件），可做到有目的地检测，准确地找到和更换有故障的部件。因此，运用数据流分析方法排除故障，少换了火花塞和点火线圈，缩短了故障诊断时间，省时省力、省工省料。可见，在现代汽车故障检修过程中，汽车维修人员应尽可能利用数据流分析的方法。尤其对于较复杂的故障，数据流分析方法的优越性更加突出。

第三章 汽车发动机数据流分析

一、发动机基本数据流

1. 冷却液温度数据流

（1）发动机冷却液温度

发动机冷却液温度是数值参数，其单位为℃（可通过故障诊断仪按键选择为℉），其变化范围为 -40～199℃。发动机冷却液温度参数是 ECU 根据发动机冷却液温度传感器输入的信号通过计算得到的，其数值在发动机冷机启动后的热车过程中应能随发动机温度的上升而逐渐增大。当发动机达到正常工作温度时，在怠速运转的情况下，冷却液温度参数应该为 85～105℃。当冷却液温度传感器内部或外接线路有断路故障时，冷却液温度参数显示为 -40℃。如果显示内容＞105℃，则说明冷却液温度传感器或线路有短路故障。

注意

有些车型发动机冷却液温度参数的单位为 V，该参数直接来自冷却液温度传感器的信号电压。这个代表发动机温度的电压值与发动机冷却液温度之间的比例关系依控制电路的方式不同而不同，通常电压值与冷却液的温度成反比关系。也就是说，当发动机冷却液温度低时，表示冷却液温度的电压值高；而当发动机冷却液温度高时，电压值低。发动机冷却液温度传感器正常工作时，发动机冷却液温度参数为 0～5V。如果在发动机暖机过程中，冷却系统的节温器已完全打开，而冷却液温度参数值不是逐渐上升，而是下降好几摄氏度，这表明冷却液温度传感器已损坏。发动机冷却液温度传感器损坏可能会引发的故障现象包括发动机排气管冒黑烟、发动机难以启动、发动机加速不良、发动机怠速不稳定甚至熄火等。

(2) 启动时冷却液温度

一些车型的发动机电子控制器会将点火开关接通瞬间的发动机冷却液温度传感器信号记忆在存储器中,并一直保存到发动机熄火后的下一次启动。进行汽车数据流分析时,利用故障诊断仪可将这一信号以启动温度的形式显示出来,并可将该参数与发动机利用冷却液温度参数进行数值比较,以判断发动机冷却液温度传感器正常与否。

> **注意**
>
> 当发动机冷机启动时,启动温度和此时的发动机冷却液温度数值是相等的。当发动机热机启动时,发动机冷却液温度数值高于启动温度。随着发动机冷却液温度的上升,发动机冷却液温度数值应逐渐增大,而启动温度仍然保持不变。如果启动后两个数值始终保持相同,则说明冷却液温度传感器或其线路有故障。

(3) 冷却液温度数据流分析及解决措施（表3-1）

表3-1 冷却液温度数据流分析及解决措施

检测参数	显示内容	数据分析
冷却液温度	80～105℃	正常显示范围
	小于80℃	（1）发动机温度未达到正常工作温度 （2）冷却液温度传感器与ECU的连接导线接触不良
	大于105℃	（1）散热器表面受污染 （2）冷却风扇不转 （3）节温器故障 （4）冷却液温度传感器与ECU的连接导线接触不良

2. 大气压力数据流

(1) 大气压力

大气压力是一个数值参数,该参数的数值表示大气压力传感器向发动机ECU输入信号电压的高低,或是ECU根据大气压力传感器的信号电压经计算后得出的大气压力数值。该参数的单位依车型不同而不同,有V、kPa、cmHg（1cmHg=1333.2Pa）三种,其变化范围分别为0～5.12V、10～125kPa、0～100cmHg。有些车型的发动机ECU显示两个大气压力参数,这两个参数分别表示大气压力传感器信号电压的大小及 ECU 根据这一信号计算后得出的大气压力的数值。

注意

大气压力数值和海拔有关，在海平面附近为 100kPa 左右，高原地区大气压力较低，在海拔 4000m 附近为 60kPa 左右。在数值分析中，如果发现该参数和环境大气压力有很大的偏差，则表明大气压力传感器或 ECU 有故障。

（2）大气压力数据流分析及解决措施（表 3-2）

表 3-2 大气压力数据流分析及解决措施

检测参数	显示内容	数据分析
大气压力	10 ～ 125kPa	正常显示范围
	在海平面附近约为 100kPa 在海拔 4000m 附近约为 60kPa	

3. 发动机负荷数据流

（1）发动机负荷

发动机负荷是一个数值参数，在怠速时为 1.3 ～ 4.0ms 或 15% ～ 40%，用来反映发动机负荷大小的喷油时间，是一个纯计算的理论值。在怠速下的发动机负荷可以理解为发动机克服自身摩擦力和驱动相关附件装置所需的油量，通常用观察怠速时的发动机负荷（喷油时间）来判断车辆是否存在故障。

注意

发动机负荷由电子控制器根据氧传感器参数计算出来，并以进气压力或喷油量显示。反映发动机负荷的喷射时间和基本喷油量仅与发动机转速和负荷有关，通常不包括喷油修正量。怠速时，正常显示为 1.00 ～ 2.50ms；海拔每升高 1000m，发动机负荷降低约 10%；当外界温度很高时，发动机输出功率也会降低，最大降低幅度可达 10%；汽车行驶中，当发动机达到最大负荷时，在 4000r/min 的显示值应达到 7.5ms，在 6000r/min 的显示值应达到 6.5ms。

发动机负荷异常的主要原因是进气系统漏气、真空管堵塞、配气正时错误、有额外负载等。

（2）发动机负荷数据流分析及解决措施（表3-3）

表3-3 发动机负荷数据流分析及解决措施

检测参数	显示内容	数据分析
发动机负荷	1.00～2.50ms	发动机怠速时正常显示范围
	小于1.00ms	较小的喷油量仅在超速切断工况下出现
	大于2.50ms	故障的原因有空气流量传感器损坏、节气门控制单元损坏、转向盘位于终止位置、有开启的电器

4. 发动机转速数据流

（1）发动机转速

在读取电控装置数据流时，检测仪上所显示出来的发动机转速是由发动机电子控制系统的 ECU 根据发动机转速（或曲轴位置传感器）的脉冲信号计算得到的，有的电控发动机通过采集点火信号计算发动机的转速。因此，发动机转速数据流反映了发动机的实际转速，其单位一般采用 r/min，其变化范围为 0 至发动机的最高转速。

发动机转速参数本身并无分析的价值，通常是用于对其他相关参数进行分析时作为参考基准。

（2）发动机启动转速

发动机启动转速是指启动发动机时由起动机带动的发动机转速，该参数的单位也是 r/min，显示的内容通常为 0～800r/min。发动机启动转速参数是发动机 ECU 控制启动喷油量的重要依据之一。分析发动机启动转速可以有助于找到发动机启动困难的故障原因，也可分析发动机的启动性能。例如，发动机启动时，如果启动转速为 0，说明发动机 ECU 没有收到发动机转速传感器的信号，故障可能出自发动机转速传感器及其电路。

（3）发动机转速数据流分析及解决措施（表3-4）

表3-4 发动机转速数据流分析及解决措施

检测参数	显示内容	数据分析
发动机转速	0～800r/min	正常显示范围

续表

检测参数	显示内容	数据分析
发动机转速	（800±30）r/min 770～830r/min	怠速时正常值
	小于770r/min （怠速时）	（1）发动机有额外负荷 （2）节气门控制单元卡死或损坏
	大于830r/min （怠速时）	（1）怠速开关没有关上或损坏 （2）有较大的漏气 （3）节气门控制单元卡死或损坏 （4）空调装置没有关闭

5. 凸轮信号数据流（表3-5）

表3-5 凸轮信号数据流分析及解决措施

检测参数	显示内容	数据分析
凸轮信号	显示凸轮信号	正常，发动机ECU已收到正确的凸轮信号
	无显示凸轮信号	不正常，发动机ECU未收到正确的凸轮信号，其故障原因如下： （1）凸轮轴位置传感器的信号线路对电源短路； （2）凸轮轴位置传感器的信号线路断路； （3）凸轮轴位置传感器的信号线路短路或断路
	凸轮信号时有时无	表示间歇性地接收到凸轮位置信号，其故障原因如下： （1）凸轮轴位置传感器的信号线路断路； （2）凸轮轴位置传感器插接器接触不良； （3）发动机ECU插接器接触不良； （4）点火控制模块漏高压电

6. 低速/高速风扇数据流（表3-6）

表3-6 低速/高速风扇数据流分析及解决措施

检测参数	显示内容	数据分析
低速/高速风扇	ON（接通）	若冷却液温度高于87℃，低速风扇应接通，风扇低速运转 若冷却液温度高于97℃，高速风扇应接通，此时两个风扇均高速运转

第三章 汽车发动机数据流分析

续表

检测参数	显示内容	数据分析
低速/高速风扇	OFF（断开）	若冷却液温度低于87℃，低速风扇应接通，风扇低速运转 若冷却液温度低于97℃，高速风扇应接通，此时两个风扇均低速运转
	高速风扇恒定显示OFF（断开）	若冷却液温度高于97℃，风扇仍低速运转，则可能的原因是： （1）高速风扇控制信号线断路或短路； （2）高速风扇继电器工作不良； （3）发动机ECU损坏

7. 发动机全损耗系统用油油位数据流（表3-7）

表3-7 发动机全损耗系统用油油位数据流分析及解决措施

检测参数	显示内容	数据分析
发动机全损耗系统用油油位	显示过低	表示发动机全损耗系统用油量不足，需补加全损耗系统用油。同时仪表板上全损耗系统用油警告灯点亮，提醒驾驶人补加全损耗系统用油
	始终显示过低，但全损耗系统用油量充足	（1）全损耗系统用油油位开关的信号线或搭铁线有短路或断路故障 （2）全损耗系统用油油位开关损坏
	油量不足，但仍显示全损耗系统用油量充足	（1）全损耗系统用油油位开关信号线搭铁 （2）全损耗系统用油油位开关损坏

8. 全损耗系统用油警告灯数据流（表3-8）

表3-8 全损耗系统用油警告灯数据流分析及解决措施

检测参数	显示内容	数据分析
全损耗系统用油警告灯	断开	若仪表板上的全损耗系统用油警告灯不亮，则说明全损耗系统用油油位处于正常位置
	接通	若仪表板上的全损耗系统用油警告灯亮，则说明全损耗系统用油油位处于不足位置，应补加同型号的全损耗系统用油

续表

检测参数	显示内容	数据分析
全损耗系统用油警告灯	点火开关第一次接通时，全损耗系统用油警告灯不亮	点火开关第一次接通时，仪表板上的全损耗系统用油警告灯应点亮 2～3s 后熄灭。若全损耗系统用油警告灯不亮，则可能的原因如下： （1）全损耗系统用油警告灯的灯泡烧坏； （2）全损耗系统用油警告灯线路断路或短路； （3）全损耗系统用油油位开关损坏； （4）发动机 ECU 损坏

9. 车辆防盗 / 燃油切断数据流（表 3-9）

表 3-9　车辆防盗 / 燃油切断数据流分析及解决措施

检测参数	显示内容	数据分析
车辆防盗 / 燃油切断	未启动	防盗 ECU 未向发动机 ECU 提供防盗锁止信号，发动机 ECU 上的防盗燃油启用电路处于未启动状态
	启动	防盗 ECU 向发动机 ECU 提供防盗锁止信号，发动机 ECU 上的防盗燃油启用电路处于启动状态，停止供油，发动机不能启动

10. 故障警告灯数据流（表 3-10）

表 3-10　故障警告灯数据流分析及解决措施

检测参数	显示内容	数据分析
故障警告灯	断开	表明发动机 ECU 处于正常工作状态，此时故障警告灯（MIL）熄灭
	接通	表明发动机 ECU 某一元件存在故障，此时故障警告灯（MIL）点亮
	在故障完全排除后仍显示接通状态	故障完全排除后，启动发动机，MIL 仍显示接通状态，可能的故障原因如下： （1）故障警告灯的搭铁控制线与搭铁短路； （2）发动机 ECU 控制不良
	始终处于断开状态	电控系统有故障，但 MIL 仍处于断开状态，MIL 不亮，可能原因如下： （1）MIL 电源线路断路或短路； （2）MIL 灯泡烧坏； （3）MIL 搭铁线路断路； （4）发动机 ECU 控制不良

二、发动机排放控制数据流

1. 废气再循环设定位置数据流

(1) 废气再循环指令

废气再循环（EGR）指令是一个状态参数，其显示内容为 ON 或 OFF。EGR 指令参数表示发动机 ECU 是否输出控制信号让废气再循环控制电磁阀打开。该参数显示为 ON 时，表示 ECU 输出控制信号，EGR 控制电磁阀（以下简称 EGR 阀）线圈通电，打开真空通路，让真空进入 EGR 阀，使废气再循环装置开始工作。该参数若显示为 OFF，则表示 EGR 阀不通电，切断了 EGR 阀的真空，EGR 阀阻断废气再循环。

注意

废气再循环指令在汽车停车或发动机处于怠速、开环控制状态时显示为 OFF，在汽车行驶状态下通常显示为 ON。该参数仅仅反映发动机 ECU 有无输出控制信号，并不代表 EGR 阀是否接到该信号及是否已打开。

由于 EGR 阀的热负荷大，工作环境差，所以其常见故障是脏堵、卡死（导致 EGR 阀常开或常闭）或膜片破裂。若 EGR 阀常开，则发动机在怠速和高速下工作时都进行废气再循环，将导致发动机怠速不稳和加速无力；若 EGR 阀常闭，则发动机在中等负荷下工作时废气不能再循环，将导致 NO_x 的生成量增多，排放污染物增加。

EGR 阀的膜是由弹簧钢片制成的，一旦破裂、漏气，EGR 阀就会失效，必须予以更换。如果 EGR 阀中的开度传感器有故障，它就会将错误的电压信号输送给发动机 ECU，导致 EGR 阀的工作时间失常，从而使发动机的动力性和经济性下降，排放污染物增加。EGR 阀的常见故障是电磁阀线圈电路不良，阀口脏堵或阀芯卡死。

注意

对 EGR 阀进行通电、断电检查时，能听到阀芯的"咔嚓"动作声，说明其线圈的电阻值正常；EGR 阀常见的故障是关不严，膜片破裂或通大气口的滤网堵塞，它们都会导致真空管中的真空度发生变化，使 EGR 阀失准，发动机转速不稳。

（2）EGR 占空比

脉宽调制式电磁阀使用两种不同方式控制 EGR 阀上的真空度：一种是当电磁阀通电时，接通至 EGR 阀的真空（即 EGR 工作）；另一种是当电磁阀通电时，切断或泄放 EGR 阀的真空，因此在检查时应先判断电磁阀的工作类型。

EGR 占空比为数值参数，反映电磁阀动作和状态为 ECU 循环控制电磁阀 ON/OFF 以调节 EGR 阀的占空比数值 [指开的时间占一个周期总时间的比例（%）] 与 EGR 流量成比例。EGR 占空比数值为 0 或小于 10%，表示 EGR 阀关闭，无废气再循环；EGR 占空比数值为 50%，表示 EGR 为 50% 的流量；EGR 占空比数值为 90%，表示 EGR 为最大流量。

（3）废气再循环温度

废气再循环温度是一个数值参数，其变化范围为 -50 ～ 320℃。它表示安装在废气再循环通路上的废气再循环温度传感器传送给发动机 ECU 的反馈信号，这个信号以温度变化的形式间接地反映废气再循环的流量。

当废气再循环流量变大时，废气再循环通路上的废气温度升高，该参数增大；当废气再循环流量变小或停止时，该参数减小。在数值分析时，可以将该参数的变化和废气再循环指令对照。当废气再循环指令参数为 ON 时，废气再循环温度数值应上升，否则说明废气再循环装置不工作或废气再循环温度传感器有故障。

（4）EGR 阀位置反馈

EGR 阀位置反馈为数值参数，其变化范围为 0 ～ 5.1V。EGR 阀位置反馈电压是反映 EGR 阀工作状态的反馈信号，它是由装在 EGR 阀上的升程传感器输送给发动机 ECU 的，用于表示当前 EGR 阀的位置（开度）。若 EGR 阀全关，该参数为 0（无 EGR）；若 EGR 阀全开，该参数则为 5.1V（最大 EGR）。

> **注意**
>
> EGR 升程传感器又称 EGR 开度传感器或 EGR 位置传感器，该传感器位于 EGR 阀处。当 EGR 指令为 ON 时，EGR 反馈电压信号应大于 0。实际数值会随车型和发动机状态的变化而不同。当 EGR 指令为 OFF 时，EGR 反馈参数应为 0 或接近 0。EGR 反馈参数应与占空比成比例。例如，当占空比为 50% 时，反馈电压信号约为 2.5V；当占空比为 25% 时，反馈电压信号约为 1.25V。

（5）废气再循环设定位置数据流分析及解决措施（表 3-11）

表 3-11　废气再循环设定位置数据流分析及解决措施

检测参数	显示内容	数据分析
废气再循环设定位置	0	0 表示控制 EGR 枢轴完全伸开，EGR 阀关闭
	100%	100% 表示 EGR 枢轴处于收缩极限位置，EGR 阀完全打开
	0～10%	表示发动机 ECU 指令 EGR 阀位置范围，此值应接近 EGR 阀的实际位置

2. 废气再循环实际位置数据流（表 3-12）

表 3-12　废气再循环实际位置数据流分析及解决措施

检测参数	显示内容	数据分析
废气再循环实际位置	0	表示控制 EGR 枢轴完全伸开，EGR 阀关闭，此时无废气再循环
	100%	表示 EGR 枢轴处于收缩极限位置，EGR 阀在开度最大位置，此时废气再循环流量最大
	EGR 阀的实际位置比发动机 ECU 中的 EGR 阀预设位置大 15%	说明 EGR 阀打开的位置不正确，可能的主要原因如下： (1) EGR 阀脏污； (2) EGR 阀位置传感器搭铁线断路或对电源线短路； (3) 发动机 ECU 或 EGR 阀插接器连接不良； (4) EGR 阀位置传感器信号线搭铁； (5) 发动机 ECU 不良

续表

检测参数	显示内容	数据分析
废气再循环实际位置	EGR 阀的实际位置＞0（打开状态），与 EGR 阀设定位置为 0（关闭位置）不符	说明 EGR 阀关闭不严，其主要原因如下： （1）EGR 阀脏污； （2）EGR 阀位置传感器搭铁线断路或对电源线短路； （3）发动机 ECU 或 EGR 阀插接器连接不良； （4）EGR 阀位置传感器信号线与 5V 参考电压线短路或与 EGR 控制信号线短路； （5）发动机 ECU 不良

3. 废气再循环阀位置误差数据流（表 3-13）

表 3-13　废气再循环阀位置误差数据流分析及解决措施

检测参数	显示内容	数据分析
废气再循环阀位置误差	0～100%	正常显示范围
	0	表示 EGR 阀理论位置与 EGR 阀实际位置相符，是理想状态
	＞15%	表示 EGR 阀理论位置与 EGR 阀实际位置不相符，EGR 阀打开位置不正确，主要原因如下： （1）EGR 阀脏污； （2）EGR 阀位置传感器搭铁线断路或对电源线短路； （3）发动机 ECU 或 EGR 阀插接器连接不良； （4）EGR 阀位置传感器信号线搭铁； （5）发动机 ECU 不良

4. 废气再循环反馈电压数据流（表 3-14）

表 3-14　废气再循环反馈电压数据流分析及解决措施

检测参数	显示内容	数据分析
废气再循环反馈电压	0～5V	正常范围
	＜0.14V（EGR 阀工作时）	当冷却液温度大于 75℃，节气门开度大于 20%，车速大于 3.2km/h，电源电压大于 10V 时，EGR 阀应处于开启状态。若此时 EGR 阀反馈电压仍小于 0.14V，则表明 EGR 位置传感器线路信号电压过低，可能的原因主要如下： （1）EGR 阀位置传感器的信号线与搭铁线短路； （2）EGR 阀位置传感器的搭铁线与搭铁短路； （3）EGR 阀插接器连接不良； （4）发动机 ECU 插接器连接不良

5. 废气再循环阀占空比数据流（表3-15）

表3-15 废气再循环阀占空比数据流分析及解决措施

检测参数	显示内容	数据分析
废气再循环阀占空比	0～10%	表示EGR系统无废气再循环，即EGR阀关闭，EGR阀占空比为0
	50%	表示EGR阀占空比为50%，EGR阀反馈电压约为2.5V
	90%～100%	表示EGR阀占空比已达到最大值

6. 活性炭罐电磁阀占空比数据流

（1）活性炭罐电磁阀和活性炭罐清除指令

燃油蒸气排放控制系统又称蒸气净化控制系统（EVAP），其作用是通过活性炭罐中的活性炭吸附燃油蒸气，并在发动机工作时，通过流经的空气将燃油蒸气送入进气管参与燃烧，以免燃油箱中的燃油蒸气直接排放到大气中而造成空气污染。

活性炭罐电磁阀也称活性炭罐通气控制电磁阀，由ECU输出的控制信号控制其动作，用以打开或关闭连接于活性炭罐与进气管之间的空气通道。打开时，利用进气管的真空吸力，使空气流经活性炭罐而将吸附的燃油蒸气清除，以使活性炭罐能持续起吸附燃油箱中燃油蒸气的作用。

> **注意**
>
> 活性炭罐清除指令是一个状态参数，显示内容为ON或OFF。该状态参数表示发动机ECU输出了活性炭罐电磁阀打开或关闭指令。在发动机冷机状态或怠速时，该参数应为OFF；当发动机冷却液温度高于75℃时，该参数应为ON。

（2）活性炭罐清除占空比

活性炭罐清除占空比为数值参数，该参数表示发动机ECU向活性炭罐电磁阀发出的指令，其变化范围为0～99%。活性炭罐清除占空比参数值为0时，表示ECU发出的是活性炭罐电磁阀关闭指令；活性炭罐清除占空比参数值为99%时，表示活性炭罐电磁阀全开。

注意

活性炭罐清除占空比数值大,表示活性炭罐电磁阀打开的比率高,活性炭罐的通气量大。当发动机处于冷机状态或怠速工况时,如果活性炭罐清除占空比参数值不为 0 或数值较大,则说明发动机冷却液温度传感器、节气门位置传感器等相关传感器或 ECU 有故障。

(3)活性炭罐电磁阀占空比数据流分析及解决措施(表 3-16)

表 3-16　活性炭罐电磁阀占空比数据流分析及解决措施

检测参数	显示内容	数据分析
活性炭罐电磁阀占空比	0～100%	正常范围
	0	表示活性炭罐电磁阀处于关闭状态,无燃油蒸气进入进气歧管
	100%	表示活性炭罐电磁阀处于全开状态,进入进气歧管的燃油蒸气量最大
	始终显示 0	汽车以中小负荷正常行驶时,活性炭罐电磁阀占空比应大于 0,若此时的活性炭罐电磁阀占空比恒为 0,则可能的原因如下: (1)活性炭罐电磁阀 12V 电源线路有断路或短路故障; (2)活性炭罐电磁阀控制线路有断路或短路故障; (3)活性炭罐电磁阀线圈有断路或短路故障; (4)活性炭罐电磁阀插接器连接不良; (5)发动机 ECU 插接器连接不良

7. 活性炭罐电磁阀数据流(表 3-17)

表 3-17　活性炭罐电磁阀数据流分析及解决措施

检测参数	显示内容	数据分析
活性炭罐电磁阀	打开(ON)	表示活性炭罐电磁阀通电,允许清除燃油蒸气
	关闭(OFF)	表示活性炭罐电磁阀断电,切断真空管路,不允许清除燃油蒸气
	活性炭罐电磁阀占空比显示为 0,而活性炭罐电磁阀显示打开	表示已执行发动机 ECU 清除指令,但开始清除时比较缓慢,主要是为了防止燃油蒸气突然进入进气系统而导致混合气瞬间过浓

8. 氧传感器电压数据流

(1) 氧传感器工作状态

氧传感器工作状态是指安装在发动机排气管上的氧传感器所测得的混合气空燃比状态（由排气中的含氧量确定）。一些采用双排气管的汽车将这个参数显示为左氧传感器工作状态和右氧传感器工作状态两种参数。氧传感器是测量发动机混合气浓稀状态的主要传感器，对于氧化锆型的氧传感器，必须被加热至300℃以上才能向发动机 ECU 提供正确的信号，且 ECU 必须处于闭环控制状态才能对氧传感器的信号做出反应。

> **注意**
>
> 氧传感器工作状态参数的类型依车型不同而不同，有些车型以状态参数的形式显示出来，只有浓和稀两种状态；也有些车型是以数值参数的形式显示出来。

(2) 氧传感器电压数据流分析及解决措施（表 3-18）

表 3-18 氧传感器电压数据流分析及解决措施

检测参数	显示内容	数据分析
氧传感器电压	0~1132mV	正常范围
	正常闭环控制期间氧传感器信号电压小于 300mV 的时间持续 5s 以上	可能原因如下： (1) 氧传感器信号线有搭铁故障； (2) 喷油压力过低或混合气过稀； (3) 喷油器喷油不良； (4) 进气系统或排气系统有泄漏，空气流量传感器不良； (5) 燃油品质不良
	正常闭环控制期间氧传感器信号电压小于 950mV 的时间持续 5s 以上	可能原因如下： (1) 氧传感器信号线与电源线有短路故障； (2) 喷油压力过高或喷油器喷油量不一致； (3) 活性炭罐系统工作不良； (4) 进气管绝对压力传感器不良； (5) 节气门位置传感器损坏； (6) 氧传感器内部短路； (7) 发动机 ECU 工作不良

续表

检测参数	显示内容	数据分析
氧传感器电压	对混合气浓度的平均反应时间超过160ms	这表明氧传感器反应迟缓，可能的原因如下： (1) 氧传感器"中毒"； (2) 排气系统漏气； (3) 氧传感器安装松动或插接器接触不良； (4) 氧传感器的信号线断路或搭铁； (5) 氧传感器内部短路； (6) 发动机ECU工作不良
	恒定在400～500V的时间超过30s	可能的原因如下： (1) 氧传感器信号线断路或接触不良； (2) 氧传感器加热器或加热器线路有故障； (3) 系统间歇性故障； (4) 发动机ECU工作不良

9. 氧传感器就绪状态数据流（表3-19）

表3-19　氧传感器就绪状态数据流分析及解决措施

检测参数	显示内容	数据分析
氧传感器就绪状态	No（未就绪）	表示氧传感器处于未就绪状态，可能的原因如下： (1) 氧传感器的温度还未达到正常工作温度值； (2) PCM处于开环控制状态（发动机处于启动、暖机等工况，或有故障码存在）； (3) 氧传感器线路有故障； (4) 氧传感器已损坏
	Yes（就绪）	表示氧传感器波动正常（每10s高于8次），发动机ECU处于闭环控制状态

10. 氧传感器超过中值次数数据流（表3-20）

表3-20　氧传感器超过中值次数数据流分析及解决措施

检测参数	显示内容	数据分析
氧传感器超过中值次数	0～255	理论上氧传感器超过中值的显示范围为0～255，但发动机达到正常温度并进行闭环控制后，其值应为10～30

续表

检测参数	显示内容	数据分析
氧传感器超过中值次数	<8	表示氧传感器反应迟缓，可能原因如下： （1）氧传感器"中毒"； （2）排气系统漏气； （3）氧传感器安装松动或插接器接触不良； （4）氧传感器的信号线断路或搭铁； （5）氧传感器内部损坏； （6）发动机 ECU 工作不良

11. 空燃比数据流（表 3-21）

表 3-21　空燃比数据流分析及解决措施

检测参数	显示内容	数据分析
空燃比	0～25.5	正常范围
	14.2～14.7	为发动机闭环控制时的正常变化范围，空燃比低，表示混合气浓，多发生于动力增加时或 TWC 保护模式下

三、发动机燃油控制数据流

1. 喷油脉冲宽度数据流

（1）喷油脉冲宽度

喷油脉冲宽度是数值参数，它是发动机 ECU 控制喷油器持续喷油的时间，单位为 ms，该参数是判断喷油器工作是否正常的最主要指标。喷油脉冲宽度数值大，表示喷油器每次打开喷油的时间较长；该参数显示的数值小，表示喷油器每次打开喷油的时间较短。喷油脉冲宽度将随着发动机转速和负荷的不同而变化，车型不同，具体的数值也有所差异。

影响喷油脉冲宽度的主要因素有 λ 调节、活性炭罐的混合气浓度、空气温度与密度和蓄电池电压等。

注意

如果怠速时喷油脉冲宽度数值小于 2ms,说明有其他影响因素存在,主要原因包括:活性炭罐系统进入油量过多、喷油器不配套而油量过大、喷油器故障及其他原因而导致额外进油。

如果怠速时喷油脉冲宽度数值大于 5ms,主要原因包括:空气流量传感器或其线路损坏、节气门控制单元损坏、有额外负荷和某缸或数缸工作不良等。

(2)喷油脉冲宽度数据流分析及解决措施(表 3-22)

表 3-22 喷油脉冲宽度数据流分析及解决措施

检测参数	显示内容	数据分析
喷油脉冲宽度	2～5ms	正常范围
	<2ms	表示喷油脉冲宽度太小,混合气过稀,原因如下: (1)活性炭罐电磁阀有故障而使进入进气歧管的油量多; (2)安装的喷油器不正确,导致喷油量过大
	>5ms	表示喷油脉冲宽度太大,混合气过浓,原因如下: (1)使用了附加电气设备,使发电机的负荷增大; (2)空调或动力转向系统增加了发动机的负荷

2. 指令燃油泵数据流

(1)指令燃油泵

指令燃油泵是一个状态参数,其显示状态为接通或断开(ON/OFF),它表示燃油泵继电器驱动电路 ECU 的指令状态。当空气流量 MAF 或进气压力 MAP 大于一定数值,或当系统电压小于 10V 时,燃油泵就会高速运行,以增加供油量。

当点火开关第一次转至"ON"位置时,ECU 通过驱动电路使燃油泵继电器线圈通电而吸合,接通燃油箱内燃油泵电路,使燃油泵开始工作。

注意

燃油泵继电器在发动机运转期间,且 ECU 能接收到参考信号脉冲 Ne,则一直处于导通状态。如果没有参考信号存在,燃油泵继电器线圈在点火开关被转至 ON 位置后 2s 内断电,燃油泵随即停止工作。

(2)指令燃油泵数据流分析及解决措施(表3-23)

表3-23 指令燃油泵数据流分析及解决措施

检测参数	显示内容	数据分析
指令燃油泵	接通	燃油泵工作
	断开	燃油泵不工作

3. 燃油修正单元数据流(表3-24)

表3-24 燃油修正单元数据流分析及解决措施

检测参数	显示内容	数据分析
燃油修正单元	0	表示长期燃油为0
	1～15	表示长期燃油计算修正运行单元号

4. 燃油修正显示数据流(表3-25)

表3-25 燃油修正显示数据流分析及解决措施

检测参数	显示内容	数据分析
燃油修正显示	启用	当情况适于启用长期燃油修正时,燃油修正显示系统将显示"是",表示长期燃油修正在响应短期燃油修正
	中断	若燃油修正显示系统显示"否",则长期燃油修正将不响应短期燃油修正的变化

5. 短期燃油修正数据流

(1)短期燃油修正

短期燃油修正是一个数值参数,其数值范围是-10%～10%。短期燃油修正指的是ECU响应氧传感器的信号,在其电压高于或低于450mV限度的时间内,做短期的供油校正。若氧传感器电压保持在限值450mV以下,则表示当前混合气过稀,短期燃油修正将提高至0以上的正值范围,同时ECU将增加供油量(增加喷油脉冲宽度)。若氧传感器电压保持在限值450mV以上,则表示当前混合气过浓，短期燃油修正将减小至 0 以下进入负值范围，同时 ECU 将减小供油量（减少喷油脉冲宽度）。

注意

在一定条件下，比如长时间怠速运行或环境温度较高，正常操作时活性炭罐清污也会使短期燃油修正显示在负值范围内。控制燃油修正时，ECU 最大允许范围为 -10% ～ 10%。在最大允许值时，燃油修正值表示系统过浓或过稀。某些 V 型发动机，对左右两侧气缸具有单独的燃油修正参数，因此参数也分左和右。

（2）短期燃油修正数据流分析及解决措施（表 3-26）

表 3-26　短期燃油修正数据流分析及解决措施

检测参数	显示内容	数据分析
短期燃油修正	-10% ～ 10%	最大允许显示范围
	0	表示处于开环控制模式
	-10% ～ 0	表示使混合气变稀
	0 ～ 10%	表示使混合气变浓

6. 长期燃油修正数据流

（1）长期燃油修正

长期燃油修正也是一个数值参数，其数值范围为 -23% ～ 16%。长期燃油修正数值来自短期燃油修正数值，并表示长期供油校正。0 表示当前供油不需要补偿就能保持 ECU 指令的空燃比，若是显著低于 0 的一个负值，则表示混合气过浓，供油应减少，即减少喷油脉冲宽度。若是明显高于 0 的一个正值，则表示存在过稀状况，要增加油量，ECU 通过增加喷油器脉冲宽度来进行补偿。

注意

由于长期燃油修正力图追随短期燃油修正，导致发动机怠速运行时活性炭罐清污而产生负值，这不属于异常。ECU 控制长期燃油修正的最大允许值为 -23% ～ 16%，最大允许燃油修正值表示系统过浓或过稀。某些 V 型发动机，对左右两侧气缸具有单独的燃油修正参数，因此长期燃油修正参数也分为左和右。

（2）长期燃油修正数据流分析及解决措施（表 3-27）

表 3-27　长期燃油修正数据流分析及解决措施

检测参数	显示内容	数据分析
长期燃油修正	−23%～16%	最大允许显示范围
	0	表示处于开环控制模式
	−23%～0	表示使混合气变稀
	0～16%	表示使混合气变浓

7. 减少燃油模式数据流

减少燃油模式也是一个状态参数，其显示状态为启动或未启动，如果显示为启动，则表示 ECU 已检测到减少燃油模式中相应的操作状况。当检测到节气门位置突然减小，同时车辆以高于 40km/h 速度行驶时，ECU 则启动减少燃油模式，在减少燃油模式中，ECU 通过进入开环并减少喷油器喷油脉冲宽度来减少供油量。减少燃油模式数据流分析及解决措施见表 3-28。

表 3-28　减少燃油模式数据流分析及解决措施

检测参数	显示内容	数据分析
减少燃油模式	启动	表示发动机 ECU 检测到启动减少燃油模式的条件。当检测到节气门开度突然减少并且车辆以大于 25km/h 的速度行驶时，发动机 ECU 启动减少燃油模式。在减少燃油模式下，发动机 ECU 通过减少喷油器脉冲宽度来减少燃油供给量
	未启动	表示发动机 ECU 未启动减少燃油模式，处于正常的运行模式

8. 动力增强模式数据流

动力增强（混合气加浓）是一个状态参数，其显示状态为启动或未启动。如果显示启动，则表示 ECU 检测的条件已适合在动力增强（混合气加浓）模式中操作。当检测到大幅度增加节气门位置和负载时，ECU 将启动动力增强（混合气加浓）模式。当在动力增强模式时，ECU 通过进入开环和增加喷油器喷油脉冲宽度来增加供油量，以避免在加速过程中可能产生的降速。动力增强模式数据流分析及解决措施见表 3-29。

表 3-29 动力增强模式数据流分析及解决措施

检测参数	显示内容	数据分析
动力增强模式	启动	表示发动机 ECU 检测到启动动力增强模式的条件。当检测到节气门开度增大且发动机负荷增加时,发动机 ECU 就启动动力增强模式。此时,发动机 ECU 通过进行开环控制和增加喷油脉冲宽度来增加供油量,以防止在加速过程中降速
	未启动	表示发动机 ECU 未检测到动力增强模式的启动条件

9. 反馈状态数据流(表 3-30)

表 3-30 反馈状态数据流分析及解决措施

检测参数	显示内容	数据分析
反馈状态	开环	表示发动机处于开环控制模式。当发动机启动并以 400～600r/min 的转速运转时,系统处于开环控制状态。进行开环控制时发动机 ECU 不使用氧传感器,而是根据发动机冷却液温度和进气温度等计算空燃比,用进气歧管绝对压力传感器或空气流量传感器信号计算发动机负荷,用点火参数脉冲计算发动机转速
	闭环	表示发动机处于闭环控制模式。当氧传感器信号电压已经改变时,表明温度已足够使氧传感器正常工作。发动机 ECU 根据氧传感器的反馈信号进行闭环控制,实时调整空燃比。当氧传感器输出电压低于 450mV 时,发动机 ECU 将增大喷油脉冲宽度;当氧传感器输出电压高于 450mV 时,发动机 ECU 将减少喷油脉冲宽度。发动机 ECU 根据氧传感器的信号,通过增减喷油脉冲宽度,将空燃比控制在理想值(14.7∶1)

四、发动机进气状态数据流

1. 空气流量数据流

(1) 空气流量

空气流量为数值参数,该参数表示发动机 ECU 接收到空气流量传感器的进气流量信号，其数值变化范围和单位取决于车型及空气流量传感器的类型。

采用翼片式空气流量传感器、热线式空气流量传感器及热膜式空气流量传感器的汽车，该参数的单位均为 V，其变化范围为 0～5V。大部分车型的电压数值大小和进气量成反比，即进气量增加时，空气流量传感器输出的电压值下降，空气流量参数值也随之下降。5V 表示无进气量；0 表示最大进气量。有的车型其空气流量参数值的大小与进气量成正比，空气流量参数值小时，所表示的进气量也小。

采用涡旋式空气流量传感器的汽车，该参数的数值单位为 Hz 或 ms，其变化范围分别为 0～1600Hz 或 0～6.25ms。在怠速时，不同排量发动机的空气流量参数值为 25～50Hz。进气量越大，该参数值也越大，在 2000r/min 时为 70～100Hz。如果在不同工况时该参数值没有变化或与标准值有较大的误差，则说明空气流量传感器有故障。

> **注意**
>
> 空气流量传感器不良或 ECU 计算得到的进气量不准确时可能引起的故障现象有加速不良、发动机进气管回火、发动机排气管放炮或冒黑烟等。

（2）空气流量数据流分析及解决措施（表 3-31）

表 3-31　空气流量数据流分析及解决措施

检测参数	显示内容	数据分析
空气流量	0～521g/s	正常的显示范围，随节气门开度增加，该示值应相应增大
	2～5g/s（怠速）	怠速时的正常显示范围
	怠速时＜2g/s	表示进气量过少，可能的原因是进气歧管与空气流量传感器之间漏气严重
	怠速时＜5g/s	表示进气量过大，可能的原因是发动机怠速时有额外负荷（空调开启、动力转向油泵工作）

2. 空气流量频率数据流（表3-32）

表3-32 空气流量频率数据流分析及解决措施

检测参数	显示内容	数据分析
空气流量频率	0～32000Hz	正常范围
	3000Hz	表示发动机处于怠速
	＞7000Hz	表示节气门处于全开状态
	＜1200Hz 超过0.5s	表示空气流量（MAF）传感器存在低频率故障，其主要原因如下： （1）MAF传感器滤网堵塞； （2）进气歧管、节气门、EGR电磁阀等泄漏； （3）曲轴箱通风阀丢失或安装不正确； （4）MAF传感器信号线或搭铁线断路； （5）MAF传感器信号线对电源、对搭铁短路； （6）MAF传感器电源线断路； （7）MAF传感器插接器连接不良； （8）MAF传感器损坏； （9）发动机ECU有故障
	＞11500Hz 超过12s	表示MAF传感器存在高频率故障，可能的原因如下： （1）MAF传感器线束布线靠近高压导线、点火线圈或其他高压元件（如电磁线圈、继电器和电机等）； （2）MAF传感器插接器连接不良； （3）MAF传感器损坏； （4）发动机ECU有故障

3. 进气歧管绝对压力数据流

（1）进气歧管压力

进气歧管压力是一个数值参数，它表示由进气歧管压力传感器传送给发动机ECU的信号电压值的大小，或ECU根据进气歧管压力传感器信号电压经计算后得出的进气歧管压力数值。该参数的单位依车型不同而不同，有V、kPa、cmHg三种，其变化范围分别为0～5.1V、0～205kPa和0～105cmHg。进气歧管压力传感器所测得的压力是发动机节气门后方的进气歧管内的绝对压力。

注意

在发动机运转时,该压力的大小取决于节气门的开度和发动机的转速。在相同节气门开度下,发动机转速越高,该压力就越低;在相同转速下,节气门开度越小,进气歧管的压力就越低。涡轮增压发动机在增压器起作用时,其进气歧管压力大于大气压力。在发动机熄火状态下,进气歧管压力应约等于大气压力,该参数值应为 100～102kPa。如果在数值分析时发现该参数值和发动机进气歧管内的绝对压力不符,说明传感器不正常或发动机 ECU 有故障。

(2)进气歧管绝对压力数据流分析及解决措施(表3-33)

表3-33 进气歧管绝对压力数据流分析及解决措施

检测参数	显示内容	数据分析
进气歧管绝对压力	10～105kPa	正常范围
	＜12.1kPa (电压接近0)	表示进气歧管绝对压力(MAP)传感器线路电压过低,主要原因如下: (1)MAP 传感器信号线断路或搭铁; (2)MAP 传感器 5V 参考电压线断路或搭铁; (3)MAP 传感器插接器连接不良; (4)MAP 传感器损坏; (5)发动机 ECU 内部有故障
	＞91.8kPa (电压＞3.5V)	表示 MAP 传感器线路电压过高,原因如下: (1)MAP 传感器信号线与电源线或 5V 参考电压线短路; (2)MAP 传感器 5V 参考电压线与电源短路; (3)MAP 传感器搭铁线断路或连接不良; (4)MAP 传感器真空管堵塞或泄漏; (5)MAP 传感器插接器连接不良; (6)MAP 传感器损坏; (7)发动机 ECU 内部有故障

续表

检测参数	显示内容	数据分析
进气歧管绝对压力	>91.8kPa（间歇性）且每次达10s以上	表示MAP传感器间歇性电压过高，原因如下： （1）MAP传感器插接器间歇性连接不良； （2）MAP传感器信号线与电源间歇性短路； （3）MAP传感器5V参考电压线与电源间歇性短路； （4）MAP传感器5V参考电压线与EGR电磁阀电源或节气门位置传感器电源间歇性短路； （5）MAP传感器搭铁线间歇性断路或连接不良； （6）MAP传感器损坏
	<12.1kPa（间歇性）且每次达10s以上	表示MAP传感器间歇性电压过低，原因如下： （1）MAP传感器的5V参考电压线与搭铁间歇性短路； （2）MAP传感器信号线间歇性断路或搭铁； （3）MAP传感器的插接器间歇性连接不良； （4）发动机ECU插接器连接不良

4. 怠速控制阀位置数据流

（1）怠速空气控制

怠速空气控制是一个数值参数，该参数的数值表示发动机ECU所控制的发动机节气门体上怠速控制阀的开度。在检测时，根据不同的车型，该参数有采用比例（%）和不采用比例两种情况，其数值范围有0～100%、0～15和0～255三种。其数值越小，表示怠速控制阀的开度越小，经怠速控制阀进入发动机气缸的进气量也较少；其数值越大，表示怠速控制阀的开度越大，经怠速控制阀进入发动机气缸的进气量也较多。在进行数值分析时，通过观察该参数可以监测到发动机ECU对怠速控制阀的控制情况，并可用作判断发动机怠速故障或其他故障时的参考。

（2）怠速开关控制

怠速开关控制是一个状态参数，其显示内容为ON或OFF。它表示发动机ECU接收到节气门位置传感器中怠速开关的信号。当节气门全关时，节气门位置传感器中的怠速开关闭合，此时该参数显示ON；在节气门打开后，该参数显示 OFF。若怠速开关状态参数有异常，则表示节气门位置传感器及其连接线路或 ECU 内部有故障。

（3）目标怠速转速

目标怠速转速是一个数值参数，该参数是发动机 ECU 根据当前发动机的温度、空调压缩机的工作状态、动力转向油泵及自动变速器油泵是否工作等因素所确定的发动机转速。也就是说，目标怠速转速就是发动机 ECU 根据当前发动机的温度和负荷情况所要控制的怠速转速。

（4）怠速控制阀设定位置

怠速控制阀设定位置是发动机 ECU 的内部参数，它表示 ECU 设定的 IAC（怠速空气控制）阀电动机应在的位置，而数据流显示的 IAC 参数则是 IAC 阀电动机的实际位置。怠速空气控制阀设定值和实际位置的读数值应该相等或非常接近。如果 ECU 检测到发动机状态发生突然变化，如 A/C 接通或冷却风扇工作，它将给出新的设定值，而实际值也应在几秒内发生相应改变。

（5）怠速控制阀位置数据流分析及解决措施（表 3-34）

表 3-34 怠速控制阀位置数据流分析及解决措施

检测参数	显示内容	数据分析
怠速控制阀位置	0～255	正常允许的显示范围，其数值大小表示通过进气通道的进气量多少。当发动机负荷改变时，该数值应随之改变
	0	表示已达最大伸出位置，关闭怠速控制阀，切断怠速旁通气流
	＞0	表示电机使怠速控制阀向后移动，怠速控制阀打开，允许较多的空气从旁通空气通道通过

5. 进气温度数据流

（1）进气温度

进气温度也是一个数值参数，单位为℃时的变化范围为 -50～185℃。进气温度参数是发动机 ECU 按进气温度传感器的信号经计算后得出的进气温度数值。在进行数据流的数值分析时，应检查该数值与实际进气温度是否相符。如果不相符，则说明进气温度传感器或发动机 ECU 有故障。

注意

在冷车启动之前,该参数值应与环境温度基本相同;在冷车启动后,随着发动机冷却液温度的上升,该参数值应逐渐增大。若该参数值为 -50℃,表明进气温度传感器或线路断路;若该参数值为 185℃,表明进气温度传感器或线路短路。

(2)进气温度数据流分析及解决措施(表 3-35)

表 3-35　进气温度数据流分析及解决措施

检测参数	显示内容	数据分析
进气温度	-40 ~ 151℃	正常允许显示范围
	40 ~ 70℃	发动机达到正常工作温度后,进气温度显示范围
	> 135℃且显示 20s 以上	表示进气温度传感器线路电压低,可能原因如下: (1)进气温度传感器信号线路有搭铁故障; (2)进气温度传感器损坏; (3)发动机 ECU 不良
	< -33℃且显示 20s 以上	表示进气温度传感器线路电压高,主要原因如下: (1)进气温度传感器搭铁线或信号线路有断路故障; (2)进气温度传感器插接器连接不良; (3)进气温度传感器损坏; (4)发动机 ECU 不良
	> 135℃ (间歇性)	表示进气温度传感器线路电压低(间歇性),可能原因如下: (1)进气温度传感器线路有间歇性搭铁故障; (2)进气温度传感器插接器连接不良; (3)发动机 ECU 插接器连接不良
	< -33℃ (间歇性)	表示进气温度传感器线路电压高(间歇性),主要原因如下: (1)进气温度传感器信号线与搭铁线有间歇性断路故障; (2)进气温度传感器插接器连接不良; (3)发动机 ECU 插接器连接不良
	显示值与实际温度有差异	表示进气温度传感器反应不灵敏,其原因主要如下: (1)进气温度传感器有故障; (2)进气温度传感器信号线有短路或断路故障; (3)进气温度传感器插接器连接不良

6. 启动时进气温度数据流（表3-36）

表3-36 启动时进气温度数据流分析及解决措施

检测参数	显示内容	数据分析
启动时进气温度	-40～151℃	正常允许显示范围 当发动机处于冷机状态时，进气温度数值应与环境温度相等或非常接近，并随着发动机温度的上升而均衡升高。最高温度数值因发动机舱盖下温度和热烤状态不同而差别很大
	发动机启动后此值固定不变	表示发动机ECU未接收到进气温度传感器的信号电压，其主要原因如下： (1) 进气温度传感器信号线断路； (2) 进气温度传感器信号线有短路故障； (3) 进气温度传感器搭铁线断路； (4) 进气温度传感器插接器连接不良； (5) 进气温度传感器有故障； (6) 发动机ECU工作不良

7. 节气门位置传感器数据流（表3-37）

表3-37 节气门位置传感器数据流分析及解决措施

检测参数	显示内容	数据分析
节气门位置传感器	0～5V	正常允许显示范围，随节气门开度增加，此值应相应增加
	0.5V	表示节气门关闭，发动机处于怠速状态
	4.5V	表示节气门全开
	数值跳动变化	表示节气门位置传感器性能不良，可能的原因如下： (1) 节气门位置传感器信号线与电源短路； (2) 节气门位置传感器搭铁线断路； (3) 节气门位置传感器信号线断路或连接不良； (4) 节气门位置传感器5V参考电压线断路或连接不良； (5) 节气门位置传感器损坏； (6) 进气歧管绝对压力传感器线路不良

续表

检测参数	显示内容	数据分析
节气门位置传感器	总显示＜1.6V	表示节气门位置传感器线路总是处于低电压状态，可能的原因如下： （1）节气门位置传感器信号线连接不良； （2）节气门位置传感器信号线断路或搭铁； （3）节气门位置传感器信号线与传感器搭铁线短路； （4）节气门位置传感器5V参考电压线断路或连接不良； （5）节气门位置传感器损坏； （6）发动机ECU内部有故障
	总显示＞4.8V	表示节气门位置传感器线路总是处于高电压状态，可能的原因如下： （1）与节气门位置传感器共用5V参考电压的传感器（如EGR开度传感器、进气歧管绝对压力传感器以及空调制冷剂压力传感器等）不良； （2）节气门位置传感器的5V参考电压线与电源短路； （3）节气门位置传感器插接器连接不良； （4）节气门位置传感器损坏； （5）发动机ECU内部有故障
	＜1.6V（间歇性）	表示节气门位置传感器线路电压低（间歇性），可能的原因如下： （1）进气歧管绝对压力传感器5V参考电压线间歇性搭铁； （2）EGR升程传感器5V参考电压线间歇性搭铁； （3）节气门位置传感器信号线间歇性短路或搭铁； （4）节气门位置传感器5V参考电压线间歇性搭铁； （5）节气门位置传感器插接器连接不良； （6）节气门位置传感器损坏
	＞4.8V（间歇性）	表示节气门位置传感器线路电压高（间歇性），可能的原因如下： （1）进气歧管绝对压力传感器5V参考电压线与电源之间间歇性短路； （2）EGR升程传感器5V参考电压线与电源之间间歇性短路； （3）节气门位置传感器信号线与电源之间间歇性短路； （4）节气门位置传感器5V参考电压线与电源之间间歇性短路； （5）节气门位置传感器插接器连接不良； （6）节气门位置传感器损坏

8. 节气门开度数据流

（1）节气门开度

节气门开度是一个数值参数，其参数的量和单位有电压（V）、角度（°）

和比例（%）三种，因车型不同而有所不同。电压的范围为 0～5.1V；角度的范围为 0°～90°；比例的范围为 0～100%。节气门开度参数的数值表示发动机 ECU 接收到的节气门位置传感器的信号值，或是根据节气门位置传感器信号值计算出的节气门开度的大小值，其绝对值与节气门开度为正比关系，即节气门开度参数的绝对值越大，表示节气门的开度也大。

注意

在进行数值分析时，应检查在节气门全关和全开时参数的大小。若以电压为参数，节气门全关时的参数应低于 0.5V，节气门全开时应为 4.5V 左右；若以角度为参数，节气门全关时的参数应为 0°，节气门全开时应为 82°以上；若以比例为参数，节气门全关时的参数应为 0，节气门全开时应为 95% 以上。若有异常，则可能是节气门位置传感器有故障或调整不当，也有可能是线路或发动机 ECU 内部的节气门开度信号处理电路有故障。

（2）节气门开度数据流分析及解决措施（表 3-38）

表 3-38　节气门开度数据流分析及解决措施

检测参数	显示内容	数据分析
节气门开度	0～100%	正常允许显示范围，随着节气门开度增大，此值也相应增大
	0	表示节气门关闭，发动机处于怠速状态
	100%	表示节气门全开

五、发动机供电及点火控制数据流

1. 指令发电机数据流（表 3-39）

表 3-39　指令发电机数据流分析及解决措施

检测参数	显示内容	数据分析
指令发电机	接通	发动机 ECU 给发电机 L 端子供电，发电机处于发电状态
	断开	发动机 ECU 不给发电机 L 端子供电，发电机处于不发电状态

2. 充电指示灯数据流（表 3-40）

表 3-40 充电指示灯数据流分析及解决措施

检测参数	显示内容	数据分析
充电指示灯	接通	充电指示灯点亮
	断开	充电指示灯熄灭
	一直处于接通状态	发动机启动后，仪表板上的充电指示灯不熄灭，或在发动机工作时充电指示灯亮起后不熄灭，说明出现了发电机不发电故障，可能原因如下： （1）发电机有故障，电枢或磁场绕组断路、短路或搭铁，整流二极管断路或短路； （2）调节器有故障，内部电子元件损坏而使大功率晶体管不能导通或大功率晶体管本身有断路； （3）机械故障，发电机传动带松弛而导致发电机转速过低或不转
	一直处于断开状态	点火开关接通（ON）以及发动机运转时充电指示灯均不亮，发电机无法充电，可能原因如下： （1）发电机电刷与集电环接触不良； （2）调节器有故障，内部电子元件损坏而使大功率晶体管不能导通或大功率晶体管本身有断路； （3）充电指示灯连接线路断路； （4）发电机与调节器之间的线路有断路故障； （5）发动机磁场绕组有断路故障
	处于接通状态，但充电指示灯不亮	其主要原因如下： （1）充电指示灯烧坏； （2）充电指示灯的线路不良

3. 3X 曲轴位置传感器数据流（表 3-41）

表 3-41 3X 曲轴位置传感器数据流分析及解决措施

检测参数	显示内容	数据分析
3X 曲轴位置传感器	0～9999r/min	正常允许显示范围

续表

检测参数	显示内容	数据分析
3X 曲轴位置传感器	24X 参考信号脉冲数与 3X 参考脉冲数的比值不等于 8	表示 3X 参考信号不正确，主要原因如下： (1) 点火线圈有裂纹、炭迹或损坏； (2) 点火线圈向线束跳火； (3) 点火线圈向点火模块（ICM）跳火； (4) 二次侧点火元件向线束跳火； (5) PCM 插接器连接不良； (6) 3X 参考信号线断路或短路； (7) 点火模块（ICM）插接器连接不良； (8) 点火模块（ICM）损坏

4. 24X 曲轴位置传感器数据流（表 3-42）

表 3-42　24X 曲轴位置传感器数据流分析及解决措施

检测参数	显示内容	数据分析
24X 曲轴位置传感器	0～1600r/min	正常允许显示范围
	与 3X 参考信号比较，其脉冲数不正确（相差 8 倍）	表示 24X 参考信号不正确，其主要原因如下： (1) 二次侧点火元件向点火模块漏电（高压电）； (2) 布线靠近二次侧点火元件； (3) 24X 曲轴传感器供电线断路或搭铁； (4) 24X 曲轴传感器搭铁线断路； (5) PCM 插接器连接不良或 PCM 本身不良； (6) 24X 曲轴传感器信号线有短路或断路故障； (7) 24X 曲轴传感器插接器连接不良； (8) 24X 曲轴传感器损坏

5. 点火模式数据流（表 3-43）

表 3-43　点火模式数据流分析及解决措施

检测参数	显示内容	数据分析
点火模式	旁通	点火控制模块（ICM）使点火提前角固定在上止点前 10°，其主要原因如下： (1) PCM 未接通 5V 电压； (2) 点火控制模块（ICM）未收到 5V 电压； (3) 发动机处于启动状态
	IC	PCM 正向 ICM 发送信号，PCM 控制点火提前角，即 IC 模式

6. 爆震滞后数据流

(1) 爆震

爆震是一个状态参数，该参数的显示方式也是 Yes 和 No。爆震参数表示发动机 ECU 是否接收到爆震传感器送来的爆震信号。当爆震参数显示为 Yes 时，说明发动机 ECU 已经接到爆震信号；爆震参数显示为 No 时，则表示没有接到爆震信号。在进行数值分析时，可在发动机怠速运转时急加速，此时爆震参数应显示为 Yes，然后又显示为 No。如果在发动机急加速时爆震参数没有显示 Yes 或在发动机转速稳定时仍显示 Yes，说明爆震传感器或其线路有故障。

(2) 爆震计数

爆震计数是一个数值参数，其变化范围为 0～255。它表示发动机 ECU 根据爆震传感器信号所计算出的爆震的次数和相关的持续时间。爆震计数参数值并非爆震的实际次数和持续时间，只是一个与爆震次数和持续时间成正比的相对数值。任何大于 0 的数值都表示已发生爆震。数值低表示爆震次数少或持续时间短，数值高表示爆震次数多或持续时间长。

(3) 爆震推迟

爆震推迟是一个数值参数，该参数的变化范围为 0°～99°，它表示发动机 ECU 在接收到爆震传感器送来的爆震信号后，将点火提前角推迟的具体数值，其单位为度（°）。爆震推迟参数值不代表点火提前角的实际数值，而是表示点火提前角相对于当前工况下最佳点火提前角向后推迟的角度。

(4) 爆震滞后数据流分析及解决措施（表 3-44）

表 3-44 爆震滞后数据流分析及解决措施

检测参数	显示内容	数据分析
爆震滞后	0°～25.5°	正常允许显示范围。此值表示由于爆震而推迟的点火提前角，而不是最佳点火提前角
	发动机没有爆震，但显示＞0°	表示牵引力控制系统处于启动状态，所需的转矩增加，使爆震滞后
	发动机爆震，但显示为 0°	表示爆震传感器信号不良，其主要原因如下： (1) 爆震传感器插接器连接不良； (2) 爆震传感器线束离高压线太近； (3) 爆震传感器损坏

7. 总缸缺火故障数据流（表3-45）

表3-45 总缸缺火故障数据流分析及解决措施

检测参数	显示内容	数据分析
总缸缺火故障	0～65535次	正常允许显示范围
	>0	表示有失火故障，主要原因如下： (1) 曲轴位置传感器工作不良； (2) 凸轮轴位置传感器工作不良； (3) 点火模块工作不良

8. 当前某缸缺火故障数据流（表3-46）

表3-46 当前某缸缺火故障数据流分析及解决措施

检测参数	显示内容	数据分析
当前某缸缺火故障	0～198次	正常允许显示范围
	某缸>0	表示某缸当前有缺火故障，应检测与此缸相连接的点火高压线路和低压电路
	所有缸均>0，且一致	表示当前点火系统有故障，应检测点火系统

9. 以往某缸故障数据流（表3-47）

表3-47 以往某缸故障数据流分析及解决措施

检测参数	显示内容	数据分析
以往某缸故障	0～198次	正常允许显示范围
	>0	表示点火系统有故障，可能原因如下： (1) 缺火缸有积炭； (2) 缺火缸点火线圈变形或有裂纹； (3) 缺火缸点火线路损坏； (4) 缺火缸点火线圈和火花塞与对应缸连接不良； (5) 缺火缸火花塞积炭或绝缘体有裂纹； (6) 缺火缸火花塞高压分线的电阻不符合要求（应为5000～8000Ω）

10. 点火正时数据流

(1) 点火正时 (点火提前角)

点火正时（点火提前角）是一个数值参数，该参数表示由发动机 ECU 控制的总点火提前角（含基本点火提前角），变化范围为 -90°～90°。在发动机运转过程中，该参数取决于反映发动机工况与状态的相关传感器的信号，通常在 10°～60° 之间变化。

在进行数值分析时，应检查点火提前角参数能否随发动机工况与状态的改变而变化。发动机怠速运转时该参数大约为 15°；发动机转速升高时，该参数应随之增大。如果点火提前角参数在发动机不同工况下保持不变，则表示发动机 ECU 有故障。

注意

可以用正时灯检测发动机点火提前角的实际值，并与发动机 ECU 点火提前角参数进行比较。如果用正时灯检测的实际点火提前角与发动机 ECU 的点火提前角参数不相符，则说明曲轴位置传感器不良或其安装位置不正确，应按规定进行检查和调整。

(2) 点火正时（点火提前角）数据流分析及解决措施（表 3-48）

表 3-48　点火正时（点火提前角）数据流分析及解决措施

检测参数	显示内容	数据分析
点火正时（点火提前角）	-64°～64°	正常允许显示范围
	10°	表示点火提前角由点火模块控制，而不是由发动机 ECU 控制，即处于旁通点火模式

第四章 汽车变速器数据流

一、自动变速器基本数据流

1. 自动变速器换挡数据流（表4-1）

表4-1 自动变速器换挡数据流分析及解决措施

检测参数	显示内容	数据分析
1-2挡换挡故障	-3.20～3.18s	表示理想的1-2挡换挡时间与实际的1-2挡换挡时间之间的差值，负值表示换挡时间较长
1-2挡换挡时间	0～6.38s	表示最后一次1-2挡换挡时间，该换挡时间基于1-2挡换挡后齿轮箱传动比的变化计算
1-2挡换挡电磁阀	接通或关闭	表示1-2挡换挡电磁阀的指令状态。接通表示电磁阀通电，关闭表示电磁阀未通电
1-2挡换挡电磁阀断路/与搭铁短路	是或否	表示在到控制单元的1-2挡换挡电磁阀反馈信号中是否存在断路或搭铁。该参数在1-2挡换挡电磁阀关闭时有效
1-2挡换挡电磁阀与电源短路	是或否	表示在到控制单元的1-2挡换挡电磁阀反馈信号中是否存在与电源短路。该参数在1-2挡换挡电磁阀接通时有效
1-2挡换挡TAP（变速器适配压力）单元	-207～207kPa	很大的正值表示控制单元已检测到几个长换挡，并已增加PC电磁阀压力，减少换挡时间。很小的负值表示控制单元已检测到几个短换挡，并已减少PC电磁阀压力，增加换挡时间
2-3挡换挡故障	-3.20～3.18s	表示理想的2-3挡换挡时间与实际的2-3挡换挡时间之间的差值，负值表示换挡时间较长

续表

检测参数	显示内容	数据分析
2-3挡换挡时间	0～6.38s	表示最后一次2-3挡换挡时间，该换挡时间基于2-3挡换挡后齿轮箱传动比的变化计算
2-3挡换挡电磁阀	接通或关闭	表示2-3挡换挡电磁阀的指令状态。接通表示电磁阀通电，关闭表示电磁阀未通电
2-3挡换挡电磁阀断路/与搭铁短路	是或否	表示在到控制单元的2-3挡换挡电磁阀反馈信号中是否存在断路或搭铁。该参数在2-3挡换挡电磁阀关闭时有效
2-3挡换挡电磁阀与电源短路	是或否	表示在到控制单元的2-3挡换挡电磁阀反馈信号中是否存在与电源短路。该参数在2-3挡换挡电磁阀接通时有效
2-3挡换挡TAP（变速器适配压力）单元	-207～207kPa	很大的正值表示控制单元已检测到几个长换挡，并已增加PC电磁阀压力，减少换挡时间。很小的负值表示控制单元已检测到几个短换挡，并已减少PC电磁阀压力，增加换挡时间
3-4挡换挡故障	-3.20～3.18s	表示理想的3-4挡换挡时间与实际的3-4挡换挡时间之间的差值，负值表示换挡时间较长
3-4挡换挡时间	0～6.38s	表示最后一次3-4挡换挡时间，该换挡时间基于3-4挡换挡后齿轮箱传动比的变化计算
3-4挡换挡TAP（变速器适配压力）单元	-207～207kPa	很大的正值表示控制单元已检测到几个长换挡，并已增加PC电磁阀压力，减少换挡时间。很小的负值表示控制单元已检测到几个短换挡，并已减少PC电磁阀压力，增加换挡时间

2. 适配换挡数据流（表4-2）

表4-2 适配换挡数据流分析及解决措施

检测参数	显示内容	数据分析
适配换挡	是或否	当变速器适配能力合适时，在换挡计算过程中显示"是"；当变速器适配能力不合适时，在换挡计算过程中显示"否"

3. 变速器锁止离合器制动开关数据流（表4-3）

表4-3 变速器锁止离合器（TCC）制动开关数据流分析及解决措施

检测参数	显示内容	数据分析
变速器锁止离合器（TCC）制动开关	打开/关闭	当踩下制动踏板时，TCC制动开关向控制单元发出一个信号，释放TCC并关闭巡航控制装置

4. 现用齿轮数据流（表4-4）

表4-4 现用齿轮数据流分析及解决措施

检测参数	显示内容	数据分析
现用齿轮	显示1、2、3或4	表示换挡电磁阀当前的指令状态

5. 现用变速器适配压力（TAP）单元数据流（表4-5）

表4-5 现用变速器适配压力（TAP）单元数据流分析及解决措施

检测参数	显示内容	数据分析
现用变速器适配压力（TAP）单元	0～16	表示用于修改管路压力（适配）的现用TAP单元

6. 现用变速器适配压力（TAP）存储器数据流（表4-6）

表4-6 现用变速器适配压力（TAP）存储器数据流分析及解决措施

检测参数	显示内容	数据分析
现用变速器适配压力（TAP）存储器	-110～110kPa	表示必须加到基本管路中压力的压力值，以便在换挡过程中调节离合器的施加载荷或范围

7. 齿轮传动比数据流（表4-7）

表4-7 齿轮传动比数据流分析及解决措施

检测参数	显示内容	数据分析
齿轮传动比	0～3.98	表示在进行驱动、倒挡和驻车/空挡操作时变速器的实际齿轮传动比

8. 热模式数据流（表 4-8）

表 4-8　热模式数据流分析及解决措施

检测参数	显示内容	数据分析
热模式	接通或关闭	表示自动变速器油的温度（TFT）。关闭表示 TFT 没有超过 130℃，接通表示 TFT 已超过 130℃，并且在 5s 后没有冷却到 120℃

9. 最后一次换挡时间数据流（表 4-9）

表 4-9　最后一次换挡时间数据流分析及解决措施

检测参数	显示内容	数据分析
最后一次换挡时间	0～6.38s	表示最后一次挂高挡的实际换挡时间

10. 压力控制电磁阀实际电流数据流（表 4-10）

表 4-10　压力控制电磁阀实际电流数据流分析及解决措施

检测参数	显示内容	数据分析
压力控制电磁阀实际电流	0～1.25A	由控制单元检测，低电流值表示管路压力高，高电流值表示管路压力低

11. 压力控制电磁阀负载周期数据流（表 4-11）

表 4-11　压力控制电磁阀负载周期数据流分析及解决措施

检测参数	显示内容	数据分析
压力控制电磁阀负载周期	0～100%	表示压力控制电磁阀电路指令状态，用接通时间（接通）的比例（%）表示。0 表示没有电流（0 通电时间）；60% 表示电流大

12. 压力控制电磁阀参考电流数据流（表 4-12）

表 4-12　压力控制电磁阀参考电流数据流分析及解决措施

检测参数	显示内容	数据分析
压力控制电磁阀参考电流	0～1.25A	低电流值表示管路压力高，高电流值表示管路压力低

13. 换挡模式数据流（表 4-13）

表 4-13　换挡模式数据流分析及解决措施

检测参数	显示内容	数据分析
换挡模式	正常或效能	当不启用效能模式时，显示"正常"；当装有换挡选择开关的车辆启用效能模式时，显示"效能"

14. 稳定变速器适配压力 1GR 数据流（表 4-14）

表 4-14　稳定变速器适配压力 1GR 数据流分析及解决措施

检测参数	显示内容	数据分析
稳定变速器适配压力 1GR	0～621kPa	施加到压力控制电磁阀保持第 1 挡齿轮传动比的压力适配量（消除离合器或制动器滑动）。较大的数值表示控制单元已检测到元件滑动，并且正在用适配压力进行补偿

15. 稳定变速器适配压力 2GR 数据流（表 4-15）

表 4-15　稳定变速器适配压力 2GR 数据流分析及解决措施

检测参数	显示内容	数据分析
稳定变速器适配压力 2GR	0～621kPa	施加到压力控制电磁阀保持第 2 挡齿轮传动比的压力适配量（消除离合器或制动器滑动）。较大的数值表示控制单元已检测到元件滑动，并且正在用适配压力进行补偿

16. 稳定变速器适配压力 2GR/TC 数据流（表 4-16）

表 4-16　稳定变速器适配压力 2GR/TC 数据流分析及解决措施

检测参数	显示内容	数据分析
稳定变速器适配压力 2GR/TC	0～621kPa	采用 TCC 制动开关时，施加到压力控制电磁阀保持第 2 挡齿轮传动比的压力适配量（消除离合器或制动器滑动）。较大的数值表示控制单元已检测到元件滑动，并且正在用适配压力进行补偿

17. 稳定变速器适配压力 3GR 数据流（表 4-17）

表 4-17　稳定变速器适配压力 3GR 数据流分析及解决措施

检测参数	显示内容	数据分析
稳定变速器适配压力 3GR	0～621kPa	施加到压力控制电磁阀保持第 3 挡齿轮传动比的压力适配量（消除离合器或制动器滑动）。较大的数值表示控制单元已检测到元件滑动，并且正在用适配压力进行补偿

18. 稳定变速器适配压力 3GR/TC 数据流（表 4-18）

表 4-18　稳定变速器适配压力 3GR/TC 数据流分析及解决措施

检测参数	显示内容	数据分析
稳定变速器适配压力 3GR/TC	0～621kPa	采用 TCC 制动开关时，施加到 PC 电磁阀保持第 3 挡齿轮传动比的压力适配量（消除离合器或制动器滑动）。较大的数值表示控制单元已检测到元件滑动，并且正在用适配压力进行补偿

19. 稳定变速器适配压力 4GR 数据流（表 4-19）

表 4-19　稳定变速器适配压力 4GR 数据流分析及解决措施

检测参数	显示内容	数据分析
稳定变速器适配压力 4GR	0～621kPa	施加到压力控制电磁阀保持第 4 挡齿轮传动比的压力适配量（消除离合器或制动器滑动）。较大的数值表示控制单元已检测到元件滑动，并且正在用适配压力进行补偿

20. 稳定变速器适配压力 4GR/TC 数据流（表 4-20）

表 4-20　稳定变速器适配压力 4GR/TC 数据流分析及解决措施

检测参数	显示内容	数据分析
稳定变速器适配压力 4GR/TC	0～621kPa	采用 TCC 制动开关时，施加到压力控制电磁阀保持第 4 挡齿轮传动比的压力适配量（消除离合器或制动器滑动）。较大的数值表示控制单元已检测到元件滑动，并且正在用适配压力进行补偿

21. 稳定变速器适配压力（倒挡）数据流（表 4-21）

表 4-21　稳定变速器适配压力（倒挡）数据流分析及解决措施

检测参数	显示内容	数据分析
稳定变速器适配压力（倒挡）	0～621kPa	施加到压力控制电磁阀保持倒挡齿轮传动比的压力适配量（消除离合器或制动器滑动）。较大的数值表示控制单元已检测到元件滑动，并且正在用适配压力进行补偿

22. TCC 负载周期数据流（表 4-22）

表 4-22　TCC 负载周期数据流分析及解决措施

检测参数	显示内容	数据分析
TCC 负载周期	0～100%	表示 TCC 负载周期电磁阀接通时间的比例（%）。数值 20% 表示通电指令状态，数值 0 表示未通电指令状态。指令状态用于车速大于 16km/h

23. TCC 负载周期电磁阀断路/搭铁数据流（表 4-23）

表 4-23　TCC 负载周期电磁阀断路/搭铁数据流分析及解决措施

检测参数	显示内容	数据分析
TCC 负载周期电磁阀断路/搭铁	是或否	表示在控制单元的 TCC 负载周期电磁阀反馈信号中是否存在断路或搭铁。该参数在 TCC 负载周期电磁阀关闭时有效。只有当 TCC 负载周期电磁阀关闭时，诊断仪才显示"是"

24. TCC 负载周期电磁阀与电源短路数据流（表 4-24）

表 4-24　TCC 负载周期电磁阀与电源短路数据流分析及解决措施

检测参数	显示内容	数据分析
TCC 负载周期电磁阀与电源短路	是或否	表示在控制单元的 TCC 负载周期电磁阀反馈信号中是否存在对电源短路。该参数在 TCC 负载周期电磁阀接通时有效。只有当 TCC 负载周期电磁阀接通时，诊断仪才显示"是"

25. TCC 释放开关数据流（表 4-25）

表 4-25　TCC 释放开关数据流分析及解决措施

检测参数	显示内容	数据分析
TCC 释放开关	是或否	表示 TCC 释放开关的状态，诊断仪显示"是"表示开关接通，存在 TCC 释放压力，并且 TCC 分离；诊断仪显示"否"表示开关关闭，不存在 TCC 释放压力，并且 TCC 接合

26. TCC 滑移速度数据流（表 4-26）

表 4-26　TCC 滑移速度数据流分析及解决措施

检测参数	显示内容	数据分析
TCC 滑移速度	$-4080 \sim 4079$r/min	表示变速器输入转速与发动机转速之间的差值，数值接近 0 时表示启用 TCC

27. 变速器输入转速数据流（表 4-27）

表 4-27　变速器输入转速数据流分析及解决措施

检测参数	显示内容	数据分析
变速器输入转速	$0 \sim 8191$r/min	表示变速器输入转速

28. 变速器输出转速数据流（表 4-28）

表 4-28 变速器输出转速数据流分析及解决措施

检测参数	显示内容	数据分析
变速器输出转速	0～8191r/min	表示变速器输出转速

二、自动变速器油温度传感器数据流

1. TFT 传感器数据流（表 4-29）

表 4-29 TFT 传感器数据流分析及解决措施

检测参数	显示内容	数据分析
TFT 传感器	0～5.00V	正常允许显示范围
TFT 传感器	＜ 0.20V	表示 TFT 传感器的信号电压过低，主要原因如下： （1）控制单元插接器连接不良； （2）自动变速器 20 芯插接器连接不良； （3）TFT 传感器信号线断路； （4）TFT 传感器信号线间歇性搭铁； （5）TFT 传感器搭铁线与电源间歇性短路； （6）TFT 传感器失效（其电阻变化不正确）
TFT 传感器	＞ 4.52V	表示 TFT 传感器的信号电压过高，主要原因如下： （1）控制单元插接器连接不良； （2）自动变速器 20 芯插接器连接不良； （3）TFT 传感器信号线断路； （4）TFT 传感器搭铁线断路； （5）TFT 传感器失效（其电阻变化不正确）； （6）控制单元不良

2. 自动变速器油温度数据流（表 4-30）

表 4-30 自动变速器油温度数据流分析及解决措施

检测参数	显示内容	数据分析
自动变速器油温度	-40～151℃	正常允许显示范围

续表

检测参数	显示内容	数据分析
变速器油温度	>130℃	表示自动变速器油温度过高，主要原因如下： （1）发动机过热而导致自动变速器油温过高； （2）自动变速器油流过冷却器和辅助散热器时被节流而导致其温度过高； （3）通过自动变速器油冷却器和辅助散热器的气流被节流，导致油温过高； （4）自动变速器油压力过低
	启动6min后，油温变化小于1.5℃	表示TFT传感器电路有断路，主要原因如下： （1）TFT传感器的信号线或搭铁线间歇性断路； （2）TFT传感器的信号线搭铁； （3）TFT传感器的信号线与搭铁线短路； （4）TFT传感器损坏； （5）控制单元不良

三、自动变速器输入/输出转速传感器数据流

1. 自动变速器输入转速传感器数据流（表4-31）

表4-31 自动变速器输入转速传感器数据流分析及解决措施

检测参数	显示内容	数据分析
自动变速器输入转速传感器	0～8091r/min	正常允许显示范围
	自动变速器锁止离合器工作时小于发动机转速	当变速器锁止离合器接合时，变速器输入转速应等于发动机转速。否则，就说明变速器锁止离合器有打滑现象，主要原因如下： （1）变速器锁止离合器摩擦材料已烧焦； （2）变速器锁止离合器电磁阀不良； （3）变速器锁止离合器油压过低
	短时间内，转速变化超过1300r/min	表示自动变速器输入转速传感器有间歇性断路故障，主要原因如下： （1）自动变速器输入转速传感器的线束有电磁干扰； （2）自动控制单元的插头不良； （3）自动变速器的20芯插接器连接不良； （4）自动变速器输入转速传感器的2芯插头连接不良； （5）自动变速器输入转速传感器的线路有短路或断路故障

2. 自动变速器输出转速传感器数据流（表4-32）

表4-32　自动变速器输出转速传感器数据流分析及解决措施

检测参数	显示内容	数据分析
自动变速器输出转速传感器	0～8091r/min	正常允许显示范围
	0	表示汽车处于停车挡或空挡，汽车未行驶
	显示转速过低（<150r/min）持续2s	表示自动变速器输出转速信号电压过低，主要原因如下： （1）自动变速器输出传感器信号（高）线路有断路、短路或搭铁故障； （2）自动变速器输出传感器信号（低）线路有断路、短路或搭铁故障； （3）自动变速器输出传感器电阻值不对； （4）自动变速器输出传感器的信号转子损坏、变形； （5）自动变速器输出传感器的信号转子与自动变速器输出传感器没有对准

四、自动变速器电磁阀数据流

1. 1-2挡换挡电磁阀数据流（表4-33）

表4-33　1-2挡换挡电磁阀数据流分析及解决措施

检测参数	显示内容	数据分析
1-2挡换挡电磁阀	接通	表示1-2挡换挡电磁阀处于接通状态，即电磁阀通电
	关闭	表示1-2挡换挡电磁阀处于关闭状态，即电磁阀未通电
	无论车速怎样变化，总显示接通或关闭	表示1-2挡换挡电磁阀有断路或短路故障，其主要原因如下： （1）1-2挡换挡电磁阀电源线断路； （2）1-2挡换挡电磁阀电源线与搭铁线短路； （3）1-2挡换挡电磁阀电源线与搭铁线短路； （4）1-2挡换挡电磁阀搭铁线断路； （5）1-2挡换挡电磁阀2芯插头连接不良； （6）1-2挡换挡电磁阀内部电阻不正确； （7）控制单元连接端子接触不良

2. 2-3 挡换挡电磁阀数据流（表 4-34）

表 4-34　2-3 挡换挡电磁阀数据流分析及解决措施

检测参数	显示内容	数据分析
2-3 挡换挡电磁阀	接通	表示 2-3 挡换挡电磁阀处于接通状态，即电磁阀通电
	关闭	表示 2-3 挡换挡电磁阀处于关闭状态，即电磁阀未通电
	无论车速怎样变化，总显示接通或关闭	表示 2-3 挡换挡电磁阀有断路或短路故障，其主要原因如下： （1）自动变速器处于冻结换挡模式，可能是某些传感器失灵； （2）2-3 挡换挡电磁阀电源线断路； （3）2-3 挡换挡电磁阀电源线与搭铁线短路； （4）2-3 挡换挡电磁阀电源线与搭铁线短路； （5）2-3 挡换挡电磁阀搭铁线断路； （6）2-3 挡换挡电磁阀 2 芯插头连接不良； （7）2-3 挡换挡电磁阀内部电阻不正确； （8）PCM 连接端子接触不良

第五章 汽车车身数据流

一、ABS 数据流

1. 轮速传感器的轮速数据流

（1）左前轮速、右前轮速、左后轮速、右后轮速

各车轮轮速为数值参数，这些参数反映了每个车轮转速传感器输入 ECU 的车轮转速信号，数值范围为 0 至最大车速。当车辆直线行驶且未制动时，四个车轮的轮速（轮缘速度）应与车速相等。当汽车转弯及制动而 ABS 未起作用时，轮速就会发生变化；当 ABS 起作用时，四个车轮的轮速应保持接近或相等。

（2）轮速传感器的轮速数据流分析及解决措施（表 5-1）

表 5-1 轮速传感器的轮速数据流分析及解决措施

检测参数	显示内容	数据分析
左前轮轮速传感器	0～最高车速	正常允许显示范围
	车辆行驶速度大于 8km/h，但显示为 0	表示左前轮轮速传感器输入信号为 0，主要原因如下： （1）左前轮轮速传感器的高信号线短路或断路； （2）左前轮轮速传感器插接器连接不良； （3）EBCM/EBTCM 不良
	瞬时变化太大，例如在 0.01s 内变化 > 24km/h	表示左前轮轮速传感器信号变化太大，主要原因如下： （1）左前轮轮速传感器的高信号线短路或断路； （2）左前轮轮速传感器的电阻不正确； （3）左前轮轮速传感器插接器连接不良； （4）EBCM/EBTCM 不良

续表

检测参数	显示内容	数据分析
右前轮轮速传感器	0～最高车速	正常允许显示范围
	车辆行驶速度大于 8km/h，但显示为 0	表示右前轮轮速传感器输入信号为 0，主要原因如下： (1) 右前轮轮速传感器的高信号线短路或断路； (2) 右前轮轮速传感器插接器连接不良； (3) EBCM/EBTCM 不良
	瞬时变化太大，例如在 0.01s 内变化＞24km/h	表示右前轮轮速传感器信号变化太大，主要原因如下： (1) 右前轮轮速传感器的高信号线短路或断路； (2) 右前轮轮速传感器的电阻不正确； (3) 右前轮轮速传感器插接器连接不良； (4) EBCM/EBTCM 不良
左后轮轮速传感器	0～最高车速	正常允许显示范围
	车辆行驶速度大于 8km/h，但显示为 0	表示左后轮轮速传感器输入信号为 0，主要原因如下： (1) 左后轮轮速传感器的高信号线短路或断路； (2) 左后轮轮速传感器插接器连接不良； (3) EBCM/EBTCM 不良
	瞬时变化太大，例如在 0.01s 内变化＞24km/h	表示左后轮轮速传感器信号变化太大，主要原因如下： (1) 左后轮轮速传感器的高信号线短路或断路； (2) 左后轮轮速传感器的电阻不正确； (3) 左后轮轮速传感器插接器连接不良； (4) EBCM/EBTCM 不良
右后轮轮速传感器	0～最高车速	正常允许显示范围
	车辆行驶速度大于 8km/h，但显示为 0	表示右后轮轮速传感器输入信号为 0，主要原因如下： (1) 右后轮轮速传感器的高信号线短路或断路； (2) 右后轮轮速传感器插接器连接不良； (3) EBCM/EBTCM 不良
	瞬时变化太大，例如在 0.01s 内变化＞24km/h	表示右后轮轮速传感器信号变化太大，主要原因如下： (1) 右后轮轮速传感器的高信号线短路或断路； (2) 右后轮轮速传感器的电阻不正确； (3) 右后轮轮速传感器插接器连接不良； (4) EBCM/EBTCM 不良

2. 制动灯开关数据流

（1）制动灯开关

在 ABS 中，ABS ECU 根据制动灯开关信号来确定制动工况，用以启动

ABS 进入工作状态。制动灯开关参数反映制动灯开关的状态，其状态为 ON/OFF。当系统功能正常时，ON 表示制动灯开关触点已闭合，制动灯点亮。

（2）制动灯开关数据流分析及解决措施（表 5-2）

表 5-2　制动灯开关数据流分析及解决措施

检测参数	显示内容	数据分析
制动灯开关	闭合	表示踩下制动踏板，制动灯开关接通，向 EBCM/EBTCM 输入 12V 电压信号，ABS 处于工作状态
	断开	表示未踩下制动踏板，制动灯开关断开，汽车处于正常行驶状态
	断路	表示制动灯开关电路有断路故障，此时 EBCM/EBTCM 将使 ABS 失去部分或全部功能，其主要原因如下： （1）制动灯开关电源线或搭铁线断路； （2）制动灯开关触点接触电阻过高； （3）制动灯开关失调或短路； （4）EBCM/EBTCM 不良
	一直显示闭合	表示制动灯开关一直处于接通状态，此时牵引力控制系统（TCS）不能工作，但 ABS 功能正常，主要原因如下： （1）制动灯开关电源线与其搭铁线短路； （2）制动灯开关失调或短路； （3）制动灯开关触点黏结； （4）制动踏板卡滞
	汽车减速时，显示断开	表示当踩下制动踏板时，制动灯开关一直处于断开状态，可能的原因如下： （1）制动灯开关触点断开； （2）制动灯开关失调； （3）制动灯开关电路熔断器（15A）已烧断； （4）制动灯开关电路电源线路断路

3. 电磁阀继电器数据流（表 5-3）

表 5-3　电磁阀继电器数据流分析及解决措施

检测参数	显示内容	数据分析
电磁阀继电器	接通	表示电磁阀继电器处于接通状态，给电磁阀和液压泵电动机供电
	断开	表示电磁阀继电器处于断开状态，此时关闭 EBCM/EBTCM，点亮 ABS/TCS 指示灯

4. ABS 电压数据流

（1）ABS 电压

ABS 电压为数值参数，显示的是 ABS 在打开点火开关和未打开点火开关时的电压。电压范围为 0～13.5V。

（2）ABS 电压数据流分析及解决措施（表 5-4）

表 5-4　ABS 电压数据流分析及解决措施

检测参数	显示内容	数据分析
ABS 电压	13.5～14.5V	正常允许显示范围
	车速不小于 8km/h，但 ABS 电压大于 10.8V	表示 ABS 电压过低，此时 EBCM/EBTCM 会自动解除 ABS/TCS，并点亮 ABS/TCS 指示灯，主要原因如下： （1）充电系统有故障； （2）蓄电池漏电或其电缆连接有松动； （3）发电机有搭铁故障； （4）ABS 电磁阀继电器线圈的电源线搭铁
	车速不小于 8km/h，但 ABS 电压小于 17V	表示 ABS 电压过高，此时 EBCM/EBTCM 会自动解除 ABS/TCS，并点亮 ABS/TCS 指示灯，主要原因如下： （1）充电系统有故障； （2）EBCM/EBTCM 不良
	0	表示 ABS 电压为 0，主要原因如下： （1）ABS 熔断器（60A）熔断； （2）ABS 熔断器（10A）熔断； （3）EBCM/EBTCM 插头上端子 D 搭铁线断路； （4）电磁阀继电器线圈侧供电线断路； （5）电磁阀继电器触点侧供电线断路； （6）EBCM/EBTCM 插接器连接不良

5. 液压泵电动机电压数据流（表 5-5）

表 5-5　液压泵电动机电压数据流分析及解决措施

检测参数	显示内容	数据分析
液压泵电动机电压	接通	表示液压泵电动机处于工作状态
	关闭	表示液压泵电动机处于不工作状态

续表

检测参数	显示内容	数据分析
液压泵电动机电压	ABS 电压大于 8V，但一直显示关闭	表示液压泵电动机电路有短路或断路故障，此时 EBCM/EBTCM 解除 ABS/TCS 功能，并点亮仪表板上的 ABS/TCS 指示灯，其主要原因如下： （1）EBCM/EBTCM 插头上端子 D 搭铁线（即液压泵电动机搭铁线）断路； （2）端子 D 搭铁线与电源短路； （3）EBCM/EBTCM 插接器连接不良； （4）液压泵电动机损坏； （5）EBCM/EBTCM 不良

6. ABS/TCS 指示灯数据流（表 5-6）

表 5-6　ABS/TCS 指示灯数据流分析及解决措施

检测参数	显示内容	数据分析
ABS/TCS 指示灯	关闭	表示 ARS/TCS 指示灯熄灭，ABS 处于全功能工作状态
	接通	表示 ARS/TCS 指示灯点亮，ABS 可能出现了故障。当点火开关转到 RUN 位置，IPC（仪表板控制模块）灯泡检查期间，IPC 将点亮 ABS/TCS 指示灯 3s，然后熄灭。若 EBCM/EBTCM 设置了故障码，则 EBCM/EBTCM 便通过Ⅱ级串行数据线发送一个信息给 IPC，IPC 命令仪表板上的 ABS/TCS 指示灯点亮
	一直处于接通状态，但无故障码	其主要原因如下： （1）仪表板内 ABS/TGS 指示灯线路不良； （2）EBCM/EBTCM 工作不良
	一直处于关闭状态，但无故障码	其主要原因如下： （1）仪表板内 ABS/TCS 指示灯线路不良； （2）EBCM/EBTCM 工作不良

7. 制动液液位开关数据流（表 5-7）

表 5-7　制动液液位开关数据流分析及解决措施

检测参数	显示内容	数据分析
制动液液位开关	断开	表示制动液液位正常。制动液液位开关为常开

续表

检测参数	显示内容	数据分析
制动液液位开关	接通	表示制动液液位过低，主要原因如下： （1）液压制动系统泄漏（例如制动管路、制动轮缸、制动卡钳或制动主缸等泄漏）； （2）制动液液位指示灯开关故障； （3）制动液液位指示灯开关线路（CKT209）搭铁

8. 电磁阀数据流（表 5-8）

表 5-8　电磁阀数据流分析及解决措施

检测参数	显示内容	数据分析
左前进油电磁阀	接通	表示左前进油电磁阀处于工作状态，即左前轮处于增压状态
左前进油电磁阀	断开	表示左前进油电磁阀处于不工作状态，即左前轮处于保压或降压状态
左前出油电磁阀	接通	表示左前出油电磁阀处于工作状态，即左前轮处于降压状态
左前出油电磁阀	断开	表示左前出油电磁阀处于不工作状态，即左前轮处于增压或保压状态
右前进油电磁阀	接通	表示右前进油电磁阀处于工作状态，即右前轮处于增压状态
右前进油电磁阀	断开	表示右前进油电磁阀处于不工作状态，即右前轮处于保压或降压状态
右前出油电磁阀	接通	表示右前出油电磁阀处于工作状态，即右前轮处于降压状态
右前出油电磁阀	断开	表示右前出油电磁阀处于不工作状态，即右前轮处于增压或保压状态
左后进油电磁阀	接通	表示左后进油电磁阀处于工作状态，即左后轮处于增压状态
左后进油电磁阀	断开	表示左后进油电磁阀处于不工作状态，即左后轮处于保压或降压状态

续表

检测参数	显示内容	数据分析
左后出油电磁阀	接通	表示左后出油电磁阀处于工作状态，即左后轮处于降压状态
	断开	表示左后出油电磁阀处于不工作状态，即左后轮处于增压或保压状态
右后进油电磁阀	接通	表示右后进油电磁阀处于工作状态，即右后轮处于增压状态
	断开	表示右后进油电磁阀处于不工作状态，即右后轮处于保压或降压状态
右后出油电磁阀	接通	表示右后出油电磁阀处于工作状态，即右后轮处于降压状态
	断开	表示右后出油电磁阀处于不工作状态，即右后轮处于增压或保压状态
左前 TCS 电磁阀	打开	表示左前 TCS 电磁阀处于工作状态，即左前轮处于牵引力控制模式
	关闭	表示左前 TCS 电磁阀处于不工作状态，即左前轮不进行牵引力控制
右前 TCS 电磁阀	打开	表示右前 TCS 电磁阀处于工作状态，即右前轮处于牵引力控制模式
	关闭	表示右前 TCS 电磁阀处于不工作状态，即右前轮不进行牵引力控制

二、安全气囊系统数据流

1. 前排乘客侧展开回路数据流（表 5-9）

表 5-9　前排乘客侧展开回路数据流分析及解决措施

检测参数	显示内容	数据分析
前排乘客侧展开回路	启用	表示 SDM 对前排乘客侧展开回路进行电阻和电压测试，无故障，前排乘客侧展开回路处于启用状态

续表

检测参数	显示内容	数据分析
前排乘客侧展开回路	未启用	表示 SDM（SIR ECU）对前排乘客侧展开回路进行电阻和电压测试，有故障存在，前排乘客侧展开回路处于未启用状态，并通过Ⅱ级串行数据线点亮安全气囊警告灯，其主要原因如下： （1）前排乘客侧展开回路的调高线路与搭铁线短路； （2）前排乘客侧展开回路的调低线路与搭铁线短路； （3）前排乘客侧展开回路的调高线路断路； （4）前排乘客侧展开回路的调低线路断路； （5）前排乘客侧展开回路的调高线路与 B+ 短路； （6）前排乘客侧展开回路的调低线路与 B+ 短路； （7）前排乘客侧展开回路的 2 芯插接器腐蚀或损坏； （8）SDM（SIR ECU）的 18 芯插接器连接不良； （9）SDM（SIR ECU）工作不良

2. 驾驶员侧展开回路数据流（表 5-10）

表 5-10　驾驶员侧展开回路数据流分析及解决措施

检测参数	显示内容	数据分析
驾驶员侧展开回路	启用	表示 SDM 对驾驶员侧展开回路进行电阻和电压测试，无故障，驾驶员侧展开回路处于启用状态
	未启用	表示 SDM（SIR ECU）对驾驶员侧展开回路进行电阻和电压测试，有故障存在，驾驶员侧展开回路处于未启用状态，并通过Ⅱ级串行数据线点亮安全气囊警告灯，其主要原因如下： （1）驾驶员侧展开回路的调高线路与搭铁线短路； （2）驾驶员侧展开回路的调低线路与搭铁线短路； （3）驾驶员侧展开回路的调高线路断路； （4）驾驶员侧展开回路的调低线路断路； （5）驾驶员侧展开回路的调高线路与 B+ 短路； （6）驾驶员侧展开回路的调低线路与 B+ 短路； （7）驾驶员侧展开回路的 2 芯插接器腐蚀或损坏； （8）SDM（SIR ECU）的 18 芯插接器连接不良； （9）SDM（SIR ECU）工作不良

3. 安全气囊警告数据流（表 5-11）

表 5-11　安全气囊警告数据流分析及解决措施

检测参数	显示内容	数据分析
安全气囊警告	关闭	表示安全气囊警告灯熄灭，安全气囊系统处于全功能工作状态
	接通	表示安全气囊警告灯点亮，安全气囊系统可能有故障，查看相关故障码
	一直显示接通状态，安全气囊警告灯持续点亮，但无故障码	表示安全气囊警告灯线路有短路故障，或点火电压超过 9～16V
	一直显示关闭状态，安全气囊警告灯不亮，无故障码	主要原因如下： （1）安全气囊警告灯熔断器（10A）熔断； （2）安全气囊警告灯的灯泡烧坏； （3）安全气囊熔断器与 SDM A1 端子间的电源线有断路故障； （4）SDM（SIR ECU）插接器连接不良； （5）蓄电池充电不足

第六章　汽车空调主要数据流

一、汽车空调传感器数据流

1. 室内温度传感器数据流（表6-1）

表6-1　室内温度传感器数据流分析及解决措施

检测参数	显示内容	数据分析
室内温度传感器	-6.5～57.25℃	正常允许显示范围
	室内温度传感器电路	可能的故障部位： （1）室内温度传感器； （2）室内温度传感器与空调放大器之间的线束和插接器； （3）空调放大器

2. 环境温度传感器数据流（表6-2）

表6-2　环境温度传感器数据流分析及解决措施

检测参数	显示内容	数据分析
环境温度传感器	-23～65.95℃	正常允许显示范围
	环境温度传感器电路	可能的故障部位： （1）环境温度传感器； （2）环境温度传感器与空调放大器之间的线束和插接器； （3）空调放大器

3. 蒸发器温度传感器数据流（表6-3）

表6-3　蒸发器温度传感器数据流分析及解决措施

检测参数	显示内容	数据分析
蒸发器温度传感器	−29.7～59.55℃	正常允许显示范围
	蒸发器温度传感器电路	可能的故障部位： （1）空调线束（蒸发器温度传感器）； （2）空调放大器

4. 日照传感器数据流（表6-4）

表6-4　日照传感器数据流分析及解决措施

检测参数	显示内容	数据分析
日照传感器	0～255	正常允许显示范围
	日照传感器电路	可能的故障部位： （1）日照传感器； （2）日照传感器与空调放大器之间线束和插接器； （3）日照传感器与车身ECU之间线束和插接器； （4）空调放大器； （5）车身ECU

5. 压力传感器数据流（表6-5）

表6-5　压力传感器数据流分析及解决措施

检测参数	显示内容	数据分析
压力传感器	−50～370kPa	正常允许显示范围
	压力开关电路	可能的故障部位： （1）压力传感器； （2）压力传感器与空调放大器之间线束和插接器； （3）制冷管线； （4）空调放大器

二、风门控制伺服电动机数据流

1. 空气混合风门伺服电动机数据流（表6-6）

表6-6 空气混合风门伺服电动机数据流分析及解决措施

检测参数	显示内容	数据分析
空气混合风门伺服电动机	目标脉冲：0～255	最冷：5。最热：103
	空气混合风门伺服电动机电路	可能的故障部位： (1) 空调放大器； (2) 空调线束； (3) 进气混合控制伺服电动机

2. 进气风门控制伺服电动机数据流（表6-7）

表6-7 进气风门控制伺服电动机数据流分析及解决措施

检测参数	显示内容	数据分析
进气风门控制伺服电动机	目标脉冲：0～255	再流通：7。新鲜的：28
	进气风门控制伺服电动机电路	可能的故障部位： (1) 空调放大器； (2) 空调线束； (3) 进气控制伺服电动机

3. 出气风门控制伺服电动机数据流（表6-8）

表6-8 出气风门控制伺服电动机数据流分析及解决措施

检测参数	显示内容	数据分析
出气风门控制伺服电动机	目标脉冲：0～255	正常允许显示范围
	出气风门控制伺服电动机电路	可能的故障部位： (1) 空调放大器； (2) 空调线束； (3) 进气控制伺服电动机

第七章 汽车数据流典型故障案例

一、宝马 5 系发动机故障灯点亮报警故障

(1) 故障现象

一辆行驶里程约 8.2 万千米的宝马 525Li 轿车。

车辆在行驶中发动机故障灯点亮报警，中央信息显示屏提示"发动机功率下降"。

(2) 故障诊断

车辆可以正常启动着车，当前存在故障报警现象，怠速状态下发动机有轻微抖动的现象。

❶ 连接电脑诊断仪进行诊断检测，读取发动机控制系统的故障存储，如下所示。

118002——混合气调节：混合气过浓。

10200——空气质量，可信度：空气质量过高。

❷ 选择故障内容，执行混合气调校检测计划。按照检测要求，进行发动机系统的基础排查工作。检查 HFM 线路连接及针脚，未见异常；热膜式空气质量传感器没有脏污或沾染油渍。检查进气管道的连接部位及软管夹圈，节气门阀体/增压空气冷却器等，未见密封不严的痕迹。检查进气消声器盖罩的位置，正确；空气滤芯没有脏污或堵塞。检查气缸盖密封件，未见损坏。检查计划提示优先处理空气流量传感器故障，因此更换空气流量传感器，试车时发动机没有报警。

❸ 调用发动机控制单元功能，读取发动机控制系统数据流，如下所示。

 a. HFM 空气质量：15.70kg/h。

 b. 发动机冷却液温度：91.50℃。

 c. 发动机转速：744.50r/min。

 d. 环境压力状态：1012.68hPa。

 e. 环境温度：27.75℃。

 f. 混合气乘积式调校：0.79。

 g. 节气门开度：5.13%。

❹ 找来相同款式的车辆进行比较，读取发动机相关的数据流，如下所示。

a. HFM 空气质量：8.70kg/h。

b. 发动机冷却液温度：97.50℃。

c. 发动机转速：678.50r/min。

d. 环境压力状态：1011.68hPa。

e. 环境温度：27.75℃。

f. 混合气乘积式调校：1.05。

g. 节气门开度：4.15%。

❺ 对比相同配置的同款车型，在相同工况时此车显示进气量大。分析进气系统可能存在密封不严故障。故障码提示混合气过浓，前氧传感器显示 1.45V，因此可以证实废气中氧含量过低，混合气过浓。空气流量传感器测量的值为 15.7kg/h，空气质量过大，但是实际上混合气过浓，说明进入燃烧室的空气过少。通过以上信息可以判断由于进入燃烧室的空气过少引起混合气过浓，因此可以判断故障为增压管路出现泄漏，才会引起泄漏空气，造成混合气过稀。因此对增压管路进行密封性检测，检测结果发现与中冷器连接端缺少一个密封圈，密封圈不能单独提供，更换充气导向管后试车，正常，故障码不再出现。

（3）故障排除

更换充气导向管。

二、本田雅阁动力差故障

（1）故障现象

2006 年款本田雅阁，装配 2.0L 发动机。

车辆由于失火、动力差、油耗高进厂维修。

（2）故障诊断

在水温 30℃时启动，空挡加速，明显听到动力不足特有的缺缸（失火）声音，马上行驶的话，基本无法正常行驶。进行断缸试验，结果显示每个缸都"正常"工作，无明显偏缸现象。对缸压进行测试，结果显示缸压均为 1200kPa 左右，正常。按以下思路进行检查。

❶ 机械方面。冷车缸压为 1200kPa 左右（第一次压缩为 700kPa 左右），已经足够证实气缸密封性极佳。拆下进气歧管，发现很干净，好像是清洗过不久

一样。而客户也反映，该车曾经因为这个问题更换过发电机、高压包、火花塞、汽油泵等一系列配件，效果仍然不理想。从进气歧管处观察进气门以及燃烧室，确定无明显积炭。

❷ 电路方面。使用电脑诊断仪查看了发动机系统，无任何故障码，查看相关的发动机数据流，结果看到了短期燃油修正值为1.24，而在0.95～1.05为最佳状态，从启动车辆开始，从1慢慢升为1.24，有时候高达1.28（也就是系统接收到混合气很稀的信号），有可能是氧传感器和进气压力传感器损坏。

检查氧传感器和进气压力传感器：用化清剂向进气口稳定地喷，发现空燃比马上变小，最小变为0.84以下，证实氧传感器没有损坏。再用真空表量取进气歧管的真空度，发现也与数据流一致，大气压力数据显示为100kPa，与实际外界压力一致。而水温传感器的数据也正常（启动时为34℃，车辆运行8min后，升到83℃左右），火花塞、高压包之前已经进行过断缸测试，没有明显偏缸现象，也先不考虑。

❸ 油路方面。检查机油油路，机油压力故障灯不亮，且打开机油盖，看到有机油飞溅出来，直观反映机油压力无问题；再接上燃油压力表，检查燃油压力，结果发现燃油压力泄压严重，不能保压，联想到该车成功启动时间过长，但启动后油压相对稳定在350kPa（维修手册要求为320～380kPa），正常，即使油压不稳定，一般也不会影响加速，尤其是发动机转速在1200r/min以上时的动力。

查看拆下的喷油器，没有明显问题，用喷油器测试机对四个喷油器进行检测，各种工况下喷油平衡，在测试液压力为350kPa下雾化良好。难道是喷油器滤网堵塞？虽然这个可能性很小，但是仍然拆除滤网再装上试车，开始时故障现象有所减轻，但是约10s后，故障依旧。

❹ 进气系统。进气歧管没有明显积炭，节气门没有明显积炭。拆下排气管，发现三元催化器略微堵塞，但是不会导致类似此车的故障现象。

再次深入检查点火系统，拆下火花塞，原车火花塞用的是NGK（型号为ZFR6K-11），这个火花塞应该是长螺纹的，而车上装的明显是短螺纹的。更换火花塞后，故障依旧。

车辆曾经因为无法成功启动，烧了某个熔丝导致无点火信号，于是拨动各个点火线圈插头附近的线，再次启动，结果车辆真的无法启动了。检查发现点火线圈继电器的供电熔丝（15A）烧断，说明点火供电肯定有短路。

于是再次用断缸法去检测，分别拔下1～3缸的喷油器插头再插上去试，每拔下一个缸的喷油器，反而感觉车辆好像怠速平稳了不少了，但空挡加速时，明显有动力十分不足的感觉。当拔到第4缸的时候，发动机与未拔下任何一个缸的喷油器的时候一样，无任何反应，问题为第 4 缸完全失火。到底是不喷油、不点火，还是排气门断裂呢？在发动机运转的时候，将听诊器伸到第 4 缸喷油器根部进行检测，明显传来喷油器电磁阀工作的声音——喷油器工作正常。对调第 3、4 缸的点火线圈，结果仍然是第 4 缸不工作。拔出第 4 缸点火线圈，外接一个火花塞，负极搭铁，启动车辆，发现无火花跳动，证实线路或者 ECU 驱动故障。拆开第 4 缸的点火线圈包着的线，结果发现原来接的几条线连在一起，应该是 12V 供电与搭铁线破线，连在一起了，把它们分开包扎后再次启动车辆，车辆正常。

（3）故障排除

更换原车装的错误的火花塞，把第 4 缸的点火线路短路点维修后，试车，车辆正常。

三、大众速腾发动机故障警告灯亮、油耗很高

（1）故障现象

2015 年款大众速腾轿车，行驶里程约 8.6 万千米，装配 1.6L 发动机和自动变速器。

车辆发动机故障警告灯亮，车辆油耗很高，而且加速时排气冒黑烟。

（2）故障诊断

维修人员接车后，确认车辆仪表板上的发动机故障警告灯点亮，但车辆怠速运转平稳，排气管排气未发现明显异常。原地踩下加速踏板，排气管冒黑烟，且可以看到有黑色颗粒物排出。连续几次踩下加速踏板后，地面上可以看到大量黑色排放物。

连接电脑诊断仪，读取到如下故障码：

P013600——气缸列 1 传感器 2 电路电气故障；

P218700——气缸列 1 燃油测量系统怠速转速时系统过稀；

P030100——气缸 1 检测到不发火；

P030200——气缸 2 检测到不发火。

清除故障码后试车，发现气缸 1 和气缸 2 出现多次失火。与客户沟通得知，车辆最初的异常现象是有时耸车，在其他修理厂更换过火花塞，但问题并没解决。最近几天又出现了排气冒黑烟和油耗明显增加的情况。

对故障气缸的火花塞、点火线圈及喷油器与正常气缸的部件进行对调，启

动发动机，故障没有转移。检查失火气缸的压力，数值正常，点火线圈和喷油器供电的线路也未见异常。

对故障记录中的故障码条件环境进行检查，发现在故障出现时，部分负荷范围中的混合气偏差为 20.7%～35.0%。ECU 因此发出了加浓的指令，且超出了报警极限值。为进一步确认故障，读取发动机数据流进行验证，观察数据流发现氧传感器的电压为 0.02V，混合气形成短期匹配值为 34.375%；混合气形成长期匹配值为 22.656%。很显然是前氧传感器向 ECU 反馈混合气过稀，ECU 也根据此信号发出了混合气加浓的指令。

从燃油喷射时间的数据可以看到，喷射时长已经延长到 5.0～6.0ms，正常的车急速时喷射时长为 2.4 ms 左右，说明混合气加浓的指令得到执行。但从车辆排出的黑色尾气判断，实际车辆的混合气已经很浓。根据检查结果和故障现象判断，是前氧传感器向 ECU 提供了错误的信号，导致发动机冒黑烟。

（3）故障排除

更换前氧传感器后试车，发动机运转恢复正常，故障排除。

四、大众迈腾发动机偶尔抖动故障

（1）故障现象

2012 年款大众迈腾 1.8TSi，行驶里程约 15 万千米。

车辆原地加速约 30s 后，发动机偶发瞬间轻微抖动。

（2）故障诊断

使用电脑诊断仪读取发动机电控系统故障码，故障码为 08213——进气歧管风门位置／运行控制传感器不可信信号。

根据故障码的提示，初步分析发动机电控单元 J623 接收到的信号不符合逻辑，可能故障原因：

❶ 传感器及其电路可能存在故障；

❷ 翻板及驱动机构可能存在故障；

❸ 发动机电控单元存在问题。

根据系统结构工作原理，在高转速／大负荷工况下，J623 控制 N316 进气管风门控制阀，进而控制进气翻板真空膜盒，拉动进气翻板转轴及翻板进行转动，以增大进气通道面积，提高发动机高转速／大负荷工况下的运行性能。N316、G336 与 J623 之间的连接电路如图 7-1 所示。

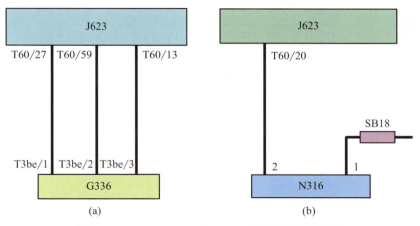

图 7-1　N316、G336 与 J623 之间的连接电路

读取相关数据组数据，测量数据组 01-143-3 或 01-142-1 增压移动板实际位置（怠速 -3000r/min 以上 - 怠速）：实测值为 0.78%（如果诊断前曾经加速，则检测不到最低值）-100%（未回位，异常）；标准值为 0（关闭）-100%（打开）-0（关闭）。

通过上述数据流发现，翻板正常打开后不能关闭，始终保持在最大位置，可能原因：传感器或其翻板轴卡死；电磁阀及其控制电路故障。

用万用表测量 G336（进气歧管风门位置传感器）过渡插头 T6bu/2 的工作状态（由怠速到急加速再回到怠速）信号电压为：4.1 V → 1.3V → 1.3V（异常）。标准值：能随着工况的变化在 4.5～0.5V 之间变化，且能回位到 4.5V。

检查与真空膜盒连接的拉杆或转轴的位置，确认处于最大位置，可能原因为真空无法释放；拔掉电磁阀和真空模块之间的真空软管，观察拉杆或转轴的位置变化，发现可以正常复位，说明电磁阀没有正常切换，可能原因为：

❶ 电磁阀自身故障；

❷ 真空管路故障；

❸ J623 发出错误的控制信号。

对 N316 进行检查，用解码器进行执行元件诊断，同时接通发动机真空源，检查电磁阀内部的管路切换是否正常。经检查发现切换正常，说明故障可能为：真空管路故障（根据原理检查连接是否正确）；J623 发出错误的控制信号（也可以检查驱动信号波形来分析）。

（3）故障排除

经检查，N316 上的 2 条管路接反，将 2 条管路重新连接，故障排除。

五、别克威朗发动机偶尔出现怠速不稳故障

（1）故障现象

2016年款别克威朗轿车，装配L3G发动机和自动变速器，行驶里程约4.8万千米。

车辆发动机偶尔出现怠速不稳的现象。

（2）故障诊断

❶ 利用故障诊断仪检查发动机控制系统，没有故障码；仪表板上没有故障警告灯点亮，但怠速时转速表指针不稳定，发动机偶尔抖动。踩下加速踏板，发动机转速平稳上升，且在高转速时运转正常，发动机工作噪声也正常。松开加速踏板后，发动机转速可以平稳回落，但是回到怠速状态时，转速依旧不稳定。

❷ 保持发动机运转，读取相关数据，未检查到失火的记录，推测点火系统正常。发动机数据流显示，短期燃油修正值在-26.56%～6.25%之间变化，长期燃油修正值在-15.63%～0.78%之间变化。正常情况下，发动机怠速运转时燃油修正值应在±10%的范围内稳定变化。此外，故障车辆在怠速不稳状态下的喷油脉宽最低为0.9ms，正常情况下发动机在怠速运转时喷油脉宽为2.0ms左右。这说明发动机控制单元误认为当前混合气过浓，因此发指令减少喷油量。但当前发动机怠速运转不正常，因此推断很可能是由于混合气过稀所致。

发动机出现混合气过稀的故障原因较多，进气系统和燃油供给系统故障比较常见，本着先易后难的原则，先检查进气系统。空气滤清器及管路均正常，无变形、老化、开裂、堵塞、松旷或其他异常现象；空气流量计、进气歧管绝对压力传感器和节气门总成的外观、线束均正常；曲轴箱通风管路和各真空管路也都正常。再次读取空气流量计和进气歧管绝对压力传感器数据，参数均正常，且能随着发动机转速的变化而变化，说明这2个传感器及相关线束无故障。

❸ 踩下加速踏板，节气门的动作和测量数据也未见异常，至此判断进气系统无故障。

❹ 接下来检查燃油系统，读取燃油系统压力，在发动机怠速和转速为3000r/min时燃油泵输出压力均在420kPa左右，确定燃油泵工作正常。发动机怠速运转时燃油导轨的压力为17.6MPa，然后将发动机转速提高至3000r/min，数据提升到20.5MPa，短期燃油修正为-10.16%，这表明发动机在高转速时混合气同样过稀。下一步是确认造成喷油减少的原因：用万用表测量喷油器各缸供电电压，正常。

❺ 再对点火系统进行检查,火花塞电极间隙正常、个别积炭较多、外观正常,用火花塞检测仪对每一缸进行跳火试验,试验结果均正常。清洗火花塞后装回,试车发现怠速不稳的现象有所缓解,但未消除。

❻ 燃油供给系统各执行器的信号均已检查,接下来就需要检查闭环控制系统中的反馈信号。

❼ 车辆在怠速不稳时氧传感器的各参数中氧传感器1的数据变化较快,且数据有时会超出正常范围(0～1.2V)。怀疑是氧传感器1的输出信号异常,导致发动机控制单元接收到了不准确的尾气氧含量参数,从而在闭环控制过程中错误地减小了喷油量,使得发动机因混合气过稀而无法保持怠速稳定。

❽ 按照维修手册中的方法及电路图检测氧传感器1,首先断开相应的B52A加热型氧传感器的线束插接器,将点火开关置于"ON",测量高电平信号电路4号端子和搭铁的电压,万用表显示数据为1.8V,正常。接着,查看故障诊断仪上的加热型氧传感器电压数据,显示为1.9V(标准数据为1.7～2.1V),正常。然后,在高速信号电路的4号端子和低速信号电路的3号端子之间跨接一根串联有3A熔丝的导线,诊断仪上的加热型氧传感器电压参数显示为0,表明线路和控制单元均正常。检测到此,可能性最大的故障点是氧传感器1。

(3) 故障排除

更换氧传感器1之后试车,发动机怠速不稳的故障已消失,用诊断仪读取发动机各参数,均恢复正常。

六、日产骐达怠速不稳故障

(1) 故障现象

日产骐达,行驶里程约9.5万千米。

车辆每行驶5000km就会出现怠速不稳、启动转速下降,清洗节气阀后一切正常。

(2) 故障诊断

❶ 用电脑诊断仪进行数据监控,发现空气流量传感器(MAFA/F)怠速时电压正常;空挡情况下,发动机转速4000r/min时电压为1.0～2.4V,电压变化缓慢。

❷ 测量MAFA/F,线束接头、电压信号一切正常。

❸ 拆下传感器MAFA/F,仔细查看发现其上有异物。

❹ 清理传感器 MAFA/F 上的异物后，恢复正常。在客户再次驾驶车辆行驶里程 5000km 时，及时与客户联系，询问是否产生上次类似现象，确定维修后故障不再出现。

（3）故障排除

清洁传感器 MAFA/F。

七、大众途观冷启动困难、行驶时加速无力故障

（1）故障现象

2009 年款大众途观，装配 2.0T 发动机和自动变速器，行驶里程约 9.8 万千米。车辆冷启动困难、行驶时加速无力、排放报警灯点亮且油耗增加。

（2）故障诊断

❶ 连接电脑诊断仪检测，在发动机控制单元中读取故障码。故障码为 P2293——燃油压力调节阀：机械故障。

客户回忆起，前不久针对启动困难、加速无力和尾气排放灯亮等现象进行过维修。维修项目包括更换燃油泵、清洗积炭等，但问题没能解决。

❷ 对故障码和故障现象进行综合分析，可能的故障点包括燃油压力调节器、排气凸轮轴及高压燃油泵等。在发动机怠速运转时读取发动机的实际燃油压力，数据为 4.00MPa，基本正常。

❸ 拆下高压燃油泵，未发现问题。外出路试，诊断仪显示的发动机实际燃油压力数据会瞬间下降到 0.65MPa，这个数据显然低于正常值。路试期间，停车检测机油液位，结果高于正常的刻度线。打开机油口盖，可以闻到明显的汽油味，说明有汽油进入机油中。

（3）故障排除

更换高压燃油泵并更换机油后外出路试，数据恢复正常。

八、马自达阿特兹发动机故障灯点亮故障

（1）故障现象

2016 年款马自达阿特兹，装配 2.0L 发动机，行驶里程约 9.3 万千米。该车发动机故障灯点亮。

（2）故障诊断

❶ 连接电脑诊断仪，读取故障码。故障码为 P0172——燃油补偿系统浓度过高。

❷ 读取怠速时的发动机数据流：

a. 长期燃油修正值为 -14.84%，不正常；

b. 空气流量传感器进气流量值为 2.18g/s；

c. 空气流量传感器的电压值为 0.87V。

❸ 在相同发动机工况下，读取正常车的发动机数据流，空气流量传感器的值为 1.54g/s；空气流量传感器的电压值为 0.81V。

❹ 根据上述检查结果分析，故障车的空气流量传感器信号失真（空气流量传感器测量的进气量大于实际进气量），发动机 ECU 控制喷油器增加喷油量，氧传感器将混合气过浓的信号反馈给发动机 ECU，发动机 ECU 减小燃油修正值，从而使长期燃油修正值变为负值，发动机故障灯异常点亮。

❺ 检查空气流量传感器导线连接器，连接牢靠；断开空气流量传感器导线连接器，检查导线连接器端子，无氧化腐蚀现象。对换一个正常车的空气流量传感器后试车，故障依旧。

❻ 拆检空气滤清器上盖，发现空气滤清器上盖为副厂配件，空气滤清器上盖进气口处有毛边，且毛边正好接近空气流量传感器的安装位置。推测在发动机运转过程中，毛边改变了空气的流动方向及流动速度，进而影响了空气流量传感器实际检测值。

（3）故障排除

更换空气滤清器上盖。

九、大众迈腾启动时发动机怠速不稳、抖动故障

（1）故障现象

2012 年款大众迈腾，装配 1.8L 发动机和 6 挡自动变速器，行驶里程约为 16 万千米。

早上启动时发动机怠速不稳、抖动。

（2）故障诊断

使用电脑诊断仪检测车辆，发动机系统里存在 2 个故障码。

P0174——气缸列 1 燃油测量系统，系统过稀，偶发。

P119A——燃油压力传感器 G247，功能失效，静态。

读取发动机的数据流，怠速时高压燃油泵的燃油压力为 4MPa，正常。

读取氧传感器的调节数据为 +17%，说明混合气过稀。

读取 14～16 组数据流发现，多缸存在无规律失火的现象。

以上数据说明故障很可能是发动机混合气过稀引起的。由于怠速时发动机燃油压力正常，引起混合气过稀的原因有：喷油器故障；进气系统漏气；活性炭罐电磁阀故障（为常开）。

检查活性炭罐电磁阀，正常。将节气门软管拆下，堵住节气门进气口，发动机仍能运转，说明进气系统存在泄漏。检查进气道、进气歧管、曲轴箱通风阀等处，没有发现漏气。

拆卸进气歧管后，检查喷油器、进气门等处，均正常。检查进气歧管密封垫时发现其两侧颜色反差严重，并且已经老化，失去弹性。分析故障原因是进气歧管密封垫失效，导致密封不严。

（3）故障排除

更换进气道密封垫。

十、宝马 X5 机油压力过低故障诊断

（1）故障现象

2014 年款宝马 X5，配置 N55 发动机，行驶里程约 9.2 万千米。

发动机系统故障灯点亮报警。

（2）故障诊断

❶ 接车后发现仪表中发动机故障灯持续点亮报警，发动机可以正常启动着车，怠速状态下发动机运转没有明显的抖动。读取发动机控制系统的故障存储如下。

a. 0033FE——油压调节、可信度、统计：压力过低。

b. 002C58——增压压力调节：作为后续反应关闭。

c. 002D5A——可调式凸轮轴控制装置、进气：控制故障、卡住的凸轮轴。

d. 003406——油泵：压力过低。

❷ 删除故障码，怠速状态下，发动机故障灯再次点亮报警。进行路试，发动机故障灯反而没有点亮报警。

怠速状态下测量机油压力，显示机油压力为 170kPa，标准值为 150～

450kPa。对比其他正常工作的车辆，怠速状态下的压力可以达到260kPa。此车在怠速状态下的机油压力明显偏低，未达到亮红灯的极限。

❸ 查看故障码"0033FE——油压调节、可信度、统计：压力过低"出现时的详细参数，如下所示。

  a. 发动机转速：700r/min。

  b. 机油温度：102℃。

  c. 油压：17.7kPa。

  d. 油压标准值：25.9kPa。

❹ 查看故障码"003406——油泵：压力过低"出现时的详细参数，如下所示。

  a. 发动机转速：1800r/min。

  b. 机油温度：109℃。

  c. 油压：29.2kPa。

  d. 油压标准值：25.2kPa。

❺ 对换了机油压力调节阀，并对车辆进行整车编程升级，试车，故障依旧存在。

❻ 继续拆卸检查，结果发现进气侧的凸轮轴的第一道瓦盖拉伤。凸轮轴的瓦盖并不能单独更换，需要和气缸盖总成一起更换。更换气缸盖总成后，怠速状态测量机油压力为260～270kPa。怠速状态下运转30min，发动机故障灯没有再次点亮报警，故障排除。

(3) 故障排除

更换气缸盖总成。

下篇

汽车波形

第八章 汽车波形基础知识

一、汽车波形的分类

1. 直流波和交流波

（1）直流波形

所谓"直流"是指电源而言，无论是电压源或电流源，在理想状态下，电压或电流的输出大小和方向（极性）不随时间而变化。

当点火开关闭合时，电路中的电流按照如图 8-1 所示箭头方向流动，并且电流维持在同一方向和大小，此电流称为直流电流。在此情况下，因蓄电池供给的电压一定，极性（方向）也是一定的，所以此电压被称为直流电压。

电路在单位时间内所做的功为固定不变（图 8-2）。

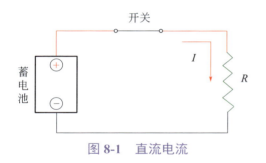

图 8-1 直流电流

图 8-2 稳定直流波

一般来说，只有蓄电池或电池等纯直流电源，其直流电流或电压的波形为一条直线。其他如整流器、直流发电机等的输出波形，在瞬间的大小仍会随时间产生微小的变化，但其极性却不会改变，这种波形称为脉动直流波形（图 8-3）。在分类上，它仍属于直流电，与交流电的区别是，其波形都在零线的上方。波纹直流波形如图 8-4 所示。

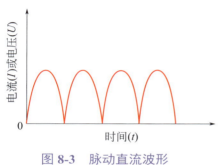

图 8-3 脉动直流波形

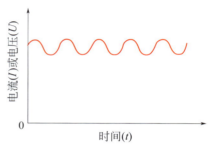

图 8-4 波纹直流波形

发动机氧传感器正常波形即为一种脉动直流波形（图 8-5）。

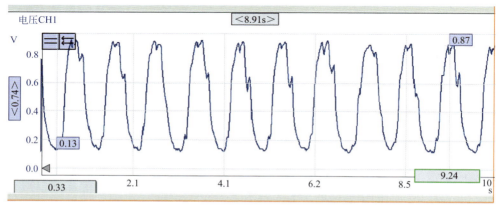

图 8-5 发动机氧传感器正常波形

（2）交流波形

一般所谓的交流电，通常是指正弦交流而言，即其电流或电压的大小和方向（极性）皆随时间呈正弦函数曲线做周期性变化。但是，广义的 AC 则并不是一定指正弦波形，因此，交流方波、三角波以及锯齿波等非正弦函数曲线也都属于交流信号，但却不是呈现正弦波波形。

电压波形在时间横坐标轴（零线）以上者为正半波，在零线以下者为负半波，因此交流电包含正、负两个半波（图 8-6）。完成一正、一负所需要的时间即"周期"。

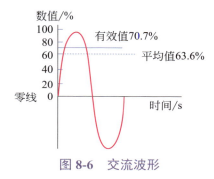

图 8-6　交流波形

（3）周期、频率与振幅

❶ 周期。当波形出现规律性的连续变化时，则波形重复出现 1 周，完成一次循环所需的时间称作周期。周期的单位为秒。连续交流波形如图 8-7 所示。

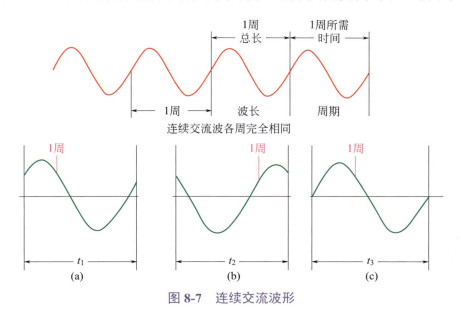

图 8-7　连续交流波形

第八章　汽车波形基础知识　91

❷ 频率。频率是指 1s 内所产生的周期数。1s 内只有 1 个周期，其频率为周/s，称作 1 赫兹（Hertz），简写为 1Hz［图 8-8（a）］。周期为 1/2s，故其频率为 2Hz［图 8-8（b）］。所以频率与周期之间的关系互为倒数，即

$$f = \frac{1}{t}$$

式中　f——频率，Hz；

　　　t——周期，s。

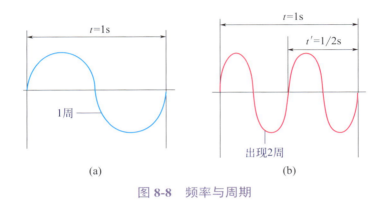

图 8-8　频率与周期

❸ 振幅。自零线到峰值间的电压或电流大小称作振幅。如图 8-9 所示，振幅为 10V，在此正弦波形中，正半波的最大振幅称为正峰值，负半波的最大幅值称为负峰值，正峰值与负峰值之差，称为峰 - 峰值，用 U_{p-p} 表示。

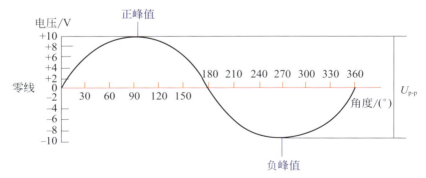

图 8-9　正弦波形的幅值大小

2. 方波和脉冲

（1）方波

方波是指边缘上下变化急速，并且以周期性有规律地出现的矩形波，即在

一个周期内，正半波与负半波的时间相等，波形幅值也一致，只是相位相反，如图 8-10 所示。

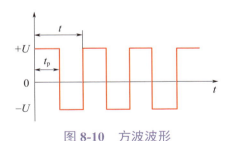

图 8-10　方波波形

方波与正弦波的不同之处在于，正弦波是一个单频率信号，而方波则是由基本波（正弦波）和奇数谐波频率所组合而成的信号。由多次奇数谐波叠加上去，最后的波形前沿和后沿将会变得更陡直，波顶也会更平坦。理想的方波，电压由零上升到最大，或由最大下降到零，都应是垂直的，并且时间都很短（图 8-11）。

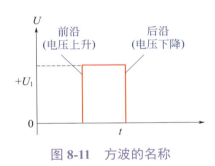

图 8-11　方波的名称

方波经常应用在低频测试，如测试放大器的频率响应。将方波输入至放大器，即如同将许多正弦波及其多次谐波输入一样，如果放大器的频率响应不够宽大平直，则输出频率波形将与输入者不相同，因而形成一个失真方波。由此失真程度便可以判断出放大器的高低频响应效果，以了解放大器的频率宽度。

（2）脉冲

对于部分技术人员来讲，常把脉冲误作方波。脉冲也是在极短的时间内从某一个基准变成另一个基准，然后再恢复至原基准的信号（图 8-12）。

脉冲与方波的不同点在于占空比的不同。所谓占空比是指在一个周期内，脉冲的平均值与脉冲的最大值之比，也可以简单地说是脉冲宽度与周期的比值，即

$$占空比 = \frac{脉冲宽度}{周期}$$

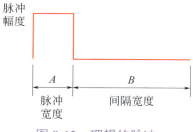

图 8-12　理想的脉冲

其计算方法如图 8-13 所示。

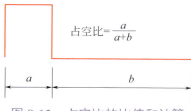

图 8-13　占空比的比值和计算

方波的占空比为 50%，即两个电位（正半波与负半波）所占的时间相等，因而形成固定的比值。当信号的振荡频率改变时，其占空比仍维持 50%，与振荡频率无关。但是，脉冲的占空比则可以有不同的比值，从 0～100% 皆可。占空比小于 50% 称为窄幅波，超过 50% 则称为宽幅波。通常窄幅波因作用时间（On Time）短，而使电子元件的功率低，故较常使用。

图 8-14 说明脉冲的频率与脉冲宽度无关。图 8-14（a）表示两个频率相同而脉冲宽度不同的脉冲；图 8-14（b）表示两个频率不同而脉冲宽度保持不变的脉冲。由此可见，利用脉冲进行控制，其变化是相当多的。

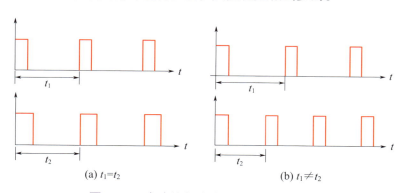

图 8-14　脉冲的频率变化与宽度的变化

如图 8-15（a）所示，当脉冲在零线以上时，称此脉冲波形为正向脉冲；反之，如图 8-15（b）所示，当脉冲在零线以下时，称此脉冲波形为"负向脉冲"。此外，脉冲的基准线未必是 0V，可以是任何电压值，如图 8-16 所示。

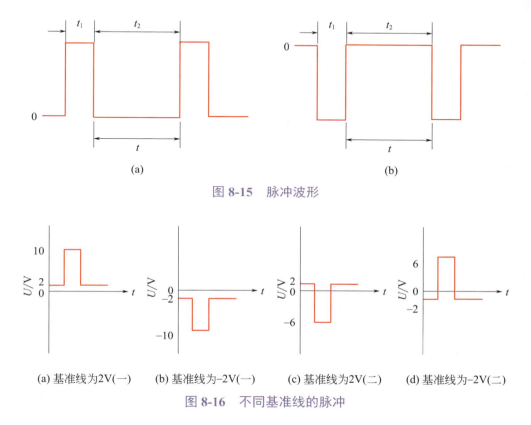

图 8-15　脉冲波形

(a) 基准线为2V(一)　(b) 基准线为-2V(一)　(c) 基准线为2V(二)　(d) 基准线为-2V(二)

图 8-16　不同基准线的脉冲

二、常见的信号种类

（1）直流电压信号

采用直流电压（DCV）信号的传感器包括发动机冷却液温度传感器、燃油温度传感器、进气温度传感器、节气门位置传感器、废气再循环（压力、温度和位置）传感器、翼板式或热丝式空气流量计、真空开关和节气门开关，以及通用汽车、克莱斯勒汽车和亚洲车企所产汽车的进气压力传感器等。

（2）交流电压信号

采用交流电压（ACV）信号的传感器包括车速传感器（VSS）、防滑制动轮速传感器、磁电式曲轴转角传感器（CKP）、磁电式凸轮轴传感器（CMP）、从模拟压力传感器（MAP）信号得到的真空平衡波形、爆震传感器（KS）等。

（3）频率信号

采用频率（Hz）信号的传感器包括数字式空气流量计、福特数字进气压力传感器、光电式车速传感器（VSS）、霍尔式车速传感器（VSS）、光电式凸轮轴（CAM）传感器、光电式曲轴转角传感器（CKP）、霍尔式车速传感器、霍尔式凸轮轴传感器、霍尔式曲轴转角传感器等。

（4）脉宽信号

采用脉宽信号的传感器包括点火信号初极、点火信号正时电路、废气再循环控制、净化电磁阀、涡轮增压电磁阀、其他控制电磁阀、喷油器、怠速控制电机等。

（5）串行数据（多路）信号

串行数据（多路）信号是电脑控制模块之间的传递信号。

ECM 接收来自各种不同传感器的输入信号，经过转换处理、储存、计算比对之后，再转换输出至各个作动器去动作。

根据汽车电子信号的五大类（直流、交流、频率、脉宽调制和串行数据信号），对应得出五个"判定要素"。

幅值——在一定点上的即时电压。

频率——在两个事件或循环之间的时间，一般指每秒的循环数（Hz）。

脉冲宽度——所占的时间或占空比。

形状——外形特征，如曲线、轮廓和上升沿、下降沿等。

阵列——组成专门信息信号的重复方式，例如 1 缸传送给发动机控制电脑的上止点同步脉冲信号。

每个电子信号都可以用五种判定要素中的一个或多个加以判定。

三、常见的汽车波形

1. 传感器波形

（1）模拟式传感器

❶ 线圈式转速传感器和轮速传感器（ABS 用）。

模拟式脉动交流波形如图 8-17 所示。

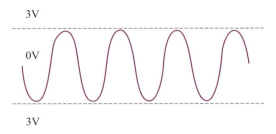

图 8-17　模拟式脉动交流波形（一）

❷ 流量板式空气流量计和热线式空气流量计。
模拟式直流波形如图 8-18 所示。

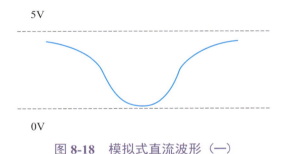

图 8-18　模拟式直流波形（一）

❸ 模拟式节气门位置传感器。
模拟式直流波形如图 8-19 所示。

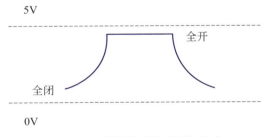

图 8-19　模拟式直流波形（二）

❹ 冷却液温度传感器和进气温度传感器。
模拟式直流波形如图 8-20 所示。

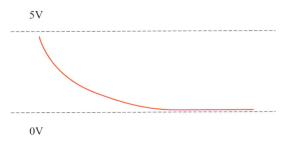

图 8-20　模拟式直流波形（三）

❺ 氧传感器。

模拟式脉动直流波形如图 8-21 所示。

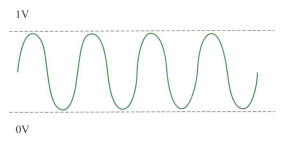

图 8-21　模拟式脉动直流波形

❻ 线圈式凸轮轴位置传感器、曲轴转角传感器、上止点位置传感器。

模拟式脉动交流波形如图 8-22 所示。

图 8-22　模拟式脉动交流波形（二）

❼ 进气歧管压力传感器。

模拟式直流波形如图 8-23 所示。

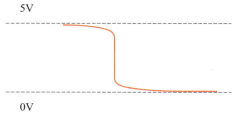

图 8-23　模拟式直流波形（四）

❽ EGR 阀位置传感器。
模拟式直流波形如图 8-24 所示。

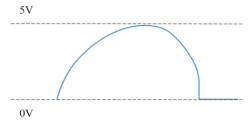

图 8-24　模拟式直流波形（五）

（2）数字式传感器
❶ 霍尔效应式发动机转速传感器、车速传感器（变速器用）。
变频直流方波波形如图 8-25 所示。

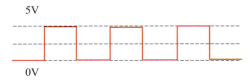

图 8-25　变频直流方波波形（一）

❷ 卡门涡流式流量计。
脉冲宽度调制直流波形如图 8-26 所示。

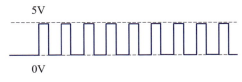

图 8-26　脉冲宽度调制直流波形

❸ 霍尔效应式曲轴位置传感器。
变频直流方波波形如图 8-27 所示。

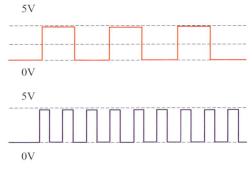

图 8-27　变频直流方波波形（二）

❹ 数字式进气歧管压力传感器。
变频直流方波波形如图 8-28 所示。

图 8-28　变频直流方波波形（三）

2. 执行器波形

（1）模拟式执行器

❶ EGR 调节电磁阀。
变频脉动直流波形如图 8-29 所示。

图 8-29　变频脉动直流波形

❷ 鼓风机、风扇电机。

模拟式交流波形如图 8-30 所示。

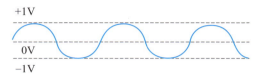

图 8-30　模拟式交流波形

（2）数字式执行器

❶ 电子点火器。

变频直流方波波形如图 8-31 所示。

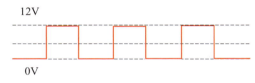

图 8-31　变频直流方波波形（四）

❷ 怠速空气控制阀。

变频脉动交流波形如图 8-32 所示。

图 8-32　变频脉动交流波形

❸ EGR 控制电磁阀。

脉冲宽度调制直流方波如图 8-33 所示。

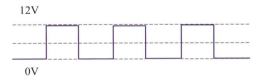

图 8-33　脉冲宽度调制直流方波

❹ EGR 电磁阀。

ON/OFF 切换直流波形如图 8-34 所示。

图 8-34　ON/OFF 切换直流波形（一）

❺ 活性炭罐电磁阀。

ON/OFF 切换直流波形如图 8-35 所示。

图 8-35　ON/OFF 切换直流波形（二）

❻ 涡轮增压控制电磁阀。

脉冲宽度调制直流波形如图 8-36 所示。

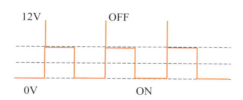

图 8-36　脉冲宽度调制直流波形（一）

❼ 喷油器。

脉冲宽度调制直流波形如图 8-37 所示。

图 8-37　脉冲宽度调制直流波形（二）

❽ 步进式怠速空气控制阀。

直流脉冲波形如图 8-38 所示。

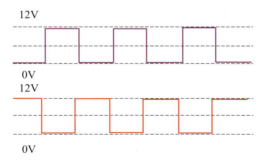

图 8-38　直流脉冲波形

第九章 汽车传感器波形

一、曲轴位置传感器波形

曲轴位置传感器信号（简称 CKPS、CKP 或 CPS）是汽车的一个比较重要的信号，对于很多车辆，缺少这个信号不能着车。发动机 ECU 通过这个信号来计算发动机转速、判断曲轴位置、判断气缸是否失火以及与凸轮轴位置传感器共同判断 1 缸压缩上止点。

1. 曲轴位置传感器的分类

目前曲轴位置传感器主要分为磁电式曲轴位置传感器和霍尔式曲轴位置传感器两种。

（1）磁电式曲轴位置传感器

磁电式曲轴位置传感器一般安装在曲轴皮带轮的附近或者大飞轮附近，大多为两线和三线（三线传感器比两线传感器多了一根屏蔽线），并且阻值一般为 400～1000Ω。

（2）霍尔式曲轴位置传感器

霍尔式曲轴位置传感器分为带旋转方向识别（一般用于启停车辆）和不带旋转方向识别，阻值大于 1MΩ，波形为标准的方波信号。

2. 磁电式曲轴位置传感器的工作原理与波形分析

（1）磁电式曲轴位置传感器的组成

磁电式曲轴位置传感器由线圈、软磁铁芯、永磁铁、传感器外壳和屏蔽线缆等组成（图 9-1）。

（2）磁电式曲轴位置传感器的工作原理

磁电式曲轴位置传感器的曲轴靶轮上有 58+2 个齿，每个间隔 6°，用于产生同步脉冲信号。当曲轴转动时，靶轮上的齿缺和齿尖会改变传感器的磁场，产生一个感应电压脉冲，曲轴转动一圈就会产生 58 个基准脉冲信号。

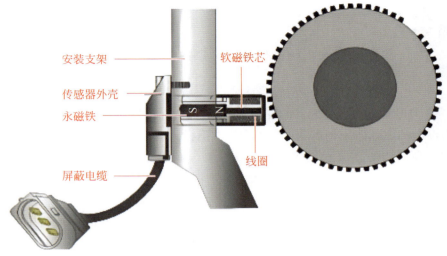

图 9-1 磁电式曲轴位置传感器

（3）磁电式曲轴位置传感器波形分析

磁电式曲轴位置传感器输出电压和频率随发动机转速的增加而增加。其波形如图 9-2 所示，具备以下几个特点。

- 输出的电压和频率随发动机转速的变化而改变。
- 波形的上下波动应在 0V 电位的上下基本对称。
- 发动机每工作一个循环，波形上会出现两次 1 缸上止点的缺齿信号。
- 每一个最大峰值电压都应差不多，若某一峰值电压低于其他，则应检查触发轮是否有缺角或偏心。
- 每一个最小峰值电压都应差不多，若某一峰值电压高于其他，则应检查触发轮是否有缺角或偏心。

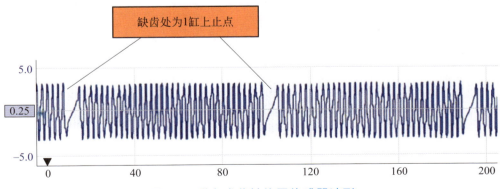

图 9-2 磁电式曲轴位置传感器波形

> **注意**
> 早期的发动机转速传感器波形是连续的脉冲波形，没有缺齿信号。

❶ 判断曲轴位置传感器的好坏。磁电式曲轴位置传感器为无源传感器，波形为标准的正弦波，相当于一个小型的发电机。波形的幅度以及频率会随着转速的升高而增加，若测得波形不是正弦波，则表明传感器损坏；其阻值应为 400～1000Ω，若测得阻值为无穷大，则表明传感器损坏。

❷ 计算发动机转速。根据频率可以计算出当前发动机的转速。一般分轮盘一圈为60个齿（58+2），一个齿就会产生一个脉冲信号，发动机 ECU 可以通过曲轴信号的频率计算出发动机的平均转速，也可以计算出各个时刻的瞬时转速，用于负荷、进气量和基本喷油脉宽等的计算。

$$发动机的平均转速 = \frac{1\min 内收到的脉冲信号}{齿数}$$

例如：如果发动机 ECU 在 1min 内收到 48000 个脉冲信号，其转速就是 48000/60=800（r/min）。

❸ 判断曲轴位置。曲轴信号盘一般有一个缺口作为记号，当发动机 ECU 收到这个缺口信号时活塞的位置也就确定了，然后再根据缺口后面收到的脉冲数，就可以确定曲轴的转角位置，用于确定点火正时和喷油时刻等。如图 9-3 所示为磁电式曲轴位置传感器波形。

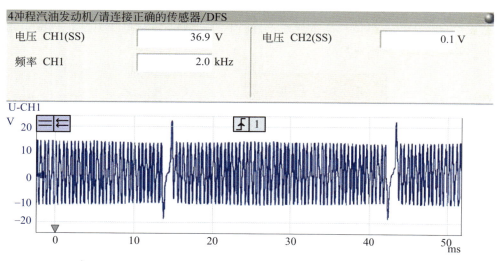

图 9-3　磁电式曲轴位置传感器波形

此曲轴信号为 58+2 的磁电信号，一圈为 360°，一个齿为 360°/60= 6°，一共有 7 个齿，所以 A 点为曲轴缺口对准传感器然后顺时针再转 42° 的位置。

❹ 判断气缸是否失火。发动机有四个冲程：吸气、压缩、做功和排气。做完这四个冲程曲轴旋转 2 圈，一个冲程曲轴转 180°，活塞从上止点（或下止点）运动到下止点（或上止点），吸气、压缩、排气这三个冲程需要克服发动机的阻力，所以曲轴会减速。正常的做功冲程中，气缸里的混合气燃烧产生的气压推动曲轴，会造成曲轴瞬间加速，所以这时的曲轴信号会变得密集。我们知道发动机 ECU 的计算速度和精度都很高，因此就算曲轴信号的变化很小，发动机 ECU 也能检测出它的变化。因此点火后如果转速没有变化，则说明发动机某缸失火。磁电式曲轴位置传感器信号如图 9-4 所示。

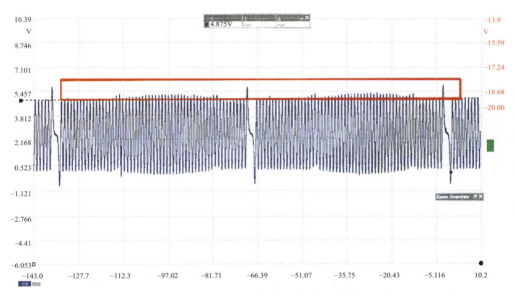

图 9-4　磁电式曲轴位置传感器信号

曲轴旋转 2 圈的过程中，有部分波形比其他波形高，这是因为磁电式转速传感器的转速越高，其感应电压越高，这说明曲轴在做功的时候转速在增加。当然这个波形只能看个大概，如果把这个波形的频率做一个统计，用曲线表示出来，就会发现每个气缸点火后曲轴都会加速，所以曲轴信号的频率会变高。

用示波器测量 2 缸、3 缸、4 缸的点火信号和曲轴信号，测得波形如图 9-5 所示。

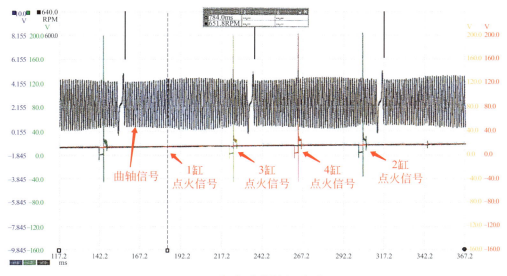

图 9-5　点火时曲轴加速波形

在每次点火后很短的一段时间内,曲轴的转速会提升大概30转左右,这是因为点火提前角的存在。点火时,活塞正在从下止点往上止点运动,处于减速阶段,当活塞到达上止点后往下运动时,由于缸内气体的压力,活塞开始加速,所以图9-6中黑线表示的瞬时转速曲线会往上走,如果点火后该黑线不往上走,则说明发动机某缸失火。

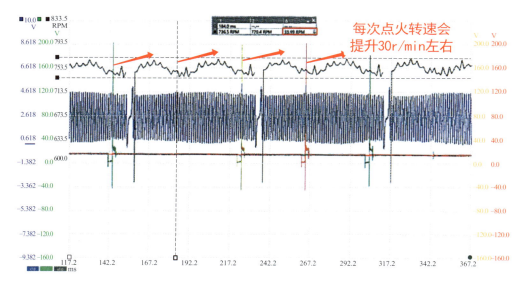

图 9-6　曲轴信号频率波形

如图 9-7 所示，4 缸点火后发动机转速不但没有上升，反而因为阻力导致下降，如果这个情况连续出现若干次（不同车的次数不同），发动机 ECU 就直接报某缸失火故障。所以发动机失火并不是观察点火线圈有没有点火，而是判断每次做功行程中发动机是否工作，其动力有没有推动活塞。失火的原因包括混合气过浓或过稀、气门漏气导致缸压不足、点火线圈老化导致点火能量不够、火花塞间隙大和喷油嘴堵塞等。

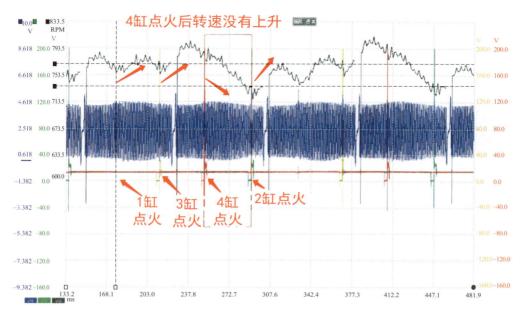

图 9-7　4 缸故障波形

当点火线圈或喷油嘴线路存在问题导致失火时，气缸完全不做功；但如果是其他问题导致的失火，则气缸可能会做功但做功不良。所以每次点火后曲轴的转速不是没有任何变化，而是小幅度上升。

❺ 故障波形分析。如果磁脉冲式曲轴位置传感器发生故障，波形就会有所变化，对故障波形的正确分析是非常重要的。如图 9-8 所示为两种磁脉冲式曲轴位置传感器的故障波形。

图 9-8（a）中，故障波形点与正常波形相比，波形相差很大，故障原因为齿槽中填有异物。

图 9-8（b）中，故障波形振幅与正常波形振幅相比相差很大，故障原因是传感器触发轮安装不当。如果检测出的波形异常，应更换磁脉冲式曲轴位置传感器（含传感器头和触发轮）。

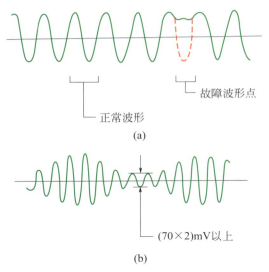

图 9-8 两种磁脉冲式曲轴位置传感器的故障波形

3. 霍尔式曲轴位置传感器的波形分析

（1）霍尔式曲轴位置传感器的波形

霍尔式发动机转速或曲轴位置传感器输出电压的幅值不变，频率随车速而改变（图 9-9 和图 9-10）。

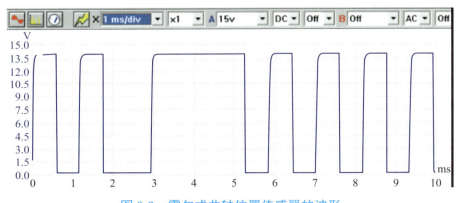

图 9-9 霍尔式曲轴位置传感器的波形

在检测时，应注意其以下几个特点。

❶ 输出电压的幅值不变，频率随发动机转速变化而改变。

❷ 波形的水平上限应达到参考电压，水平下限应几乎达到地电位。

❸ 若离地电位太高，说明电阻太大或接地不良。

❹ 电压的峰-峰值应等于参考电压。
❺ 电压的转变应是垂直的直线。

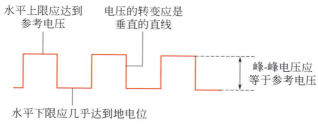

图 9-10　霍尔式曲轴位置传感器波形分析

（2）霍尔式曲轴位置传感器故障波形分析

如图 9-11 所示，前半部分为正常波形，后半部分为故障波形。故障波形中波形振幅与正常波形相比，相差很大，故障原因是霍尔式曲轴位置传感器内部元件损坏。如果检测的波形异常，应更换霍尔式曲轴位置传感器。

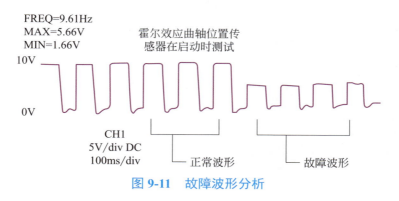

图 9-11　故障波形分析

二、凸轮轴位置传感器波形

凸轮轴位置传感器的作用是将凸轮轴转速信号以及第 1 缸压缩上止点位置准确传递给 ECM，用来对发动机运行进行控制。

凸轮轴位置传感器一般是 3 线霍尔传感器，电脑给传感器提供电源搭铁，不同车型的电源也不同，拔掉插头车钥匙信号线的电压一般为 12V 或 5V。但这个电压是虚电，是经过电脑内部的限流电阻出来的，所以拔掉插头会有两个高电压（12V 或 5V）。

使用功率试灯一端夹负极,一端分别去测试这两根线,能点亮功率试灯的即为电源线,另一根即为信号线。

凸轮轴位置传感器不但可以检测凸轮轴的转速,还可以判断凸轮轴的位置。对于大众车型,一般为两个大齿和两个小齿,但因为齿太少,位置的分辨率不够,所以一般需要与曲轴信号一起判断1缸压缩上止点。

1. 凸轮轴位置传感器的工作原理

凸轮轴信号由靶轮和传感器产生。当空隙处于磁铁与霍尔元件之间时,磁场照射霍尔元件,产生霍尔电压,此时三极管导通,5V信号电压直接搭铁,信号电压变为0V。当叶片挡在磁铁与霍尔元件之间时,磁场不能照射霍尔元件,此时霍尔元件就产生不了霍尔电压,三极管截止,信号电压就由0V变成5V(图9-12)。

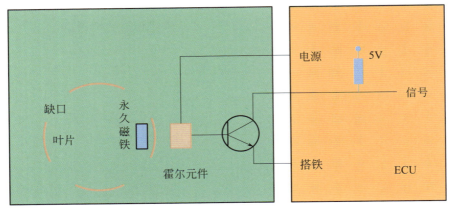

图9-12 霍尔传感器工作原理

2. 凸轮轴位置传感器波形分析

(1)霍尔式凸轮轴位置传感器信号

霍尔式凸轮轴位置传感器输出电压的幅值不变,频率随车速而改变(图9-13)。在检测时,应注意其以下几个特点。

❶ 输出电压的幅值不变,频率随发动机转速变化而改变。

❷ 波形的水平上限应达到参考电压,水平下限应几乎达到地电位,若离地电位太高,说明电阻太大或接地不良。

❸ 电压的峰-峰值应等于参考电压。

❹ 电压的转变应是垂直的直线。

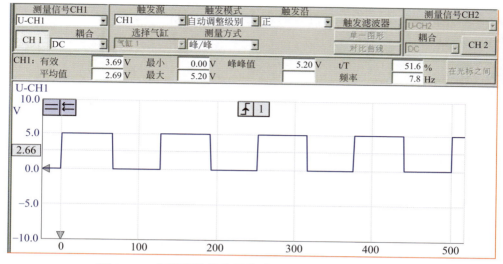

图 9-13 实测凸轮轴位置传感器信号（霍尔式）波形

（2）磁感应式凸轮轴位置传感器信号

磁感应式凸轮轴传感器一般单独安装在缸盖靠近凸轮轴的侧面或凸轮轴前端的链轮处，或安装在分电器内部。

磁感应式凸轮轴位置传感器输出的电压和频率随发动机转速增加而增加（图 9-14 和图 9-15），其波形具备以下特点。

❶ 输出的电压和频率随发动机转速的变化而改变。

❷ 波形的上下波动应在 0V 电位的上下基本对称。

❸ 每一个最大峰值电压都应差不多，若某一峰值电压低于其他，则应检查触发轮是否有缺角或偏心。

❹ 每一个最小峰值电压都应差不多，若某一峰值电压高于其他，则应检查触发轮是否有缺角或偏心。

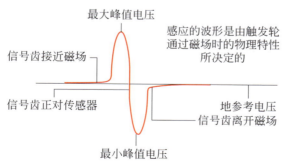

图 9-14 凸轮轴位置信号（磁感应式）波形

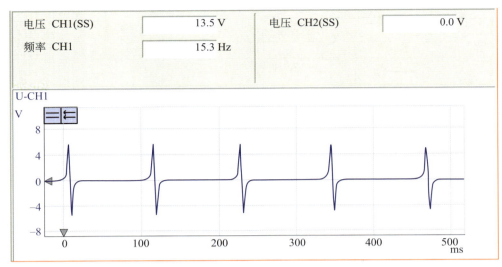

图 9-15 实测凸轮轴位置信号（磁感应式）波形

(3) 凸轮轴位置传感器信号波形

❶ 磁感应式凸轮轴位置传感器的信号波形。对于磁感应式凸轮轴位置传感器的信号波形，在观测分析时，重点检查曲线上是否有毛刺、杂波出现，还要注意信号波形的相位。应牢记，磁感应式传感器的信号，总是按照正弦波的形式出现的，如果在传感器的输出端子上出现反向的信号，则很有可能是传感器的插头端子错误排列引起的，这可能是由于错误的维修作业，将插头线束接错导致的。

❷ 霍尔式凸轮轴位置传感器的信号波形。对于霍尔式凸轮轴位置传感器的信号波形，有两个观测波形的原则，如前所述，一是要注意信号的基准线是否正常，二是看信号的最高点是否符合厂家的设定范围。下面的例子，是一个霍尔式凸轮轴位置传感器出现基准线偏差导致发动机无法启动的故障案例。

如图 9-16 所示，为凸轮轴位置传感器与曲轴位置传感器波形，蓝色曲线为凸轮轴位置传感器波形，红色曲线为曲轴位置传感器波形。从图形上可以看出，曲轴位置传感器信号正常，而凸轮轴位置传感器的波形却很不正常。从波形峰值上看，5V 电压的峰值没有问题，但看一下波形上的最小峰值，显示是 3.1V，而霍尔传感器的正常波形是在 0～5V 变化。从这里，就可以看出传感器是存在异常的，由于信号始终处于高电位，导致发动机 ECU 无法正确地辨别 1 缸上止点位置，以致发动机无高压火花。

更换新的凸轮轴位置传感器，发动机能正常工作，此时观测到如图 9-17 所示的波形。

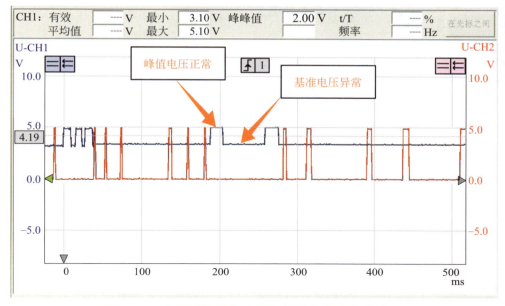

图 9-16 凸轮轴位置传感器与曲轴位置传感器波形

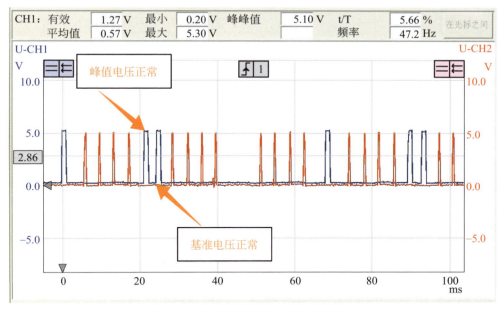

图 9-17 正常凸轮轴位置传感器波形

(4) 判断凸轮轴信号的好坏

凸轮轴位置传感器波形的产生原理为：当靶轮齿尖对准传感器时，

信号线电压为低电压，当靶轮齿缺对准传感器时，信号线电压为高电压（图9-18）。

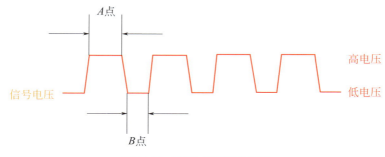

图 9-18 霍尔传感器波形

A 点叶片处于磁铁与霍尔元件之间，没有霍尔电压，三极管截止；
B 点空隙处于磁铁与霍尔元件之间，产生霍尔电压，三极管导通

如图9-19所示，凸轮轴位置传感器有两个大齿和两个小齿。

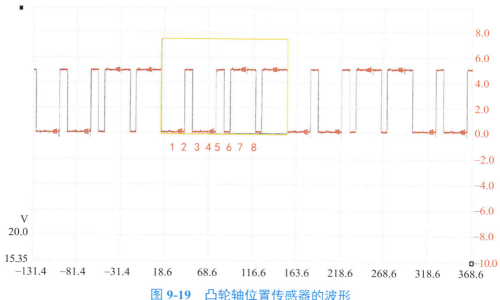

图 9-19 凸轮轴位置传感器的波形

1，3—大齿尖；2，4—小齿缺；5，7—小齿尖；6，8—大齿缺

通过波形可以得到信号齿的轮廓，然后拆掉凸轮轴位置传感器看一下信号轮是不是有两个大齿和两个小齿，如果是这样则说明凸轮轴位置信号没有问题。由于这个信号的低电压为0V，所以还需要观察这个信号的低电压是不是0V，

如果低电压不是 0V，则这个信号是有问题的。

有的信号盘上面没有齿轮，而是一圈磁编码，可以通过对比另一根凸轮轴的波形，观察两个波形是否一致，若一致则表明没有问题，若不一致则表明有问题。

（5）判断发动机正时

通过曲轴信号可以确定曲轴的位置，通过凸轮轴信号可以判断凸轮轴的位置，如果把这两个信号结合起来，就可以判断曲轴和凸轮轴的相对位置（即相位），也就是人们所说的正时。可以在凸轮轴信号上任意找一个标记然后观察它，如果发动机型号一致且正时正确，凸轮轴的这个标记就会对着曲轴上唯一的位置；如果这个相对位置发生变动，则说明正时错误。

如图 9-20 所示是帕萨特车型怠速时测量的正时标记，每辆车的曲轴和凸轮轴的相对位置都不同，即每辆车的正时记号都不同。所以用示波器判断正时时，需要先收集好正常车的对应关系，并与故障车做比较，如果相对位置一致，则表明正时正确；如果相对位置发生变动，则表明正时错误。如果正时错位，凸轮轴的标记就会对着不同的曲轴位置。

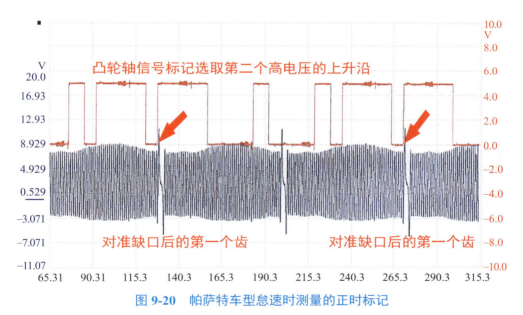

图 9-20　帕萨特车型怠速时测量的正时标记

凸轮轴的标记处对准的曲轴位置由最开始的 1 个齿变到了 6 个齿，但错齿不一定就代表正时错了，也有可能是 VVT 在调节。怠速时的 VVT 一般不调节，所以用示波器判断波形时，应当采集怠速时的波形与故障车比较（图 9-21）。

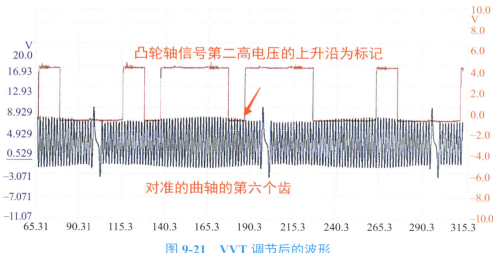

图 9-21 VVT 调节后的波形

三、进气歧管绝对压力传感器波形

进气歧管绝对压力（MAP）传感器测量进气歧管里的压力，然后将信号发送给发动机管理系统，决定供油、真空度（或轻负载）、点火正时提前。MAP 传感器在多数情况测量的是一个负压，但在装有涡轮增压器的汽车上也用来测量正的增压。

1. 进气歧管绝对压力传感器工作原理

进气歧管绝对压力传感器有三线和四线的，四线传感器比三线传感器多了一个温度信号。信号电压属于模拟信号，在开锁不拔插头的情况下压力一般是 3.8~4.8MPa，各地海拔不同电压也不同。在怠速的情况下一般为 0.8~1.5V，无论电压还是数据流每款车都不一样，没有具体标准值。模拟的传感器输出电压的上升和下降，取决于真空度。当发动机不运转或节气门打开时，真空为 0，输出电压约为 4.8V。当真空存在时，这个电压会下降。

同时在已打开钥匙但发动机尚未启动的时候，数据流为大气压（101kPa）。

如图 9-22 所示为进气歧管压力传感器波形，怠速时进气歧管压力传感器的电压在 1.2V 左右；急加速时进气歧管压力传感器的电压在 4.1V 左右。

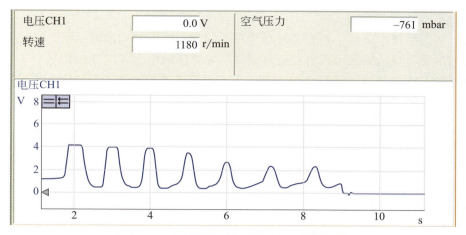

图 9-22　进气歧管绝对压力传感器波形

2. 进气歧管绝对压力传感器波形分析

（1）半导体压敏电阻式进气歧管绝对压力传感器信号波形分析

❶ 关闭所有附属电气设备，启动发动机，并使其怠速运转，怠速稳定后，检查怠速输出信号电压。做加速和减速实验。

❷ 将发动机转速从怠速加到油门全开（加速过程中油门应缓加速打开），并持续约 2s，不宜超速。

❸ 再减速回到怠速状况，持续约 2s。

❹ 再急加速至油门全开，然后再回到怠速。将波形定位，观察波形，最高为 4.86V，最低为 0.133V（图 9-23）。

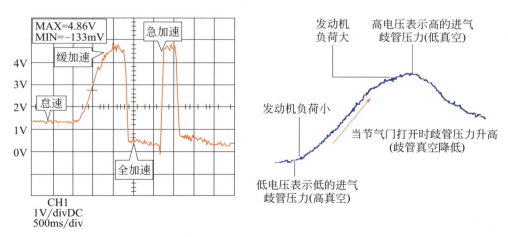

图 9-23　半导体压敏电阻式进气歧管绝对压力传感器信号波形

波形分析如下。

从车型技术资料中查到各种车型在不同真空度下的输出电压值，将这些参数与示波器显示的波形进行比较。通常半导体压敏电阻式进气歧管绝对压力传感器的输出电压在怠速时为 1.25V，当节气门全开时略低于 5V，全减速时接近 0V。

大多数进气歧管绝对压力传感器在真空度高时（急减速时是 81kPa）产生低的电压信号（接近 0V），而真空值低时（全负荷时接近 10kPa）产生高的电压信号（接近 5V），也有些进气歧管压力传感器设计成相反方式，即当真空度增高时输出电压也增高。

（2）电容（数字输出）式进气歧管绝对压力传感器信号波形分析

打开点火开关，但不启动发动机，用手动真空泵给进气压力传感器施加不同的真空度，并观察示波器的波形显示（图 9-24）。

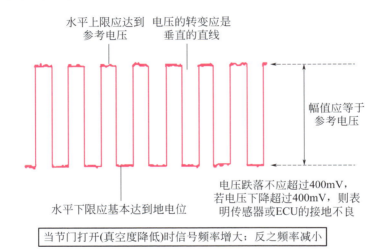

图 9-24　电容（数字输出）式进气歧管绝对压力传感器信号波形

波形分析如下。

电容（数字输出）式进气压力歧管绝对压力传感器产生的是频率调制式数字信号，它的频率随进气真空的改变而改变，当没有真空时输出信号频率为 160Hz，在怠速时真空度为 64.3kPa，它产生频率约为 105Hz 的输出，检测时应按照维修手册中的资料来确定真空度和输出频率信号的关系。

确定判定参数：幅值、频率和形状是相同的，精确性和重复性好，幅值接近 5V，频率随真空度变化，形状（方波）保持不变。

确定在给定真空度的条件下，传感器能发出正确的频率信号。

四、空气流量计波形

空气流量计（AFM）用于检测进气量，常见的分为两种：一种是热线式和热膜式的，其信号是模拟电压，线性变化；另一种是频率变化的，其为数字信号。

1. 空气流量计工作原理

热线式和热膜式空气流量计是输出模拟信号电压的传感器。大多数热线式、热膜式空气流量计在空气流量增大时，输出电压也随之升高。控制电脑则根据这个信号来计算发动机负荷、判定燃油供给量和点火正时等。

如图 9-25 所示，空气流量计的电压输出应该与空气流量成比例。怠速时波形显示信号电压约为 1V，当发动机加速和空气流量增加时这个电压会上升，产生一个初始峰值。这个峰值是因为怠速时进气歧管真空非常大，节气门突然打开导致大量空气进入歧管，当歧管被空气充满后电压下降。

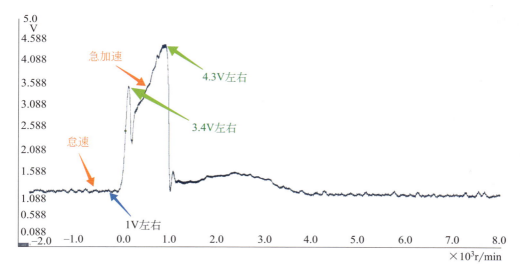

图 9-25　空气流量计波形

然后随着发动机转速上升，空气流量才再次上升，电压上升到 4V 左右的峰值。波形上的"毛刺"归因于发动机运行时进气脉冲的真空变化。

减速时电压急剧下降，因为节气门关闭且空气流量减少，然后发动机回到怠速。在带涡轮增压的发动机上，空气流量下降后会有一个缓冲。这是因为涡轮转速并没有因为节气门关闭而马上降低。

在装有怠速控制阀的发动机上,最后电压会逐渐下降,因为这样可以让发动机慢慢地回到基础怠速(防失速特性)。这个功能通常在发动机转速从1200r/min回到怠速设置时起作用。

若发现怠速的时候数据流偏大,表明空气滤清器、空气滤清器壳或传感器本身有脏污。

空气流量计有三线的、四线的、五线的和八线的。

三线的为单独的流量信号。

四线的和五线的多了一个温度信号。

八线的多了温度信号和大气压力信号。

2. 空气流量计波形分析

(1)热线式空气流量传感器波形分析

❶ 关闭所有附属电气设备,启动发动机,并使其怠速运转,怠速稳定后,检查怠速输出信号电压。做加速和减速实验。

❷ 将发动机转速从怠速加到油门全开(加速过程中油门应缓加速打开),并持续约2s,不宜超速。

❸ 再减速回到怠速状况,持续约2s。

❹ 再急加速至油门全开,然后回到怠速。将波形定位,观察波形(图9-26)。

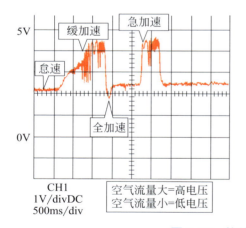
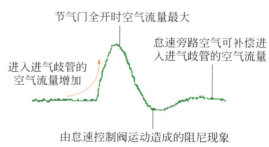

图9-26 热线式空气流量计波形

波形分析如下。

❶ 与维修资料中的输出信号电压参考值进行比较,通常热线式空气流量传感器输出信号电压范围是从怠速时超过0.2V变至节气门全开时超过4V,当急

减速时输出信号电压应比怠速时的电压稍低。

❷ 发动机运转时,波形的幅值看上去在不断波动,这是正常的,因为热线式空气流量传感器没有任何运动部件,因此没有惯性,所以它能快速对空气流量的变化做出反应。加速时波形中的杂波实际是在低进气真空之下各缸进气口上的空气气流脉动,发动机 ECU 中的超级处理电路读入后会清除这些信号,所以与这些脉冲没有关系。

❸ 不同的车型输出电压会有很大的差异,在怠速时信号电压是否为 0.25V 也是判断空气流量传感器好坏的办法。另外,从燃油混合气是否正常或冒黑烟也可以判断空气流量传感的好坏。

如果信号波形与上述情况不符,或空气流量传感器在怠速时输出信号电压太高,而节气门全开时输出信号电压又达不到 4V,则说明空气流量传感器已经损坏;如果在车辆急加速时空气流量传感器输出信号电压波形上升缓慢,而在车辆急减速时空气流量传感器输出信号电压波形下降缓慢,则说明空气流量传感器的热膜脏污。出现这些情况,均应清洁或更换热膜式空气流量传感器。

(2) 热膜式空气流量传感器波形分析

如图 9-27 所示,可以看出,在急加速过程中,波形前端有一个凸起的峰值波形,然后,电压再从低到高变化,而此峰值电压,恰恰是发动机 ECU 用来判断是否处于急加速的依据。

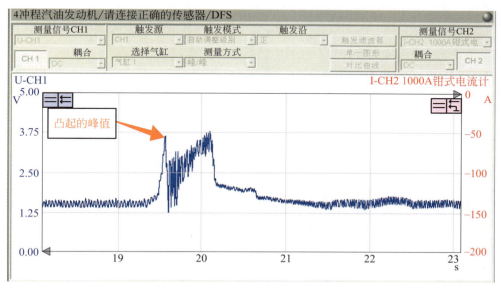

图 9-27 热膜式空气流量计波形

（3）数字式空气流量传感器波形分析

数字式空气流量传感器输出的信号都是频率信号，空气流量传感器不同，其输出信号电压波形可以分为低频和高频两种形式（图 9-28）。

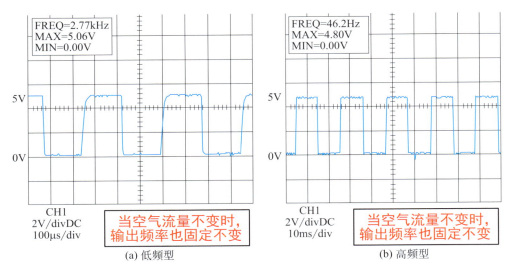

图 9-28　数字式空气流量传感器波形类型

波形分析如下。

❶ 波形的幅值大多数应为 5V，波形的形状要适当一致，矩形的拐角和垂直沿的一致性要好，传感器输出信号电压波形的频率要与发动机转速和空气流量传感器的比率一致。有些车型如通用别克汽车，其波形上部左侧的拐角有轻微的圆滑过渡是正常现象，并不说明传感器损坏（图 9-29）。

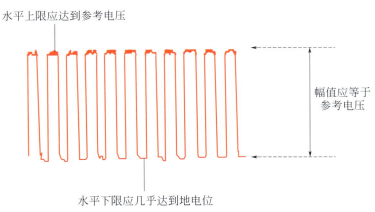

图 9-29　数字式空气流量传感器波形

❷ 随着空气流量的增加，传感器输出信号波形的频率也增加，流过空气流量传感器的空气越多，信号向上出现的脉冲频率也就越高。

❸ 如果信号波形不符合上述要求，或者脉冲波形有伸长或缩短，或者有不想要的尖峰和变圆的直角等，应更换空气流量传感器。

爆震传感器波形

爆震传感器附装在气缸体上，当探测到发动机爆震时，就向发动机 ECU 发出 KNK 信号。发动机 ECU 收到 KNK 信号后，就延迟点火正时，抑制爆震。

1. 爆震传感器工作原理

爆震传感器内有压电元件，当爆震在气缸体内造成震动，使此元件变形时，此元件就会产生 AC 电压。

发动机爆震频率为 6～13kHz，根据发动机型号而定。应该根据每台发动机的爆震情况来选择使用爆震传感器。

常见的有两种爆震传感器类型：一种可产生窄震动频率范围的高电压；另一种则产生宽震动频率范围的高电压。

除此之外，还有一种安装在火花塞部位的火花塞座金属垫型爆震传感器，这种类型的爆震传感器是在火花塞的垫圈部位装上压电元件，其原理是根据火花塞螺栓处的压力变化，来检测气缸内的压力变化，并将震动压力转换成电压信号输出，ECU 据此来判断气缸内是否发生了爆震。

能够检测出开路和短路的传感器也被采用，在这些类型电路中，常为供应 2.5V 电压的 KNK 信号或输出一个 2.5V 电压的基础频率。

2. 爆震传感器波形分析

以 500ms 为测量时间得到的爆震信号波形见图 9-30。

以 10ms 为测量时间得到的爆震信号波形见图 9-31。

在对爆震传感器进行检查的过程中，可以在发动机停机时，利用木棒轻轻敲击缸体的方法，来观测示波器上的波形输出。如图 9-32 所示是用木棒轻轻敲击缸体时得到的波形。

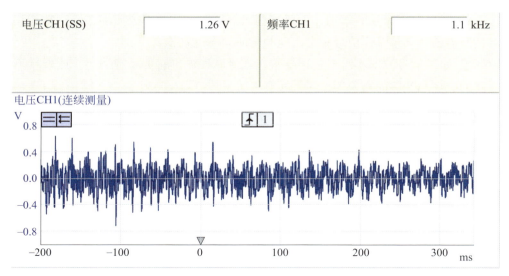

图 9-30　以 500ms 为测量时间得到的爆震信号波形

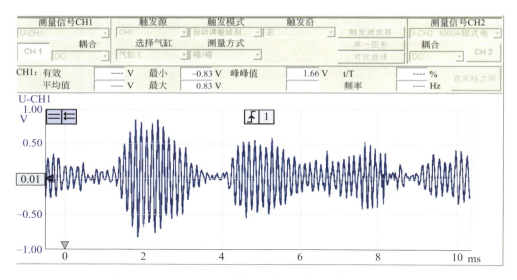

图 9-31　以 10ms 为测量时间得到的爆震信号波形

爆震传感器的信号波形从一个脉冲至下一个脉冲的峰值电压会有些变化。

如果对爆震传感器进行随车在线检测（连接好波形测试设备，启动发动机，对发动机进行加载，获得信号波形），则可以看出波形的峰值电压（波峰高度或振幅）和频率（振动的次数）将随发动机负载及每分钟转速的增加而增加。

如果发动机因点火过早、燃烧温度不正常、废气再循环不正常流动等产生爆震或敲击声，其幅度和频率也会增加。

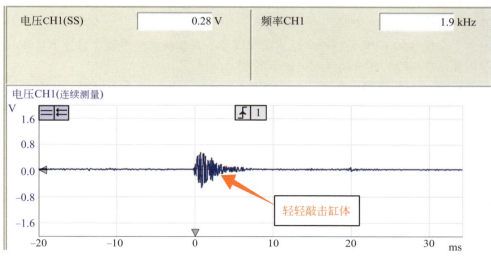

图 9-32　用木棒轻轻敲击缸体时得到的波形

爆震传感器是极耐用的，最普遍的爆震传感器失效的方式是该传感器根本不产生信号，通常是因为被碰伤所致，这会造成传感器的物理损坏（传感器内的晶体断裂，导致不能使用）。此时波形显示只是一条直线，应更换爆震传感器。

六、EGR 位置传感器波形

EGR 位置传感器是用来检测 EGR 系统工作时，EGR 阀所处位置的传感器，发动机 ECU 利用该信号来衡量 EGR 系统的工作状况，判断 EGR 系统是否参与了工作，或者用来判断 EGR 系统在不应当工作的时候，却参与了工作的故障发生。

1. EGR 位置传感器工作原理

在废气再循环阀打开时，废气再循环阀位置传感器发出一个与废气再循环阀开启成比例的信号给发动机 ECU，发动机 ECU 能够将这个信号转变成废气再循环率。

在启动、发动机暖机以及减速或怠速时，大多数发动机控制系统不能使废气再循环运行，在加速时对废气再循环进行正确的控制以优化发动机转矩。

废气再循环位置传感器是一个可变电阻（电位计），该电阻值指示废气再循环阀转轴的位置，它是一个重要的传感器，因为它的信号输入是发动机 ECU 计算废气再循环流量的依据。

一个损坏的 EVP 传感器会造成喘车现象、发动机产生爆震、怠速不良和其他行驶性能故障，甚至尾气测试也不正常。

EGR 位置传感器通常是一个三线传感器，第一条是发动机 ECU 来的参考电源 5V 电压，第二条是传感器的接地线，第三条是传感器给发动机 ECU 的信号输出线。

通常 EGR 位置传感器在废气再循环阀关闭时产生 1V 以下的电压，在废气再循环阀打开时产生 5V 以下的电压。

2. EGR 位置传感器波形分析

首先确认进气管到废气再循环阀和真空电磁阀的进出管道均完好无损且安装正常，并无泄漏。

然后确认废气再循环阀的膜片能够正确地保持住真空度。

确认废气再循环进入和绕过发动机的通道是清洁的，且没有由于内部积炭造成堵塞，这可以确认当发动机 ECU 收到 EGR 传感器来的信号时，废气实际流入了燃烧室。

连接好波形测试设备，启动发动机并保持在 2500r/min 转速下运转 2～3min，直到发动机充分暖机，氧传感器反馈控制系统进入闭环状态（可以在波形测试设备上观察氧传感器信号来确认上述步骤），关闭所有附属电气，按从停车状态起步、轻加速、急加速、巡航和减速的步骤驾驶汽车。EGR 位置传感器的实测信号波形如图 9-33 所示。在观察波形时用手动真空泵连接在废气再循环阀上，控制废气再循环阀阀门打开、关闭对波形检测是有帮助的。

确认在废气再循环流动的条件下所产生的传感器信号与废气再循环阀的动作是成正比例的。

一旦发动机达到废气再循环工作条件，发动机 ECU 就开始推动废气再循环阀工作，当废气再循环阀打开时波形将上升，当废气再循环阀关闭时波形将下降。

通常在废气再循环阀阀门关闭时传感器信号电压在 1V 以下，当废气再循环阀阀门打开时传感器的信号电压接近 5V。

在正常加速时废气再循环阀需要打开得特别大，在怠速和减速时废气再循环阀阀门是关闭的，不需要废气再循环。

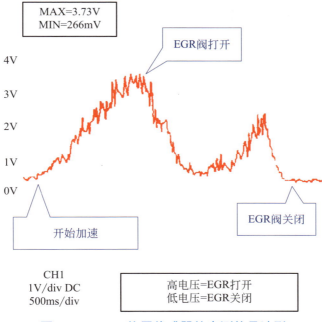

图 9-33　EGR 位置传感器的实测信号波形

波形上不应出现任何断线、指向接地的尖峰和波形下降等情况。

特别要注意波形开始上升时的形状（第 1 次阀门运动时的 1/2 段），这是传感器最经常动作的碳膜段，通常首先损坏。

七、加速踏板位置传感器波形

加速（油门）踏板位置传感器是电位计型传感器。它接收两个来自动力控制模块 PCM 的参考电压，分别有两条接地线和两条信号线，信号线将与加速踏板位置相关的电压信号发送给 PCM。不同车型对应的信号电压会有所不同，但不会高于 5V。

发动机电脑利用两个加速踏板位置传感器监测加速踏板位置，电脑经过计算和分析判断，发出指令给驱动电机，由驱动电机来控制节气门的开度。

加速踏板位置传感器 1 和 2 位于踏板总成内。每个传感器有一个 5V 参考电压和一个接地一个信号。

共有两个类型的加速踏板位置传感器：线型和霍尔元件型。

1. 加速踏板位置传感器工作原理

（1）线型加速（油门）踏板位置传感器

线型加速（油门）踏板位置传感器的构造和运行基本上与线型节气门位置传感器相同。

从两个系统来的信号：VPA1 信号，能在加速踏板踩下全程范围内，成线性关系地输出电压；VPA2 信号，能输出偏离 VPA1 信号的偏置电压。

如图 9-34（a）和（b）所示分别是其两个不同的信号输出，从波形可以看出，其波形形状一致，只是波形的峰值电压不同。

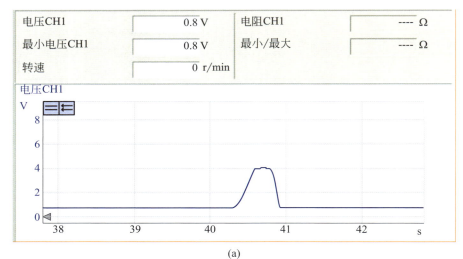

(a)

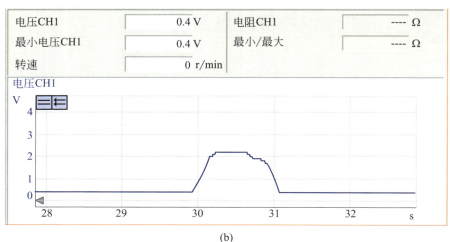

(b)

图 9-34　线型加速（油门）踏板位置传感器波形

（2）霍尔元件型加速（油门）踏板位置传感器

霍尔元件型加速（油门）踏板位置传感器的构造和运行基本上与霍尔元件型节气门位置传感器相同。

如图 9-35 所示，为确保较好的可靠性，两个系统中每一个都有独立的电路。分别输出 VPA1 与 VPA2 两个油门踏板位置信号。

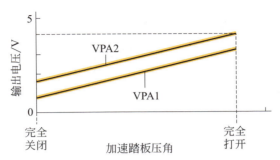

图 9-35　霍尔元件型加速（油门）踏板位置传感器信号

2. 加速踏板位置传感器波形分析

不踩加速踏板的时候信号 1 是 0.8V［图 9-36（a）］，信号 2 是 0.4V［图 9-36（b）］，两个信号电压则是两倍关系。车型不同，不踩加速踏板的时候电压有所不同，如果一个是 0.35V，那么另一个则是 0.7V。

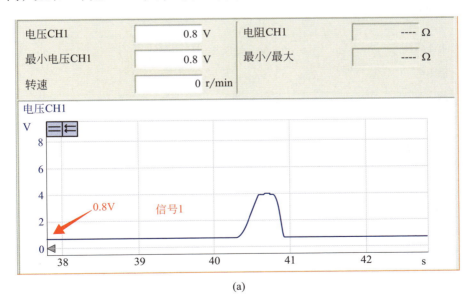

(a)

图 9-36

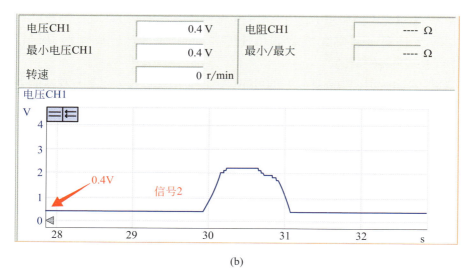

(b)

图 9-36　线型加速踏板位置传感器波形（一）

当将加速踏板踩到底时，信号 1 从 0.8V 上升到 4.2V［图 9-37（a）］，信号 2 从 0.4V 上升到 2.1V［图 9-37（b）］，为两倍关系。

不管波形在什么位置，电压都是两倍关系。

出现故障的时候，可能不踩加速踏板和将加速踏板踩到底时电压是没有问题的，而将加速踏板踩到中间位置时则出现问题。所以在观察电压的时候，对每个位置都要观察仔细。

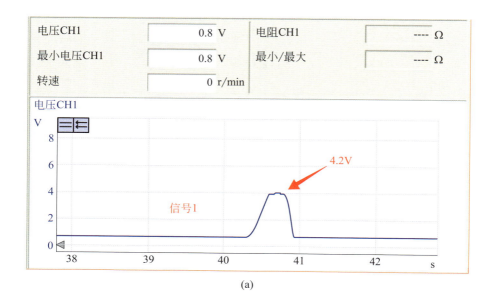

(a)

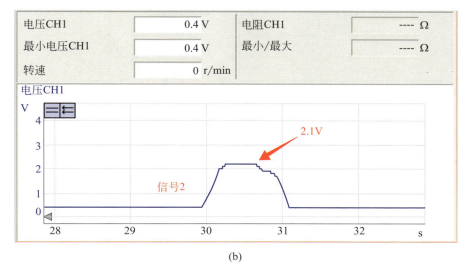

(b)

图 9-37　线型加速踏板位置传感器波形（二）

 电子节气门波形

节气门位置传感器包含两个电位计，由发动机 ECU 供电（通常是 5V 供电）。两个电位计都包含一个碳轨道，一端连接电源，另一端连接到地。在碳轨道上移动的滑块获取传感器电压，发动机 ECU 可根据这个电压来确定节气门位置。

节气门位置传感器所提供的电压信号随节气门开度而变化。发动机电脑向节气门位置传感器提供一个 5V 电源线和一个接地线，那么两个传感器共用电源线和接地线。

1. 电子节气门工作原理

电动步进电机由来自发动机 ECU 的负载循环信号控制。一个同心的弹簧控制节气门，当节气门打开到接近关闭的位置时，如果步进电机电源丢失，弹簧将关闭节气门到限位位置。当节气门完全关闭时，弹簧也将尽力打开节气门。节气门开启是利用节气门上的直流电机通过减速机构来自动实现的。电子节气门波形如图 9-38 所示。

第九章　汽车传感器波形　133

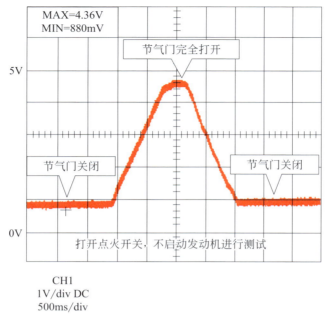

图 9-38 电子节气门波形

2. 电子节气门波形分析

（1）测量节气门总成电机的波形

在打开点火开关的时候，节气门一般都会自检一下，也可听到声音，自检过后电脑将通过占空比让节气门翻板保持微开的状态，可以看到蓝色波形电压为 0V，红色波形则是 0～12V 的占空比（图 9-39）。

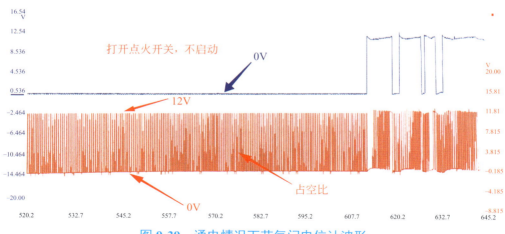

图 9-39 通电情况下节气门电位计波形

如果打开点火开关时没有着车，则两根线都变成0V，回位弹簧会把翻板保持到自然状态。

在节气门迅速全开的情况下，两根线（一个正极线一个负极线）直接迅速打开，之后采用占空比维持（图9-40）。

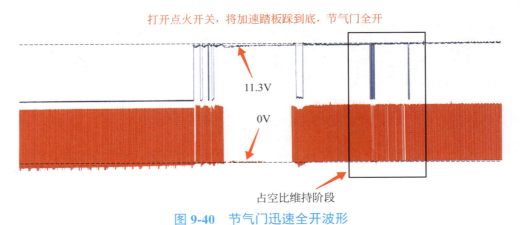

图 9-40　节气门迅速全开波形

当松开油门时节气门迅速关闭，蓝色波形电压为0V，红色波形电压为12V左右，之后节气门翻板处于微开位置，如果翻板慢慢打开或者维持在中间位置，那么两根线则通过脉宽调制稳住翻板的位置（图9-41）。

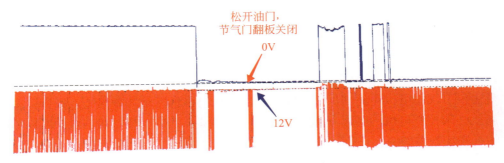

图 9-41　节气门迅速关闭波形

当打开点火开关，不启动发动机时，节气门翻板波形如图9-42所示，节气门迅速全开和迅速关闭，中途为松开油门时翻板微开的状态。打开和关闭就是电机实现正转反转，改变电流，所以说电机线没有固定的正负极。

通过波形可以判断电脑以及线路有没有问题。在拔下插头用万用表测量电机的两根线的时候，车型不同电压是不固定的，一般常见的有两根线电压都是12V，或者一根线电压是12V，或者两根线电压都是4V。

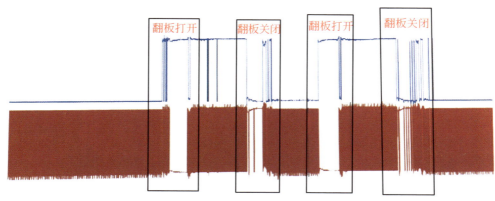

图 9-42　节气门翻板波形

若想判断节气门电机有没有工作，可以打开点火开关，听听有没有自检的声音，可用试灯测量电机两根线连接时是否点亮。还可以把节气门插头拔掉，将节气门电机的两个针脚直接进行供电搭铁，看是否动作，以及测量电机有没有阻值。

节气门电机怠速时的波形分析如下。

在驱动电机没有参与工作的时候，电子节气门并不是处于完全关闭的状态，而是处于一定的开度，这个开度足以让发动机维持在 1500～2000r/min 的区间内，也就是说当电子节气门损坏的时候，发动机会维持在 1500～2000r/min 的区间而不至于熄火，好让车辆能够行驶到就近的修理厂，这就是"跛行回家"模式。

当发动机怠速（转速为 800r/min）时，节气门的开度会变小；当发动机转速为 3000r/min 时，节气门的开度会变大。所以要控制节气门翻板开度的大小，就需要节气门电机正转和反转，而要实现节气门电机的正转和反转，发动机电脑就必须控制电机的电流方向，就像车窗玻璃升降电机一样，通过改变电流的方向来实现玻璃的上升和下降。

当车辆处于怠速时，发动机 ECU 通过占空比让节气门保持微开状态。如图 9-43 所示，当 3 号脚（红色线）为高电压、5 号脚（蓝色线）为低电压时，电流上升到 0.895A。当 3 号脚（红色线）为低电压、5 号脚（蓝色线）也为低电压时，电流开始下降，下降到 0.368A。此时 3 号脚（红色线）变为高电压，5 号脚（蓝色线）变为低电压，电流又开始上升。整个过程中，电流在 0.368～0.895A 之间波动，电流方向为正。

发动机转速为 3000 r/min 时节气门的波形：当发动机加速到 3000r/min 时，通过节气门电机的电流为负，与怠速时的电流方向相反。节气门电机的电流方向决定了电机的旋转方向。

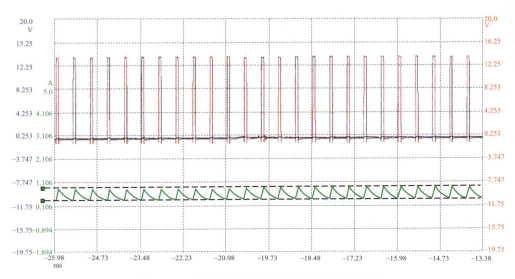

图 9-43　发动机怠速时节气门电机的波形

由于节气门电机没有通电，节气门的翻板在回位弹簧的作用下会使发动机转速维持在 1500～2000r/min（"跛行回家"模式），所以当发动机为怠速时，通过电机的电流为正，节气门开度变小；当发动机转速超过 3000r/min 时，通过电机的电流为负，节气门开度变大（图 9-44）。

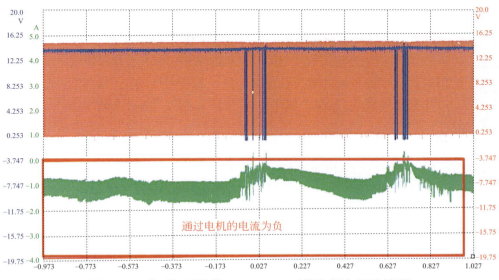

图 9-44　发动机转速为 3000r/min 时节气门电机的波形

（2）测量节气门位置信号的波形

如图 9-45 所示，当打开钥匙时，通道 2（红色线）为 5V，通道 1（蓝色线）为 4.173V，通道 4（黄色线）为 0.826V，通道 3（绿色线）为 0V。

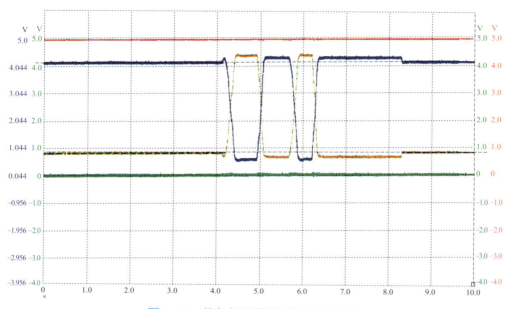

图 9-45　节气门位置传感器信号波形

红色线为传感器的 5V 基准电源，绿色线为接地，蓝色线和黄色线为信号线，信号线电压一般不会高于 4.5V，也不会低于 0.5V。很多时候发动机 ECU 会报信号线电压太高或太低，就是因为信号电压高于 4.5V 或低于 0.5V，这种现象一般是节气门插头虚接导致的。因为发动机 ECU 内部有上拉电阻或下拉电阻，当加油门时，一根信号线的电压往下降，另一根信号线的电压就会上升，但两根线的电压相加始终等于 5V，如果不等于 5V，则发动机电脑会报信号不可信等故障。

在信号的某一个位置，蓝色信号线的电压为 3.169V，黄色信号线的电压为 1.901V，两信号线的电压相加为 5V（图 9-46）。

（3）故障波形分析

通常传感器的电压应从怠速时的低于 1V 到节气门全开时的低于 5V（图 9-47），波形上不应有任何断裂、对地尖峰或大跌落。应特别注意在前 1/4 节气门开度中的波形，这是在驾驶中最常用到传感器碳膜的部分。传感器的前（1/8）～（1/3）的碳膜通常首先磨损。

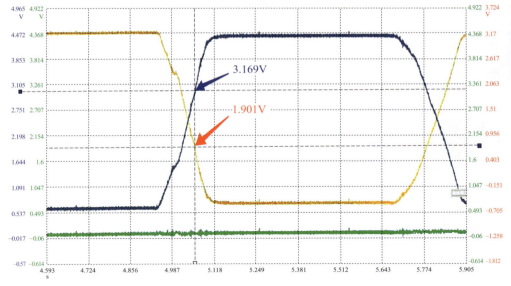

图 9-46 节气门位置信号线波形

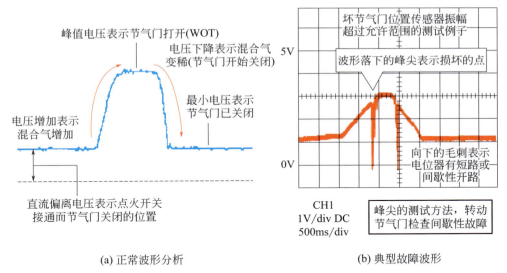

(a) 正常波形分析　　　　　　(b) 典型故障波形

图 9-47 故障波形分析

有些车辆有两个节气门位置传感器：一个用于发动机控制；另一个用于变速器控制。发动机节气门位置传感器传来的信号与变速器节气门位置传感器操作相对应。变速器节气门位置传感器在怠速运转时产生低于 5V 电压，在节气门全开时变到低于 1V。

特别应注意达到 2.8V 处的波形，这是传感器的碳膜容易损坏或断裂的部分。

在传感器中磨损或断裂的碳膜不能向发动机 ECU 提供正确的节气门位置信息时，发动机 ECU 不能为发动机计算正确的混合气命令，从而引起汽车驾驶性能问题。

九、窄带氧传感器波形

窄带氧传感器用于检测排气管中氧气的浓度，从而反映出空燃比的大小。窄带氧传感器将检测到氧气浓度的大小转化成电信号反馈给发动机电脑，发动机电脑根据此信号判断空燃比是否偏离理论值 14.7∶1。若偏离理论值，发动机电脑就会调节喷油脉宽，使空燃比控制在理论允许的范围之内。常见的有二氧化锆型氧传感器和二氧化钛型氧传感器。

1. 窄带氧传感器工作原理

二氧化锆氧传感器安装于排气管上，二氧化锆氧传感器内、外表面均涂有薄薄的一层铂，铂既起到电极的作用，又起到催化的作用。二氧化锆氧传感器内侧通大气，并且保持氧浓度不变，外侧直接与氧浓度较低的排气管相接触。工作时在排气管高温的作用下，氧气发生电离，由于锆管内侧的氧浓度高，外侧的氧浓度低，氧离子就会从氧浓度较高的一侧流向氧浓度较低的一侧，从而产生电动势。所以二氧化锆氧传感器实际为一种容量较小的化学电池，也称氧浓度差电池。

当混合气稀（空燃比大）时，排气中的氧含量较高，二氧化锆氧传感器元件内、外侧的氧浓度差小，内、外侧两电极之间产生的电压低（接近于 0V）；当混合气浓（空燃比小）时，排气中的氧含量较低，二氧化锆氧传感器元件内、外侧的氧浓度差大，内、外侧两电极之间产生的电压高（接近于 1V）。

因为二氧化锆管的特性是必须在高温下（300℃以上）才能正常工作，如果仅仅依靠废气温度进行加热则时间会比较长，所以在二氧化锆氧传感器内部设计了一个加热电阻，由主继电器供电，由发动机电脑进行控制，使二氧化锆氧传感器尽快进入工作温度，以达到闭环控制的目的。

2. 窄带氧传感器波形分析

（1）二氧化锆氧传感器加热器电压和电流波形

示波器通道 1 测量前氧传感器的 D 号脚波形（蓝色），示波器通道 2 测量前氧传感器的 E 号脚波形（红色），示波器通道 3 测量前氧传感器加热器的电流波形（绿色）。氧传感器电路如图 9-48 所示。

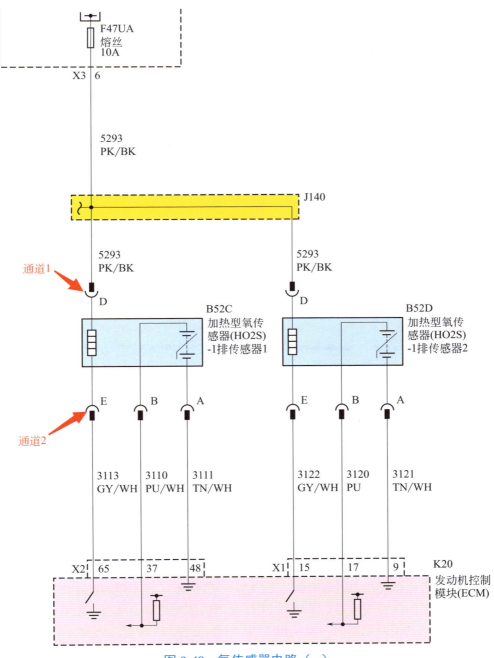

图 9-48　氧传感器电路（一）

启动发动机怠速运行，氧传感器加热器的加热供电由 D 脚进 E 脚出。如图 9-49 所示，通道 1 和通道 2 的电压均显示 14.52V 时，通道 3 的电流为 0A，说明此时的加热器处于未加热状态。当通道 1 电压为 14.52V，通道 2 电压为 0V 时，通道 3 的电流为 832mA，说明此时加热器正在对氧传感器加热。发动机 ECU 通过控制加热器的接地占空比对氧传感器进行辅助加热，使其在最佳的温度下工作。

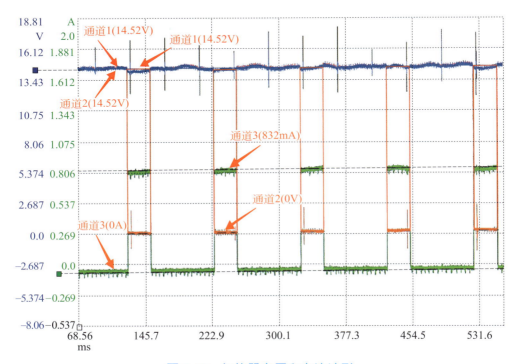

图 9-49　加热器电压和电流波形

（2）二氧化锆氧传感器信号的波形分析

如图 9-50 所示，示波器通道 2 测量前氧传感器的 B 号脚（红色）。

（3）怠速时二氧化锆氧传感器信号波形分析

发动机怠速运转，测量氧传感器信号波形，混合气稀时氧信号电压为 51.7mV，混合气浓时氧信号电压为 810mV（图 9-51）。

氧信号电压之所以时低时高，是因为发动机 ECU 在不停地修正喷油量，当氧信号反馈的混合气稀时，发动机 ECU 会增大喷油脉宽，从而增加喷油量；当氧信号反馈的混合气浓时，发动机 ECU 则会减小喷油脉宽，从而减少喷油量。正常的氧传感器信号电压每 10s 变化 8 次以上。

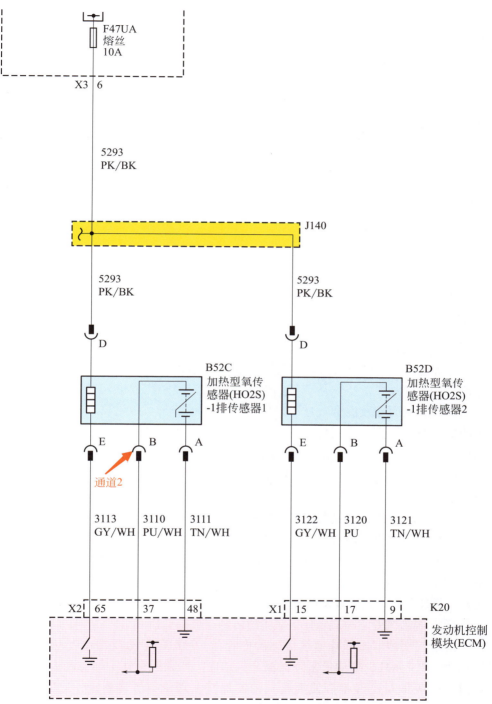

图 9-50　氧传感器电路（二）

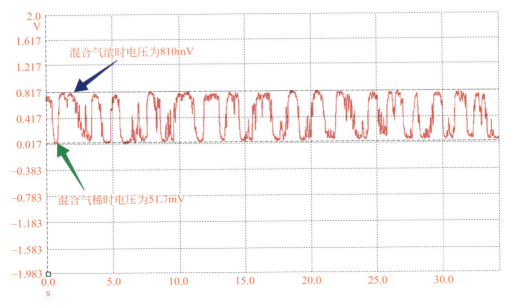

图 9-51　发动机怠速时氧传感器的波形

(4) 急加速时二氧化锆氧传感器信号波形分析

急加速时，通过节气门的进气量突然增大，发动机 ECU 根据进气压力传感器信号增大喷油量。空气从节气门到进气门有一段距离，进入气缸的空气并没有迅速增多从而导致混合气过浓，从图 9-52 中的波形可以看出，出现混合气过浓的信号时电压高，大概持续了 6s。急加速时二氧化锆氧传感器将混合气过浓的信号反馈给发动机 ECU，发动机 ECU 会减少喷油量；松油门时混合气过稀，信号电压低，这是发动机 ECU 调节喷油量的结果。发动机 ECU 就这样反复调节喷油量，使混合气浓度保持在理论空燃比附近。

(5) 漏气时二氧化锆氧传感器信号波形分析

节气门后方出现漏气后会造成混合气过稀（L 形进气系统），二氧化锆氧传感器将混合气过稀的信号反馈给发动机 ECU，发动机 ECU 会增大喷油量来增大混合气浓度。如果漏气量太大，通过调节喷油量已经不能使混合气浓度保持在理论空燃比附近，这时发动机 ECU 就会报混合气过稀的相应故障码（图 9-53）。

(6) 混合气变浓时二氧化锆氧传感器信号波形分析

混合气变浓时二氧化锆氧传感器将混合气过浓的信号反馈给发动机 ECU，发动机 ECU 会减少喷油量来降低混合气浓度。如果混合气中燃油的成分太多，通过调节喷油量已经不能使混合气浓度保持在理论空燃比附近，这时发动机 ECU 就会报混合气过浓的相应故障码（图 9-54）。

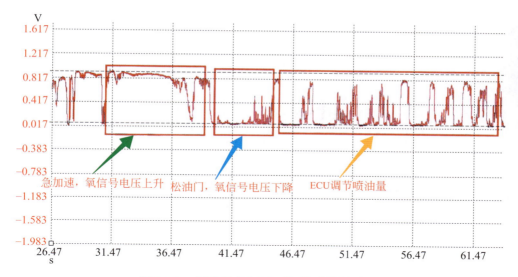

图 9-52　发动机急加速时氧传感器的波形

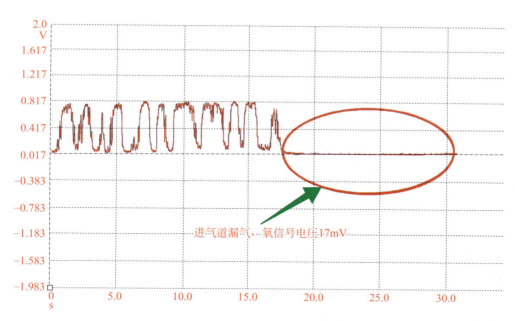

图 9-53　漏气时氧信号波形分析

（7）氧信号故障波形分析

二氧化锆氧传感器信号电压波形上的杂波通常是由发动机点火不良、燃油雾化不好、结构原因（如各缸的进气管长度不同）、零件老化及其他各种故障（如进气管堵塞、进气门卡滞等）引起的。其中，由点火不良引起的杂波呈高频毛刺状。

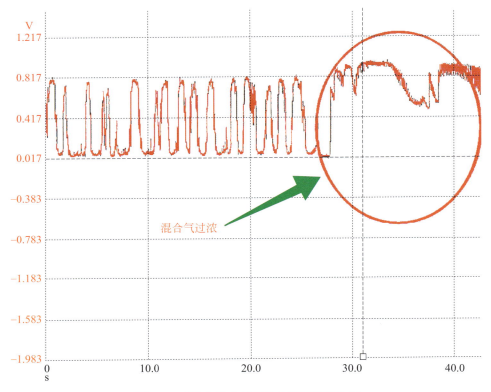

图 9-54 混合气变浓时氧信号波形分析

在对氧传感器信号进行判断时，如果波形上的杂波比较明显，则它通常与发动机的故障有关，在发动机修理后，杂波一般会消失；如果氧传感器信号电压波形上的杂波不明显，并且可以判定进气歧管无真空泄漏，排气中的 HC 和氧的含量正常，发动机的转动或怠速运转比较平稳，则表明该杂波是正常的，在发动机修理中一般不可能消除。

在发动机无负载、以 2000r/min 的速度运转的情况下，氧传感器的电压信号应该有 2～3 个交叉点。氧传感器信号交叉点是氧传感器电压信号在 1s 之内从 0.45V 以上降到 0.45V 以下变化的次数，如果没有足够的交叉点，那么氧传感器可能被污染或反应慢，应该更换。

如果氧传感器的电压在 0～500mV 之间变化，虽然它是在正常范围内变化，但工作不正常，说明其电压偏低或者混合气偏稀。结果，计算机将会不断地增加燃油以试图达到氧传感器的上限，可能是有什么故障导致氧传感器信号偏浓。在这两种情况下，因为氧传感器信号的错误，发动机 ECU 都无法真正地控制混合气。

氧传感器可能会出现信号偏稀或偏浓的情况，也可能根本不会工作。或响应太慢而不能保证很好地控制排放和燃油经济性。

对于带有二次空气喷射系统的汽车，在进行该项测试之前，应当关闭二次空气喷射泵。排气中多余的空气可能使测试结果发生偏离。

当燃油不完全燃烧时，氧气含量会增加。点火故障会造成不完全燃烧，废气中将有较多的氧气。稀混合气、点火过于提前或任何能导致不完全燃烧的故障都会有此现象。

当混合气变浓时，燃油有更多的机会完全燃烧。因此，在废气中的氧气水平降低。氧浓度低时，氧传感器输出的是高电压信号。发动机 ECU 总是试图做与它接收的氧传感器信号相反的动作。当氧传感器显示混合气稀时，ECU 就加浓混合气，反之亦然。当一个稀混合气信号并不是由于空气燃油混合比的故障造成时，ECU 不知道什么是真正的原因，并将会响应这个信号使混合气变浓，这可能使发动机运行状态更糟。

氧传感器的反馈控制，其实也是一个发动机 ECU 自适应的过程，在自适应过程中，由两部分的学习值组成：一部分是短期燃油修正（STFT）；另一部分是长期燃油修正（LTFT）。

短期燃油修正是指由电脑立即制定的用于克服发动机运行工况所做出的策略，这时的修正是暂时的。长期燃油修正是基于短期燃油修正的反馈做出的，这时的修正要更长久些。

短期燃油修正值并不存储在电脑的存储器中。对燃油系统进行的所有修正都是在对氧传感器和/或其他的传感器做出直接的响应之后便立即发生了。

长期燃油修正值被存储在电脑的存储器中，存储的这些数据将在发动机再次在类似的环境和工况下工作时使用。触发长期修正是为了将所有的短期修正的数值都维持在特定的参数范围内。这些参数并不是基于氧传感器的反馈，而是基于从氧传感器获取持续的正确读数。

十、宽带氧传感器波形

宽带氧传感器也叫空燃比传感器。与氧传感器相同，空燃比传感器也探测排气中的氧浓度。常规型氧传感器在理论空燃比的附近，其输出电压常会急剧变化。

宽带氧传感器工作原理如下。

通过电子电路调节电压供给，使检测室内气体的空燃比保持在 $\lambda=1$ 的状态。对稀废气，泵电池从扩散口向外泵出氧气，而对浓废气则通过改变电流的方向，从周围的废气中将氧气泵入扩散口。由于泵电流与氧气的浓度或氧气的不足程度成比例，因此，可以用它来反映废气的过量空气系数。

由于宽带氧传感器加入了专用的控制电路来获得泵电流，以泵电流作为监测废气过量空气系数的参数。因为传感器的工作不再依赖能斯特单元的步进功能响应，所以能够连续检测过量空气系数在 0.7～4 的范围内的任何一个值。发动机的 λ 控制不再是只对一个单独点，而是能对一个值域进行控制。

空燃比传感器的输出特性使其有可能在空燃比一发生变化时，立刻给予校正，这样可使空燃比校正反馈得更快和更精确。与有些氧传感器相同，空燃比传感器上也配有加热器，在排气温度低时用来保持探测性能。但是，空燃比传感器的加热器比氧传感器的加热器需耗用大得多的电流。一个整体式加热器使工作温度保持在 600℃ 以上。

宽带氧传感器的信号波形如图 9-55 所示。

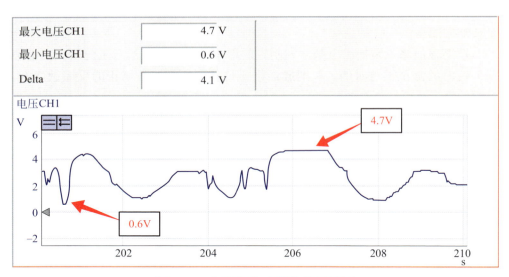

图 9-55　宽带氧传感器的信号波形

十一、机油压力传感器波形

大部分车辆采用了机油压力开关信号的方式来指示机油压力的状况，但还是有部分车辆采用机油压力表的方式来指示机油压力,即随发动机转速的变化,通过机油压力表的指针来指示油压。

1. 机油压力传感器工作原理

机油压力传感器的作用是检测发动机机油压力的大小,它一般通过螺钉拧在缸体的油道里。

机油压力传感器内部有一个可变电阻,一端输出信号,一端与搭铁的滑动臂相连。当油压增大时,油压通过润滑油道接口推动膜片弯曲,膜片推动滑动臂移动到低电阻位置,使电路中的输出电流增大;反之,膜片推动滑动臂移动到高电阻位置,使电路中的输出电流减小,最终在机油压力表上将机油压力的大小以指针指示出来。

2. 机油压力传感器波形分析

打开点火开关时,测得机油压力传感器电压波形电压始终为12V(图9-56)。

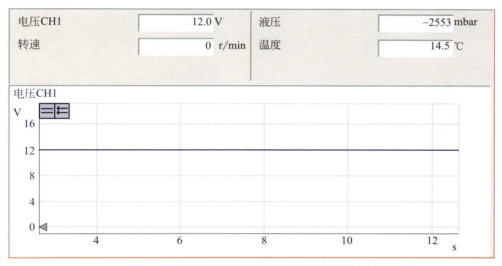

图9-56　打开点火开关时机油压力传感器的波形

发动机怠速运转时机油压力传感器的波形如图9-57所示。刚发动时,电压在12～14V之间变化,当发动机转速稳定后,此电压波形基本呈一条直线。

加速过程中,机油压力传感器的电压波形随机油压力增加而急剧降低,直到限压阀打开时在8V左右的电压保持值。随发动机转速降低,机油压力又逐渐降低,直到恢复到怠速时的电压(图9-58)。

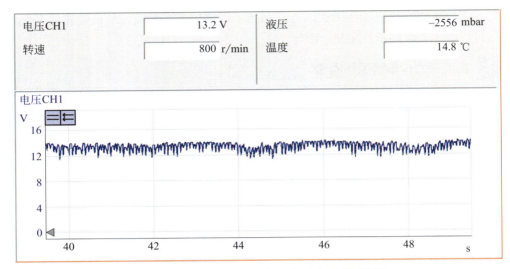

图 9-57　发动机怠速运转时机油压力传感器的波形

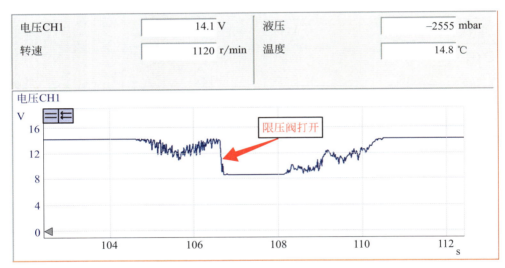

图 9-58　发动机加速运转时机油压力传感器的波形

十二、ABS 传感器波形

现在大多数汽车都采用两线霍尔式或磁阻式轮速传感器,其优点是灵敏度高、输出方波信号且信号幅值稳定、抗电磁干扰能力强等。

ABS 传感器通过与随车轮同步转动的齿圈作用，输出一组准正弦交流电信号，其频率和振幅与轮速有关。该输出信号传往 ABS 电控单元（ECU），实现对轮速的实时监控。

1. ABS 传感器工作原理

在制动时，ABS 根据每个车轮速度传感器传来的速度信号，可迅速判断出车轮的抱死状态，关闭开始抱死车轮上面的常开输入电磁阀，让制动力不变。如果车轮继续抱死，则打开常闭输出电磁阀，这个车轮上的制动压力由于出现直通制动液储油箱的管路而迅速下移，防止了因制动力过大而将车轮完全抱死。

汽车减速后，一旦 ABS 电脑检测到车轮抱死状态消失，它就会让主控制阀关闭，从而使系统转入普通的制动状态下进行工作。如果蓄压器的压力下降到安全极限以下，红色制动故障指示灯和琥珀色 ABS 故障指示灯亮。在这种情况下，驾驶员要用较大的力进行深踩踏板式的制动方式才能对前后轮进行有效的制动。

2. 磁电式 ABS 传感器波形分析

波形在 0V 线上下的跳变是非常对称的，轮速传感器信号的振幅随轮速增加而增加。速度越快，波形幅值就越高，而且轮速增加，波形频率也将增加，示波器将显示有较多的波形震荡（图 9-59）。

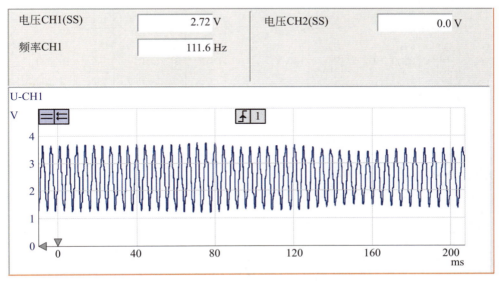

图 9-59　磁电式 ABS 传感器波形

确定振幅、频率和形状等关键的信息是正确的、可重复的、有规则的、可预测的。这是指波峰的幅值正常，两脉冲间的时间不变，形状是不变的且可预测的，尖峰高低不平是因传感器的磁芯与磁组轮相碰所引起的，这可能是由传感器的轴衬或传动部件不圆造成的，尖峰丢失是损坏的磁组轮造成的。

3. 磁阻式 ABS 传感器波形分析

ABS 电脑根据流过传感器的电流来判断线路中有没有出现断路或者短路，轮速传感器的信号传输分为地线载波和火线载波。地线载波是指传感器的信号线和接地线是同一根线，火线载波是指传感器的信号线和供电是同一根线。

（1）地线载波磁阻式 ABS 传感器

用示波器通道 1 测量左前轮速传感器的 1 号脚，示波器通道 2 测量左前轮速传感器的 2 号脚，示波器通道 3 测量流过左前轮速传感器的电流。磁阻式 ABS 传感器电路（别克君威）如图 9-60 所示。

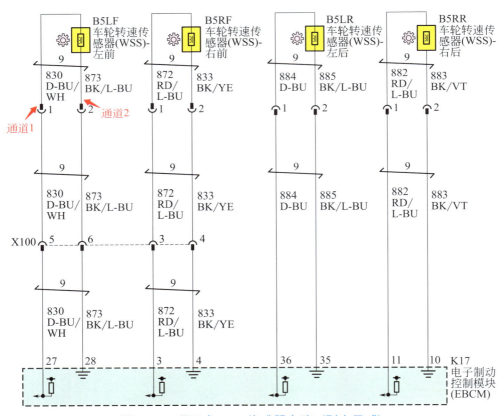

图 9-60　磁阻式 ABS 传感器电路（别克君威）

车轮每次停止转动的位置都不是固定的，因此打开点火开关时自检通过的波形会有两种状态，电流为 7mA 或 14mA 均表示自检通过，如图 9-61 中：

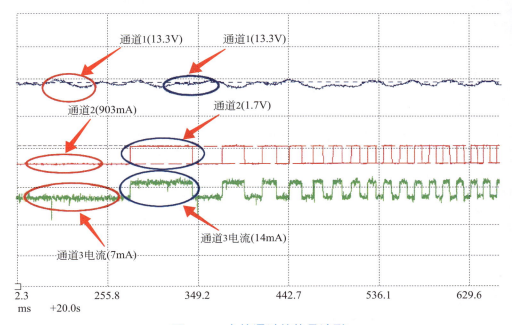

图 9-61　自检通过的信号波形

❶ 示波器通道 1（蓝色波形）接传感器的 1 号脚电压为 13.3V，示波器通道 2（红色波形）接传感器的 2 号脚电压为 903mV，示波器通道 3（绿色波形）测量流过传感器的电流为 7mA，此时自检通过；

❷ 示波器的通道 1（蓝色波形）接传感器的 1 号脚电压为 13.3V，示波器通道 2（红色波形）接传感器的 2 号脚电压为 1.7V，示波器通道 3（绿色波形）测量流过传感器的电流为 14mA，此时自检通过。

自检未通过的信号波形如图 9-62 所示。

（2）火线载波磁阻轮速传感器

用示波器通道 1 测量 G46 的 1 号脚，示波器通道 2 测量 G46 的 2 号脚，示波器通道 3 测量流过 G46 的电流波形。磁阻式 ABS 传感器电路（帕萨特）如图 9-63 所示。

车轮每次停止转动的位置都不是固定的，因此打开点火开关时自检通过的波形会有两种状态，电流为 7mA 或 14mA 均表示自检通过，如图 9-64 中：

❶ 示波器通道 1（蓝色波形）接传感器的 1 号脚电压为 0V，示波器通道 2（红色波形）接传感器的 2 号脚电压为 10.9V，示波器通道 3（绿色波形）测量流过传感器的电流为 14mA，此时自检通过；

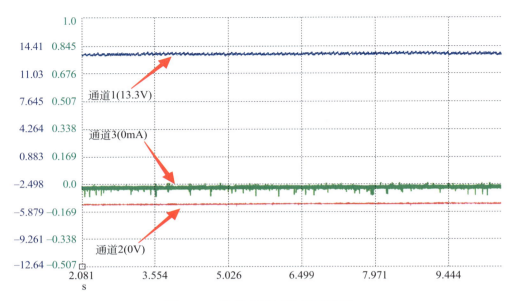

图 9-62 自检未通过的信号波形

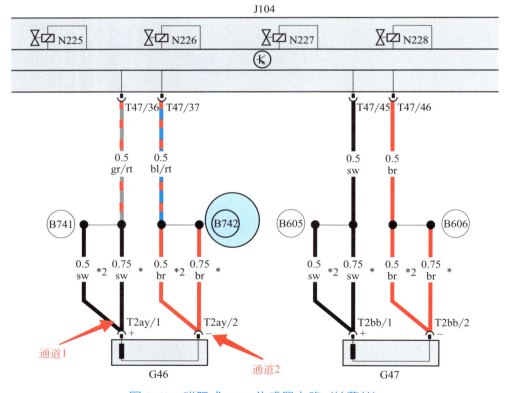

图 9-63 磁阻式 ABS 传感器电路（帕萨特）

❷ 示波器通道1（蓝色波形）接传感器的1号脚电压为0V，示波器通道2（红色波形）接传感器的2号脚电压为11.4V，通道3（绿色波形）测量流过传感器的电流为7mA，此时自检通过。

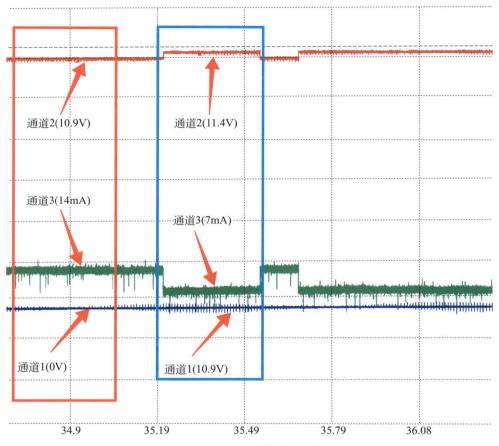

图 9-64　自检通过的信号波形

如图9-65所示，打开点火开关，示波器通道1（蓝色波形）接传感器1号脚电压为0V，示波器通道2（红色波形）接传感器的2号脚电压为11.54V，示波器通道3（绿色波形）测量流过传感器的电流为0mA，这种情况就表示自检未通过。

（3）转动车轮传感器信号波形分析

从图9-66和图9-67可以看出，地线载波和火线载波信号线上的电流都是在7mA或者14mA变化，ABS电脑根据这个变化的频率可以计算出车轮转速（车速）。

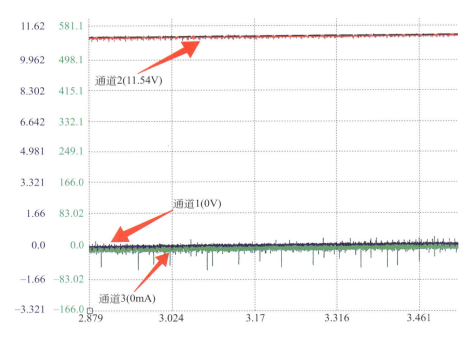

图 9-65 自检未通过的信号波形

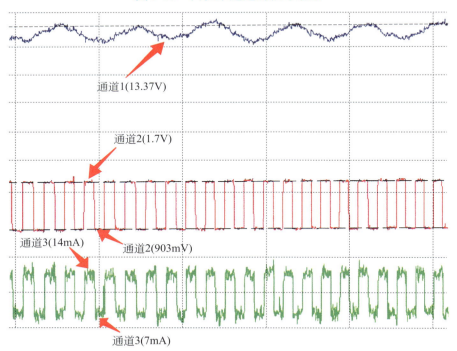

图 9-66 地线载波的信号波形

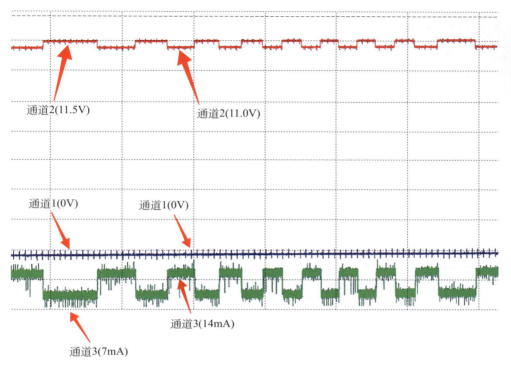

图 9-67　火线载波的信号波形

十三、增压压力传感器波形

增压压力传感器安装在使用废气涡轮增压系统的发动机上，主要作用：

❶ 监控增压压力，当压力过高时，发动机控制模块会适当减小涡轮增压效果，以保护发动机；

❷ 当增压后的进气温度超差后，系统也同样会降低增压压力。

1. 增压压力传感器工作原理

❶ 增压压力传感器的作用是检测进气压力，ECU 进行进气流量计算，用于喷油控制。

❷ 进气歧管内的进气压力使硅芯片连同压电电阻发生机械变形，使其阻值发生改变，惠斯顿电桥失去平衡，经硅芯片上的电路处理后，形成与进气压力成线性的电压信号。

2. 增压压力传感器波形分析

如图 9-68 所示，怠速时，其信号电压为 1.9V；急加速时，其信号电压为 2～3V。

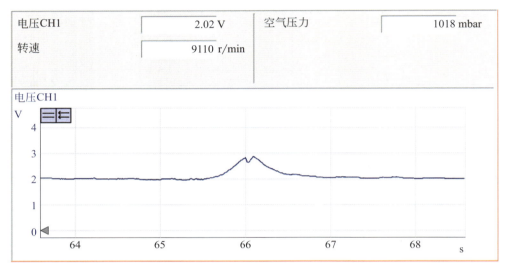

图 9-68　增压压力传感器波形

$1bar=10^5Pa$

十四、其他传感器波形

1. 输入涡轮转速传感器波形分析

输入涡轮转速传感器（NT 转速传感器）属于磁感应式传感器，检测的是自动变速器输入轴的转速信号，当发动机怠速运转，自动变速器位于 P、N 挡位时，输入轴的转速与发动机曲轴转速一致，此时涡轮转速传感器的信号始终输出，并且随发动机转速增加而加快。当车辆处于运动状态时，输入涡轮转速传感器会一直有磁电信号波形输出（图 9-69）。

通过把输入涡轮转速信号和中间轴齿轮转速信号相比较，发动机和变速器 ECU 根据各种情况决定齿轮换挡时间并合适地控制发动机扭矩和液压，从而实现平稳换挡。

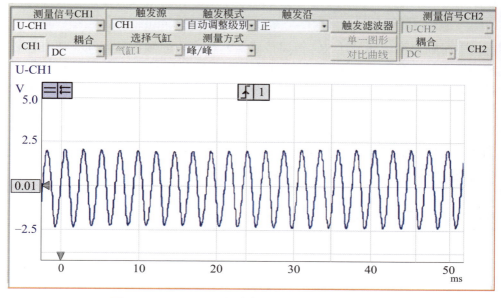

图 9-69　发动机怠速时输入涡轮转速传感器信号

换挡挡位于除 P、N 之外的任一位置（D、2、L 或 R）时，如果车辆没有开动的话，输入轴处于静止状态（不旋转），此时从 NT 转速传感器得到的信号一直为零，如图 9-70 所示。

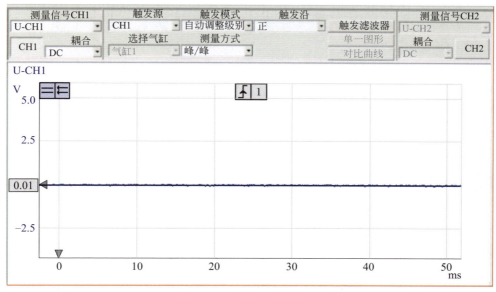

图 9-70　除 P、N 挡外汽车停止不动时的输入涡轮转速传感器信号

2. 中间轴速度传感器波形分析

中间轴速度传感器（NC 转速传感器）检测中间轴齿轮转速，通过比较中间轴齿轮转速信号（NC）和直接离合器速度传感器（NT），ECM 根据各种情况决定齿轮换挡时间并合适地控制发动机转矩和液压，从而实现平稳换挡。

当车辆静止不动时，中间轴速度传感器信号始终为零。随车速增加，中间轴速度传感器信号的频率、幅值均增加。如图 9-71 所示是当车速达到 30km/h 时测得的中间轴速度传感器的信号波形。

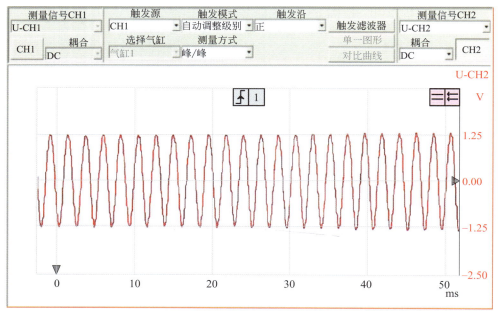

图 9-71　当车速达到 30km/h 时测得的中间轴速度传感器的信号波形

3. 车速传感器波形分析

（1）舌簧开关类型

此传感器位于模拟式组合仪表内，车速表拉索被它的四周磁铁所环绕，磁铁 N 极和 S 极有四处互换磁力位置，磁力随磁铁转动而变化，开启和闭合簧片开关的触点。换句话说，车速表拉索每转一圈，簧片开关将"通"和"断"四次。

(2) 光电偶合器类型

此传感器位于组合仪表内,并装有光敏晶体管和发光二极管(LED)所构成的光电耦合器。LED 发出的光被转动的槽轮反复地挡住和通过。槽轮四周共有 20 条槽。电缆每转一圈将会产生 20 个脉冲信号。

(3) 电磁感应类型

此传感器附装在变速器上,探测变速器输出轴的转速。当变速器输出轴转动时,线圈的核和转子之间的间隙,因转子齿的作用而扩大和缩小。这样会使穿过核的磁场增大和缩小,在线圈内产生电压(图 9-72)。车速传感器探测车辆正在行驶的实际速度,此传感器输出 SPD 信号,而发动机 ECU 则主要使用此信号来控制 ISC 系统和加速或减速时的空燃比,以及其他用途。

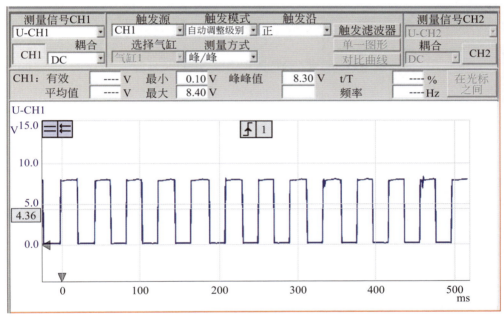

图 9-72　磁阻元件(MRE)型车速传感器的信号波形

如图 9-73 所示为组合仪表内的车速传感器信号波形,其信号波形也属于方波脉冲信号,该信号是 ABS 控制单元从驱动轮取得的轮速信号,并将两个驱动轮的转速速度相加后,再除以二得出的轮速信号,经过 4∶1 的降速处理之后,然后传输给组合仪表,组合仪表再按 4∶1 的比例处理后得到如图 9-73 所示的波形,这是车速为 20km/h 时从发动机 ECU 处测得的 SPD 信号波形。

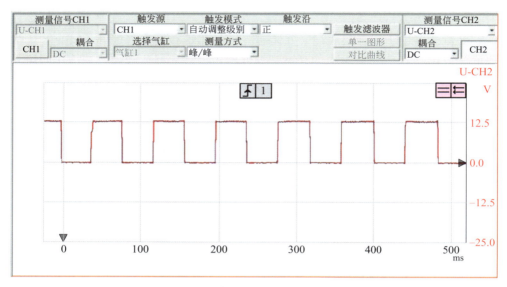

图 9-73　组合仪表内的车速传感器的信号波形

第十章 汽车执行器波形

一、VVT 电磁阀波形

VVT 电磁阀一般通过主继电器供电,发动机电脑板通过占空比控制接地,从而控制电磁阀的电流。电磁阀线圈产生磁场,改变阀芯的位置,控制油道的通路,让机油压力推动 VVT 执行器调节凸轮轴位置,从而实现配气相位的改变。

VVT 电磁阀的作用是根据发动机的运行情况,调整进气(排气)的量和气门开合时间及角度,使进入的空气量达到最佳,提高燃烧效率。

1. VVT 电磁阀工作原理

❶ 活塞式发动机通常通过提升(节流)阀来进气与排气,提升阀直接或间接地被凸轮轴上的凸轮驱动。在每个进气和排气循环中,凸轮驱动气门打开(升程)一定时间(重叠时间)。

❷ 在高转速下,发动机需要更多的空气,但是进气气门可能在所需空气完全进入前关闭,造成性能降低,因此气门打开和关闭的正时十分重要。

❸ 持续打开的气门会导致燃料未经燃烧便排出发动机,会降低发动机的性能并增加排气污染,所以赛车用发动机怠速不能过低。另外,如果凸轮持续令气门打开较长时间,像赛车的情况,在发动机较低转速下便会出现问题。

❹ 曲轴通过正时皮带、齿轮或链条来驱动凸轮轴,凸轮轴上凸轮的轮廓与位置是为特定的发动机转速而优化的,通常这会降低发动机在低转速情况下的扭矩和高转速情况下的功率。VVT 技术能够使其根据发动机工况进行改变,提高发动机的效率与动力。

2. VVT 电磁阀波形分析

(1)点火开关打开时可变配气正时控制信号

具备凸轮轴可变配气相位功能的发动机,点火开关打开时可变配气正时控制阀的信号波形如图 10-1 所示。

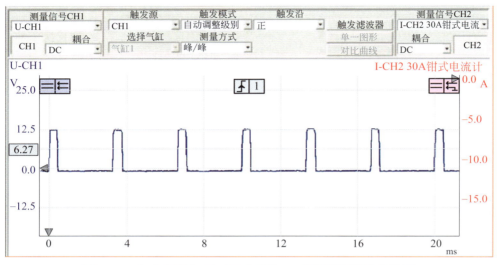

图 10-1　点火开关打开时可变配气正时控制阀的信号波形

（2）怠速时可变配气正时控制信号

怠速时可变配气正时控制信号的波形如图 10-2 所示，此时进气凸轮轴处于最大延迟位置。

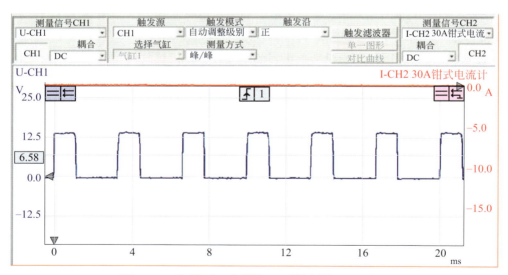

图 10-2　怠速时可变配气正时控制信号的波形

怠速时发动机电脑通过一个很小的占空比控制 VVT 电磁阀，每次电磁阀负极接地时，电磁阀的电流就会上升（图 10-3）。

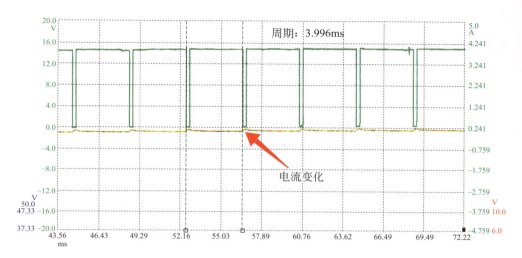

图 10-3　怠速时电磁阀负极的波形和电流

点火装置的核心部件是点火线圈和开关装置，提高点火线圈的能量，火花塞就能产生足够能量的火花，这是点火装置适应现代发动机运行的基本条件。

将火花塞需要跳火的能量存储在点火线圈的磁场中，并将电源提供的低电压转变为足以产生击穿电极实现点火的高电压。

1. 点火线圈工作原理

当初级线圈接通电源时，随着电流的增加，四周产生一个很强的磁场，铁芯储存了磁场能；当开关装置使初级线圈电路断开时，初级线圈的磁场迅速衰减，次级线圈就会感应出很高的电压。初级线圈的磁场消失速度越快，电流断开瞬间的电流越大，两个线圈的匝数比越大，则次级线圈感应出来的电压越高。

点火线圈里面有两组线圈，分别为初级线圈和次级线圈。初级线圈用较粗的漆包线包裹，通常用厚度为 0.5～1mm 的漆包线绕 200～500 匝；次级线圈用较细的漆包线包裹，通常用厚度为 0.1mm 左右的漆包线绕 15000～25000 匝。

初级线圈一端与车上蓄电池正极连接，另一端由电脑控制接地。次级线圈一端接地，另一端与火花塞连接。

2. 初级点火波形的作用及分类

初级点火波形可反映点火线圈的好坏，及初级电容或点火器的好坏。

通过电压波形变化，可以看到点火线圈的初级电流的导通时间及导通时的电路压降，发现点火线圈和点火器的损坏，以及电路短路、断路、接触不良等故障。

（1）单缸点火初级波形（常规点火系统）

常规点火系统的单缸初级电压波形，在出现部分燃烧时一般会有大量的杂波产生，见图10-4中箭头。通过观察单缸点火初级波形，可以对单一气缸的初级电路进行分析。

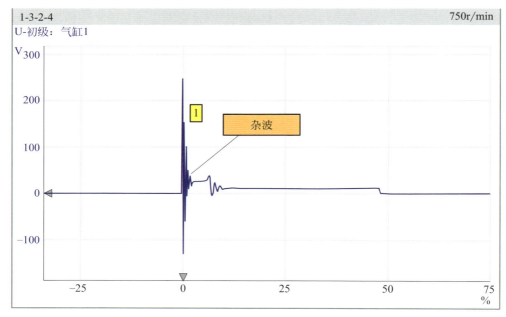

图10-4　单缸点火初级波形（常规点火系统）

（2）单缸点火初级波形（电子点火）

相对于常规点火，电子点火系统的初级波形，触点闭合部分以及燃烧线比较干净，见图10-5。通过观察单缸点火初级波形，可以对单一气缸的初级电路进行分析。

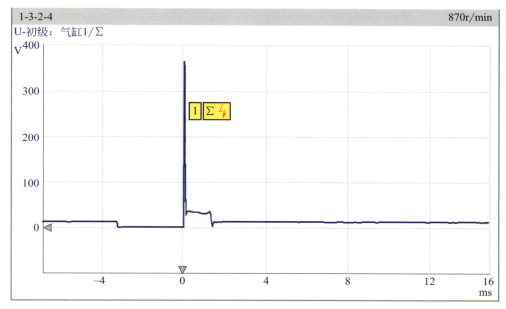

图 10-5 单缸点火初级波形（电子点火）

（3）初级点火波形（平列波）

在屏幕上从左至右按点火次序将各缸点火波形首尾相连排成一字形，称为多缸平列波，如图 10-6 所示。

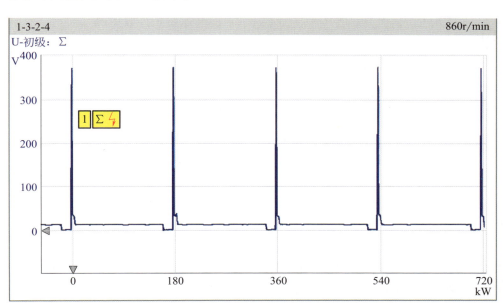

图 10-6 初级点火波形（平列波）

让发动机怠速运转、急加速或路试汽车，使行驶性能或点火不良等故障现象再现，并确认各缸信号的幅值、频率、形状和脉冲宽度等判定性尺度是否一致。

（4）初级点火波形（并列波）

在屏幕上从上到下按点火次序将各缸点火波形的首部对齐并分别放置，称为多缸并列波。

如图10-7所示，在并列波形图中，可以看到各缸并列波的全貌，便于分析各缸闭合角和开启角及各缸火花塞的工作状态。从初级并列波上也很容易测出各缸间的重叠角。对于传统点火系统，发动机触点闭合角的标准值：四缸发动机为40°～45°；六缸发动机为38°～42°；八缸发动机为29°～32°。

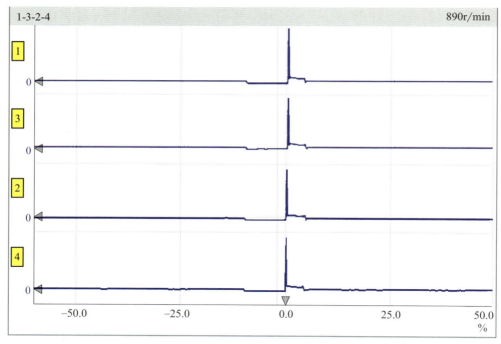

图10-7　初级点火波形（并列波）

（5）初级点火波形（全适配）

初级点火（全适配）是将初级点火系统的各项数据以柱状图的形式显示出来，如图10-8所示。通过柱状图可以更容易地看到各项数据，快速判断系统状况的好与坏。

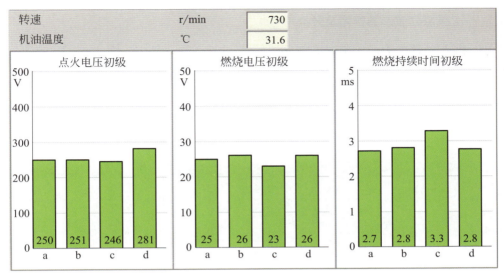

图 10-8　初级点火波形（全适配）

(6) 连续点火控制波形

相对常规的一次点火控制方式，连续点火控制技术是使每个气缸工作过程中产生连续两个以上甚至几十个高压火花，能够使放电时间所覆盖曲轴旋转的角度延长十几倍（怠速工况），也就是气缸的每个工作过程产生一串火花而不是仅一个火花。在初级波形中可以观察到这种连续的点火控制波形，如图 10-9 所示。

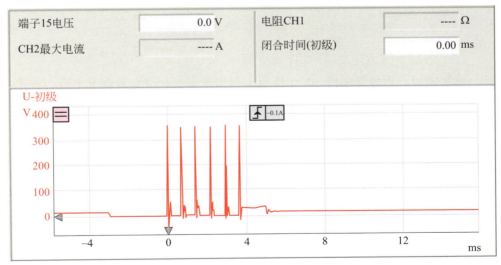

图 10-9　连续点火控制波形

第十章　汽车执行器波形

3. 次级点火波形的作用及分类

（1）单缸次级点火波形（常规点火）

如图10-10所示为单缸次级点火波形。由于采用白金触点作为初级电路的触发，而白金触点在结合以及断开时，存在触点火花，所以在常规点火波形中可以看到，触点闭合时，伴随有闭合振荡；而在白金触点断开时，通常还可以看到由于白金间的火花导致的次级击穿电压前产生的杂波。

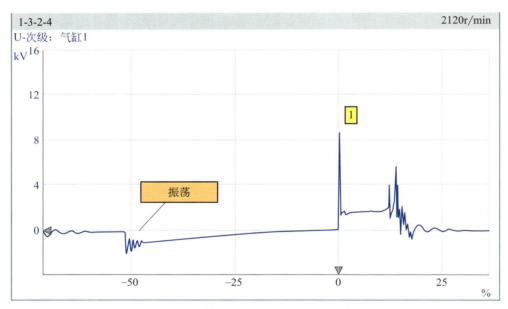

图10-10　单缸次级点火波形（常规点火）

（2）单缸次级点火波形（电子点火）

单缸次级点火波形如图10-11所示。与传统点火系统有着许多不同，首先，由于采用大功率三极管代替传统点火的白金，所以在触点闭合时闭合振荡波减少甚至消失；其次，在大功率三极管截止时，没有了类似白金间火花的影响，初级电流消失迅速，次级电压得以迅速建立。

（3）次级点火波形（平列波）

在屏幕上从左至右按点火次序将各缸点火波形首尾相连排成一字形，称为多缸平列波。

如图10-12所示为次级点火波形，其作用是用以分析次级电压的故障，各缸次级击穿电压是否均衡，火花电压是否有差异。各缸点火高压值一般为8～15kV，各缸相差应不超过2kV。

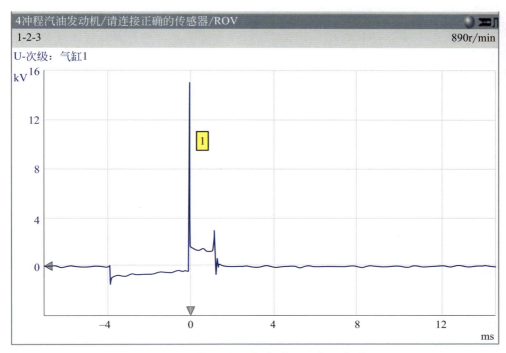

图 10-11　单缸次级点火波形（电子点火）

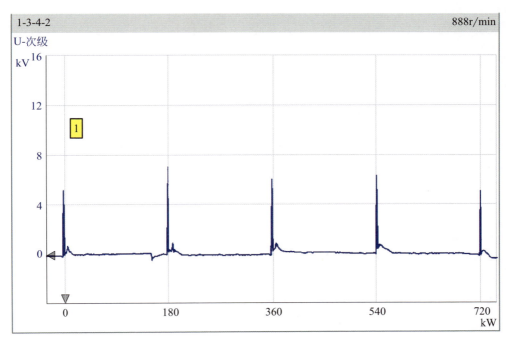

图 10-12　次级点火波形（平列波）

（4）次级点火波形（并列波）

在屏幕上从上到下按点火次序将各缸点火波形的首部对齐并分别放置，称为多缸并列波。通过这种波形图可以看到各缸并列波的全貌，便于分析各缸闭合角和开启角及各缸火花塞的工作状态，如图10-13所示。

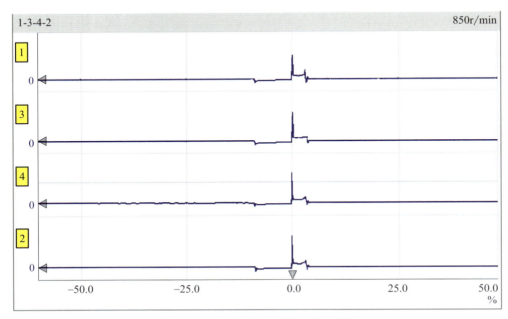

图10-13　次级点火波形（并列波）

（5）次级点火波形（重叠波）

在屏幕上将各缸点火波形的首部对齐并重叠在一个水平线上称为多缸重叠波，如图10-14所示。

如果触点式点火系统的分电器凸轮磨损不均匀或凸轮轴磨损严重，将会造成波形重叠不良，重叠角过大。由于重叠角直接影响各缸点火提前角的大小，对发动机动力性影响较大，所以一般重叠角不能超过3°。

（6）次级点火波形（波形倒置）

通常的次级点火波形图是自下往上上升，点火电压峰值较高。当点火线圈的初级线圈极性接反时，会产生与此相反的波形，即点火波形是自上往下衰减的，点火电压峰值降低。当点火线圈极性适当时使火花塞发火所需的电压较低。如果极性颠倒，则需要更高的电压才能触发火花塞产生火花，一般要高20%～40%。所以点火线圈极性接反会导致发动机启动困难或点火不正确，如图10-15所示。

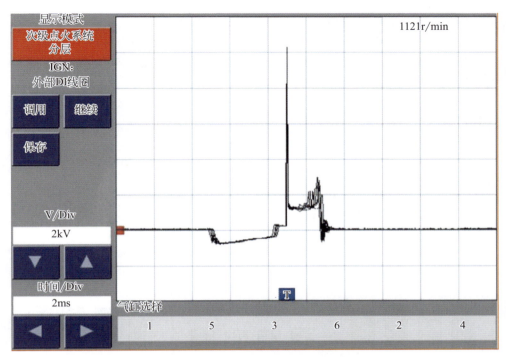

图 10-14 次级点火波形（重叠波）

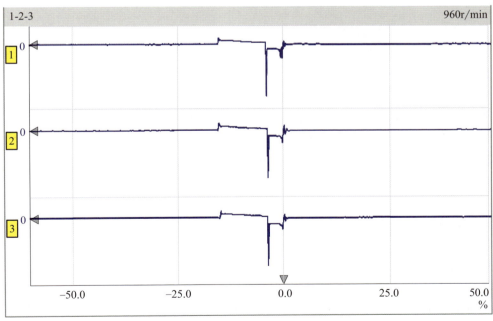

图 10-15 三缸发动机次级点火波形（波形倒置）

(7) 次级点火 (全适配)

如图 10-16 所示, 次级点火 (全适配) 是利用柱状图的形式将各个气缸的击穿电压、燃烧电压以及燃烧时间表现出来, 直观易读, 是技术人员对点火系统进行测试时比较方便的检测手段。

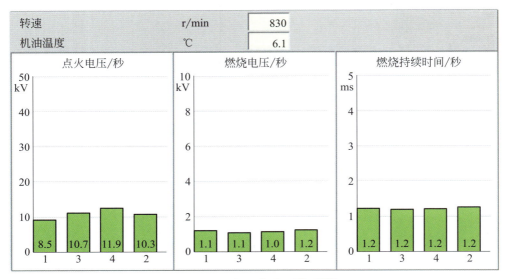

图 10-16　次级点火 (全适配)

(8) 双电子点火波形

一套点火线圈和点火输出级作用在两个气缸上。次级绕组的每一端都连接着一个火花塞。会发生一个缸在循环中点火两次, 一次是在压缩过程末期, 是有效点火, 该工况下因气缸的充量为新鲜可燃混合气, 电离程度低, 因而击穿电压和燃烧电压较高; 另一次是在排气过程末期, 是无效点火, 该工况下因气缸内为燃烧废气, 电离程度高, 因而击穿电压及燃烧电压较低, 如图 10-17 所示。但需要注意的是, 必须确保在排气行程中所产生的点火火花, 既不点燃残余的混合气, 又不点燃新鲜的混合气, 所以对点火提前角调整的范围有一定的限制。

(9) 连续点火次级波形

由于增加点火次数和延长放电时间, 向混合气提供了更多的点火能量, 同时连续击穿放电产生较强的电磁场, 这些都使混合气中的氧分子吸收大量能量而转化为活化氧分子、新生氧原子和臭氧。活化氧原子键均比普通氧分子键容易断裂, 它们和新生态氧原子都表现出较强的化学活泼性, 强烈地参与同汽油类分子的氧化反应, 这样就使得反应速率加快, 燃烧更加充分 (图 10-18)。

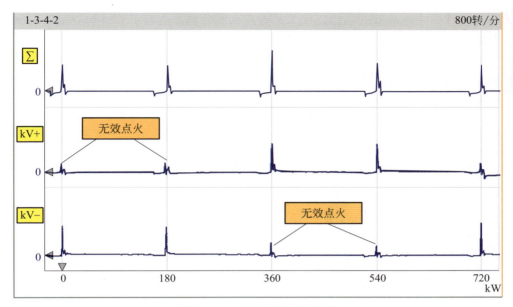

图 10-17　双电子点火波形

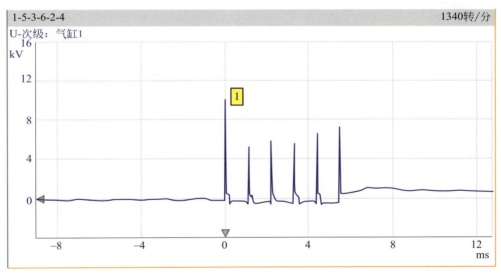

图 10-18　连续点火次级波形

4. 初级点火波形分析

（1）初级点火电压波形分析

确认各缸幅值、频率、形状和脉冲宽度等判定性尺度的一致性。观察相应

第十章　汽车执行器波形　175

特定部件的波形部分的问题，核实初级点火闭合角是否在厂家资料规定的范围以内。如图10-19所示为初级点火波形分析。

总体来说，应该密切注意当发动机负荷和转速变化时闭合角（脉冲宽度）的变化情况。同样用动态峰值检测显示方式检测初级点火闭合角波形对发现各缸点火过程中的间歇性故障也非常有效。

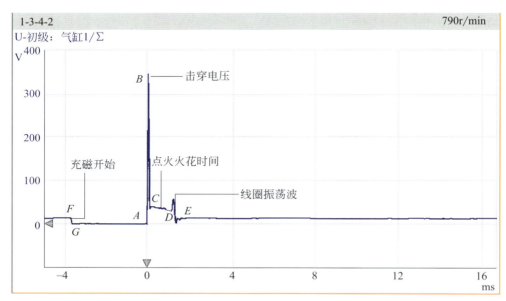

图10-19 初级点火波形分析

❶ 充磁开始。FG触点闭合后，先是产生次级闭合振荡，而后次级电压由一定的负值逐渐变化到零。当至A点时，触点又打开，次级电路又产生点火电压。

❷ 击穿电压。在断电器触点打开的瞬间，由于初级电流下降至零，磁通也迅速减小，于是次级线圈产生的电压急剧上升，当次级电压还未达到最大值时，就将火花塞间隙击穿。击穿火花塞间隙的电压称为击穿电压（点火电压），如图10-19中AB线，AB线也称为点火线。

❸ 燃烧电压。在火花塞间隙被击穿时，两电极之间要出现火花放电，同时次级电压骤然下降，BC阶段为此时的放电电压，也称为燃烧电压。

❹ 燃烧时间。火花塞电极间隙被击穿后，通过电极间隙的电流迅速增加，致使两极间隙中的可燃气体发生电离，引起火花放电，CD线称为火花线。

❺ 低频振荡。一旦点火线圈的电压降到维持火花所需的电压以下，便开始了低频振荡区域（点火线圈振荡），它表明点火线圈的剩余电压是如何下降为零

的。在火花刚一结束的时候，点火线圈内会存储相当小的电压。点火线圈内的这部分剩余电压会在初级电路中不断改变方向直到降到零为止。

> **注意**
> 代表点火线圈振荡部分的曲线高度（DE 线）不断减小，直至点火线圈电压降到零为止。

❻ 击穿电压线。观察各缸点火击穿峰值电压高度是否相对一致。

任何一缸与其他各缸击穿电压峰值高度的偏差都意味着可能有故障存在。

如果一个缸的点火峰值电压明显比其他缸高出很多，则说明这个气缸的点火次级线路中电阻过高，这可能是点火高压线开路或阻值太高。

如果一个缸的点火峰值电压比其他缸低，则表明点火高压线短路或火花塞间隙过小、火花塞破裂或污浊。

一般第一缸点火峰值显示在最左侧，其他各缸按点火顺序依次从左至右排列。

初级电路电阻过高或者电压过低，能引起烃类化合物排放过多，以及正常怠速转速下加载时缺火。

> **注意**
> 检查点火线圈接线柱处的电压是否和蓄电池电压一致，如初级电压下降，将导致次级输出电压下降。通常，初级电压下降 1V 将会使次级电压下降 5kV。

（2）初级点火电流波形分析

当点火线圈短路或点火模块开关晶体管有故障时，可以用以下几种方法进行诊断：对初级点火线圈进行静态测量；对初级点火线圈进行动态测量，包括在工作状态下用分析电流波形的方法测试电流值（安培）。

另外，在初级点火线圈电流测试中，可以对点火模块开关晶体管的工作状况进行检查，即对点火模块电流极限进行测试，它能够确认在点火模块开关晶体管中的电路运行极限电流是否合适。

但是，要进行上述试验需要使用汽车示波器的电流钳。因为它可以使汽车示波器的内部设置不做任何改动，只需做初始设置就可以进行电流测试。

而且在任何时候，这种电流钳都可以用来检查电磁阀线圈（喷油器等）、点火线圈或开关电路的电流大小，汽车示波器还可以在显示波形的同时用数字的方式显示最大电流的数值。

❶ 初级点火电流波形分析。当电流开始流入初级点火线圈时，由于线圈特定的电阻和电感特性，引起波形以一定的斜率上升，波形上升的斜率是关键所在。

通常初级点火线圈电流波形会以 60°角上升（在 20ms/ 格时基下）。

大多数初级点火电路会先提供 5～6A 的电流给点火线圈，当到达允许最大电流时，点火模块中的限流电路（恒流控制）就开始起作用。从而使得波形顶部变平，并且在初级点火线圈的"导通时间"（或闭合角）内电流波形的顶部一直应保持平直，如图 10-20 所示。

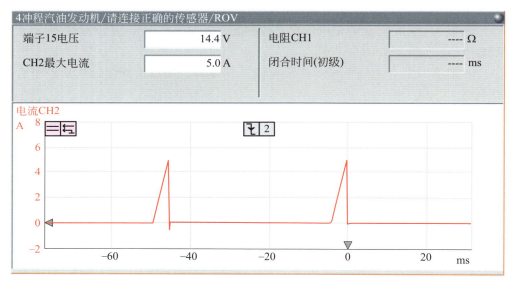

图 10-20　初级点火电流波形

而当点火模块关断电流时，电流波形几乎是垂直下降的，直到 0A。以上过程在每一个点火循环中应重复出现。

当电流开始流入点火线圈时，观察点火线圈的电流波形。

如果在其左侧几乎是垂直上升的，这就说明点火线圈的电阻太小（短路），这样则会造成行驶性能故障，并损坏点火模块中的开关晶体管。

而且电流波形的初始上升达到峰值的时间通常是不变的，这是由于使一个好的点火线圈充满电流，所用的时间应是保持不变的（随温度可能有轻微变化）。

发动机控制电脑可以通过点火模块增加或减少点火线圈的导通时间，从而控制流入点火线圈的电流大小。

在传统点火系统中，初级点火电流波形和电子点火系统不同，其电流增加，不是直线上升，而是呈曲线上升。电流截止时，下降沿几乎垂直，如图10-21所示。

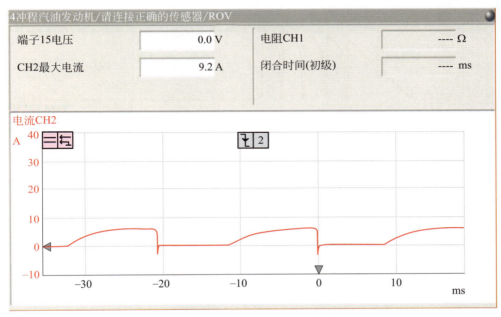

图 10-21　传统点火初级电流波形

❷ 连续点火电流波形。如图10-22所示，相对于普通点火电流波形，连续点火技术采用的是电容放电方式进行的控制，从波形上看到，当电流增加到峰值，点火模块关断电流时，电流波形几乎是垂直下降的，直到0A。接下来，在极短的时间内，点火模块再次接通电路，使线圈再次充电1s左右，接着继续关断电流，根据发动机控制方式的不同，电流切断和接通的次数有所各异。随之，在次级电路中产生相应次数的次级点火。

（3）点火与点火反馈信号

❶ 点火（IGT）信号。发动机ECU根据G信号、NE信号以及其他各种传感器传来的信号确定点火正时。点火正时一旦确定，发动机ECU便将IGT信号传递给点火器。当传递给点火器的点火信号处于"开"的状态时，初级线圈电流流动至点火线圈。当点火信号关闭时，流向点火线圈的初级线圈电流被切断。同时，点火确认信号IGF被传递给发动机ECU。

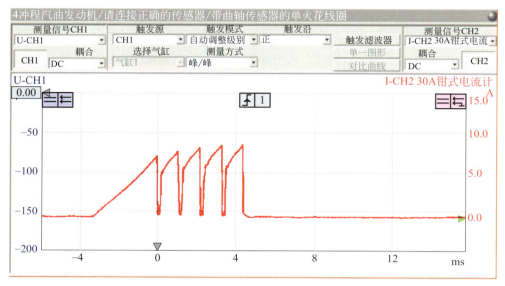

图 10-22 连续点火电流波形

目前使用的主要点火电路是直接点火系统（DIS）。发动机 ECU 按照点火次序，把各个点火信号传递给点火器，从而将高压电流分配至各气缸。这样，提供高度精确的点火正时控制就成为可能。

根据不同传感器的信号，发动机 ECU 计算优化点火正时并发送 IGT 信号到点火器。在发动机 ECU 中的微机计算点火正时前，IGT 信号被打开，然后断开；当 IGT 信号被断开时，火花塞点火，如图 10-23 所示。

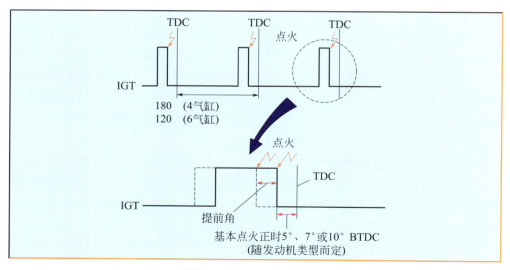

图 10-23 IGT 点火信号

红旗 V6 车型点火信号波形如图 10-24 所示。

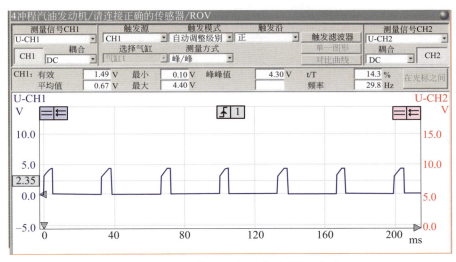

图 10-24　红旗 V6 车型点火信号波形

❷ 点火反馈（IGF）信号。点火器利用一个反电动势把一个 IGF 信号发送至发动机 ECU，此反电动势是通过施加在点火器线圈的初级电流被切断时或利用初级电流产生的。当发动机 ECU 接收到此 IGF 信号时，便确定已点火（然而，这并不意味着有实际的火花）。如果发动机 ECU 没有收到 IGF 信号，诊断功能故障码则被存入发动机 ECU，并且失效保护功能使燃油喷射停止，如图 10-25 所示。

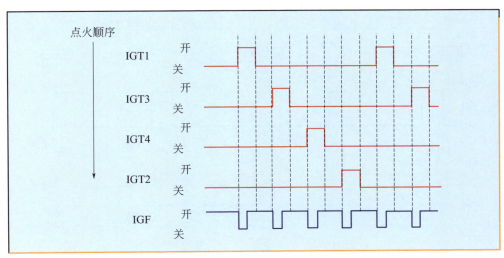

图 10-25　点火反馈信号

第十章　汽车执行器波形　181

点火反馈信号波形如图 10-26 所示。

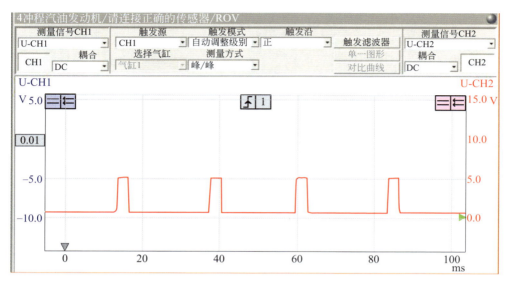

图 10-26　点火反馈信号波形

如图 10-27 所示为点火（蓝色）与点火反馈（红色）信号波形，从图中可以看出点火信号与反馈信号是一一对应的关系，只是信号的时长不一致。

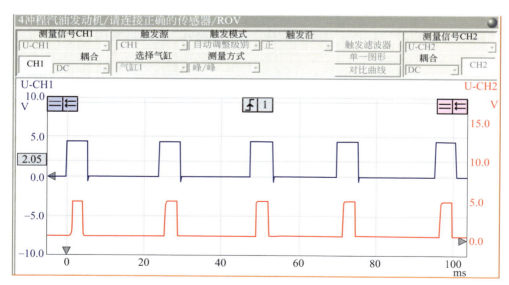

图 10-27　点火与点火反馈信号波形

❸ 点火信号与点火初级波形。如图 10-28 所示为点火信号（红色）与点火

线圈（蓝色）初级点火对应的波形，从图中可以看出，当发动机 ECU 发出点火控制信号时，初级线圈开始充电；当点火控制信号结束时，即初级线圈中的电流被切断，此时初级线圈中产生感生电动势，次级高压点火产生。

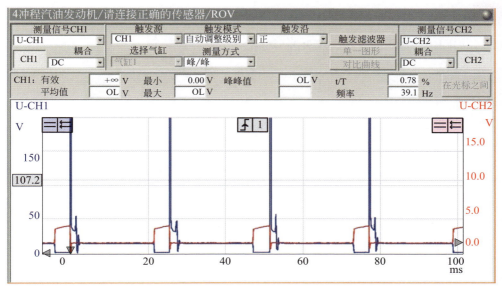

图 10-28　点火信号与点火线圈初级点火对应的波形

如图 10-29 所示为单缸点火信号与初级点火波形的对应波形，从波形上可以

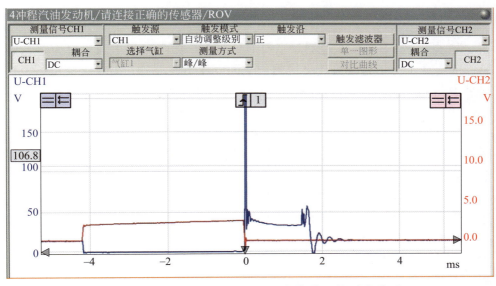

图 10-29　单缸点火信号与初级点火波形的对应波形

清楚地看到，点火信号出现时（红色曲线），初级线圈开始充电（蓝色波形），当点火控制信号截止时，即初级线圈供电中止时，此时在初级线圈中产生一个自感电动势，在线圈互感作用下，次级线圈产生一个高的感生电压。

5. 次级点火波形分析

如图 10-30 所示为次级点火波形分析。

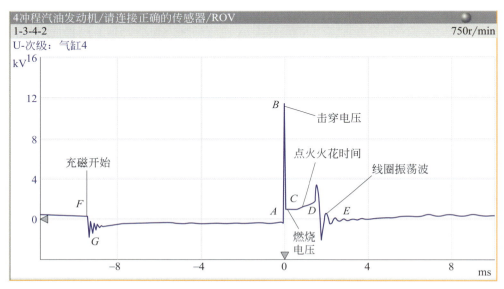

图 10-30　次级点火波形分析

❶ 点火线 AB。在断电器触点打开的瞬间，由于初级电流下降至零，磁通也迅速减小，于是次级点火线圈产生的电压急剧上升，当次级电压还未达到最大值时，就将火花塞间隙击穿。击穿火花塞间隙的电压称为击穿电压（点火电压）。

❷ 燃烧电压 BC。在火花塞间隙被击穿时，两电极之间要出现火花放电，同时次级电压骤然下降，BC 表示此时的放电电压，也称为燃烧电压（火花电压）。

❸ 火花线 CD。火花塞电极间隙被击穿后，通过电极间隙的电流迅速增加，致使两极间隙中的可燃气体发生电离，引起火花放电，CD 线称为燃烧线或火花线。

在火花塞间隙被击穿的同时，储存在分布电容中的能量迅速释放，故 ABC 段称为"电容放电"。其特点是放电时间极短，放电电流很大，所以 A、C 两点基本是在同一垂线上。电容放电时，伴有迅速消失的高频振荡，频率为 $10^6 \sim 10^7$Hz，电容放电消耗磁场能的大部分，剩余磁场能所维持的放电称为"电感放电"。其特点是放电电压低，放电电流较小，持续时间较长，但振荡频率仍然较高。所以，整个 ABC 段波形为高频振荡。

❹ 点火线圈振荡 DE。一旦点火线圈的电压降到维持火花所需的电压以下，便开始了低频振荡区域（点火线圈振荡），它表明点火线圈的剩余电压是如何下降为零的。在火花刚一结束的时候，点火线圈内会存储相当小的电压。这个剩余的电压会向初级线圈充电，线圈内随之产生磁场，而这个充电、磁场产生过程中，能量不断损耗。点火线圈内的这部分剩余电压会在初级电路中不断改变方向，直到降到零为止。

注意

代表点火线圈振荡部分的曲线高度不断减小，直至点火线圈电压降到零为止。

❺ FG。电气触点闭合，点火线圈初级电路又有电流通过，次级电路导致一个负电压。

❻ GA。电气触点闭合后，先是产生次级闭合振荡，而后次级电压由一定的负值逐渐变化到零。当至 A 点时，电气触点又打开，次级电路又产生点火电压。

❼ 击穿电压。点火线圈可以产生 35kV 左右的电压，正常的点火只需 $4 \sim 17$kV 的电压（如图 10-30 中 B 点），这主要是用来克服次级回路中的电阻（包括中央高压线、分电器、分缸线、火花塞的固体电阻、气缸内的压力以及气体成分的空气隙电阻）。其余的能量用来延长燃烧时间。如果储备电压不足或消耗在其他方面（如高压线电阻过大），则燃烧时间减少，进而导致混合气不完全燃烧，发动机工作不良。

观察击穿电压波形高度的一致性，如果击穿电压太高（甚至超过了示波器的显示屏），表明在次级点火电路中电阻值过高（如开路或损坏的火花塞、开路的高压线或是火花塞间隙过大），如果击穿电压太低，表明次级点火电路电阻低于正常值（受污损或破裂的火花塞、阻值过低的火花塞或高压线漏电等）。

当点火时刻过晚时，缸内压力过高，此时也会出现击穿电压过高的情况。

当由于进气歧管漏气、进气门密封不良或喷油器堵塞导致混合气出现过稀的情况时，多数情况下击穿电压会高于正常值。在部分发动机上，此电压的变化可能不明显。

在急加速或高负荷时，由于燃烧压力的增加，使火花塞发火所需的电压增大，即击穿电压升高。当出现有负荷时断火或急加速时所有气缸的点火峰值都低的情况，说明点火线圈不良。

火花塞不良时，由于火花塞分流电阻的存在，产生电压泄漏的情况，会导致加速过程中单缸击穿电压不再升高。正常情况下，记录发动机怠速时的点火电压，然后快速打开节气门（突然加速），在检查击穿电压一致性的同时，记录下击穿电压波形升高的高度。在突然加速时，正常的电压升高值一般为3～4kV。

通过击穿电压曲线图可以对每个气缸点火系统的击穿电压做出比较，如果所有气缸击穿电压都偏低，则说明点火线圈不良。

如图10-31所示，1缸击穿电压在发动机怠速至加速过程中，均保持在一个较低的电压上，为1缸火花塞不良造成的。

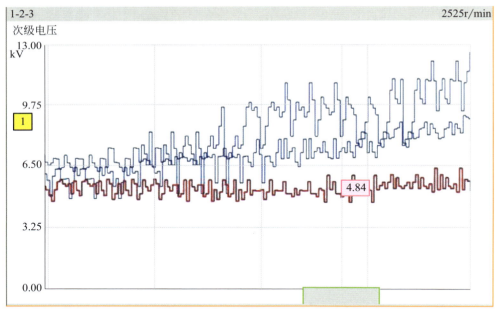

图10-31　击穿电压变化趋势（3缸发动机）

❽ 燃烧电压。观察跳火或燃烧电压的相对一致性，它说明的是火花塞工作和各缸空燃比正常与否，如果混合气太浓，燃烧电压就比正常值低一些。

如果火花塞有污浊或积炭，在火花塞分流电阻的作用下，由于次级电压的泄漏，火花塞的起点就会上下跳动，燃烧电压高，火花线明显会向下倾斜。

当次级回路出现高压线断路、火花塞电阻过大的情况时，燃烧电压会明显高于正常值。

观察跳火或燃烧电压的相对一致性，它说明的是火花塞工作和各缸空燃比正常与否，如果混合气太稀，燃烧电压就比正常值高一些。如图 10-32 中 1 缸燃烧电压远高于其他缸，这是火花塞不良造成的燃烧电压过高的情况。

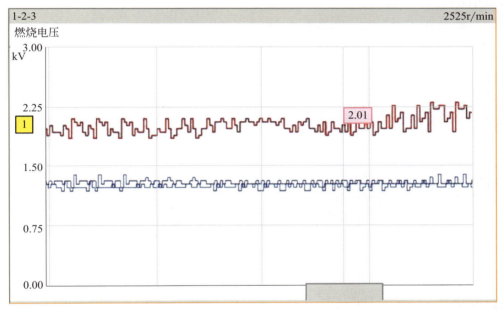

图 10-32　燃烧电压变化趋势（3 缸发动机）

❾ 燃烧线。观察点火部分的火花线是否近似水平，火花线的起点是否和燃烧电压一致且稳定，如一致，表明各缸的空燃比一致，火花塞是正常的。

观察跳火或燃烧线，应十分"干净"，即燃烧线上应没有过多的杂波。过多的杂波表明气缸点火不良，或由于点火过早、喷油器损坏、火花塞污浊以及其他等原因。

燃烧时间的长短主要和次级回路中的电阻值大小有关，当电阻值过大导致击穿电压过高时，用于进行保持火花持续的时间就会缩短。燃烧线的持续时间长度也与气缸内混合气浓或稀有关。混合气浓时燃烧线长（通常超过 2ms），混合气稀时燃烧线短（通常少于 0.75ms）。通过并列波观察各缸火花线的长度，对于独立点火系统，当某缸击穿电压正常，但火花持续时间过短时，通常是点火线圈性能下降所致。

燃油混合气过稀会导致火花线末端向上倾斜。通常，气缸内混合气越稀，火花线就越陡。混合气过稀也会导致异常的粗糙、锯齿状或不规则的火花线。

急加速时，燃烧时间应该比怠速时短，因为急加速时进的混合气要比正常时少，击穿电压高于正常值，燃烧电压也会高于正常值，稀的混合气使得燃烧速度放慢，火花持续时间缩短。除了与气缸内混合气浓或稀有关外，还与火花塞的状况有着直接的关系。

如图10-33中1缸火花塞不良时，击穿电压过低，燃烧电压偏高，燃烧时间相对较短。

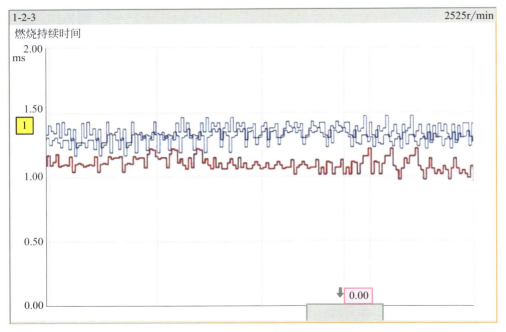

图10-33 燃烧时间变化趋势（3缸发动机）

⑩ 低频振荡。如图10-34所示，观察在燃烧线后面最少2个（一般多于3个）振荡波，这表明点火线圈和电容器（在白金点火系统中）是好的。

在火花刚一结束的时候，点火线圈内会存储相当小的电压。点火线圈内的这部分剩余电压会在初级电路中波动或者不断改变方向直到降到零为止。注意：波形中代表点火线圈振荡部分的高度不断减小，直至点火线圈电压降至0V为止。

⑪ 闭合角控制。闭合角区域的长度取决于控制模块接通或切断晶体管的时刻。有几个因素可能会影响接通或切断晶体管的时刻。现将其分成如下几类：

固定闭合角；可变闭合角；限流。

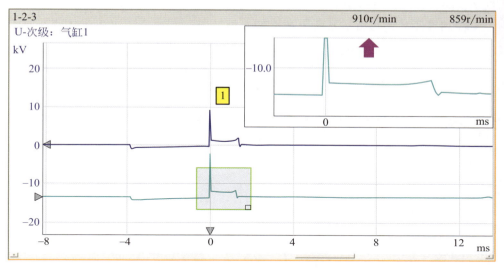

图 10-34　低频振荡（3 缸发动机）

传统式的断电器触点系统以及某些电子点火系统使用固定闭合角型系统。在这种系统中，闭合角的长短在发动机的各种转速下都是相同的。因此，如果发动机在怠速时的闭合角为 30°，在 2000r/min 时的闭合角也应该为 30°。这并不是说闭合角的实际时间长短是相同的。在 2000r/min 时 30° 的固定闭合角使得点火线圈的饱和时间只有 500r/min 时的 1/4。从示波器的波形上应该看到：在发动机转速变化时闭合角的角度或者闭合角所占的比例（%）仍然是相同的。

在大多数电子点火系统的控制模块内内置有可变闭合角功能。在这些系统中，闭合角会随着发动机转速的变化而有很大变化。在怠速和低速时，短的闭合时间便可提供足够的时间使点火线圈完全达到饱和。初级电流接通的信号和切断的信号之间的距离看起来很近，通常小于 20°。

随着发动机转速的增加，控制模块将闭合时间延长。这样就使点火模块达到饱和可用的时间增长。

尽管点火模块的可变闭合角功能发生故障后仍允许车辆运行的情况并不常见，但这是可能的。如果测试表明具有这种功能的系统的闭合角没有变化，则必须更换控制模块。

现代的许多电子点火系统具有限流特征。这些系统中极高的电流在几分之一秒的时间内流过初级绕组，从而使点火线圈快速达到饱和。点火线圈一旦达到饱和，便取消了对高电流的需求，使用小电流使点火线圈维持饱和。这种类型的系统延长了点火线圈的寿命。

控制模块使初级电流从大电流变回小电流时，在波形的闭合角区域可看到一个小的尖峰信号或者振荡信号，如图10-35所示。发动机在极高转速下，这个尖峰信号可能会消失，因为此时一直保持大电流以便使点火线圈持续饱和，从而快速点火。

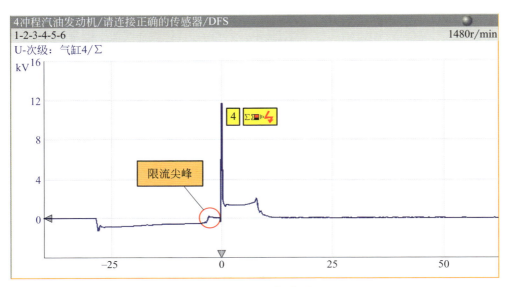

图 10-35　限流波形

在相反的极端情况下，如果点火线圈初级绕组的电阻过大或者点火线圈发生故障，限流尖峰可能永远不会出现，这是因为初级绕组绝不会完全饱和。需要进一步测试点火线圈以便找出尖峰信号丢失的具体原因。就可变闭合角功能来说，当控制模块的限流功能电阻烧毁或者发生故障时，车辆继续运行是可能的，这时尖峰信号也会从波形上消失。

6. 四线点火波形分析

以丰田车型点火线圈为例，它有四根线，一根为电源线，一根为接地线，一根为点火信号线，一根为反馈信号线。反馈信号线并联在一起，然后通过一根线到达电脑板。

如图10-36所示，红色波形为点火反馈信号，蓝色波形为点火信号。

发动机ECU发送一个3.9V的高电位点火信号给点火线圈，线圈开始充磁。发动机ECU断开三极管，点火信号变成0V，点火线圈的初级线圈断开，次级线圈产生高压电击穿火花塞。同时反馈线得到一个低电位的反馈信号给发动机ECU。

该反馈波形是反向的，可以看到反馈线在没有反馈信号的时候电压为5V，当有反馈信号时电压为0.8V左右。

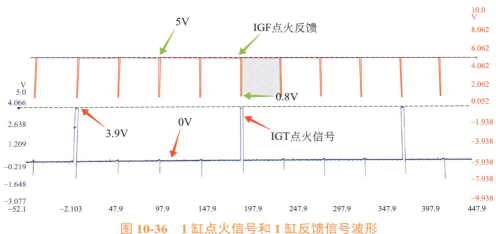

图10-36　1缸点火信号和1缸反馈信号波形

如图10-37所示，波形可以在一个点火循环内出现4次反馈信号，当电脑发送点火信号，并且出现1缸的反馈，说明点火事件已发生。

根据点火顺序1-3-4-2，那么一缸反馈过后则是3缸的线圈反馈，接着是4缸和2缸的反馈。出现四个点火反馈说明点火线圈已反馈。

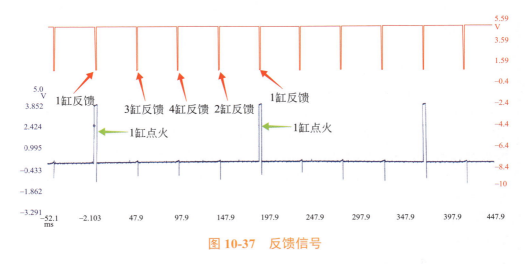

图10-37　反馈信号

如图10-38所示，当把4缸点火线圈拔掉之后，可以看到反馈波形中缺少了一个波形，按照点火顺序也就是缺少 4 缸的反馈，说明 4 缸点火线圈出现问题，没有工作，或者反馈线路出现了断路。

电脑没有收到 4 缸反馈信号，同时对该缸停止喷油。

所以不管是缺失一个反馈波形还是波形变得比其他缸的长，都说明这个缸有问题。

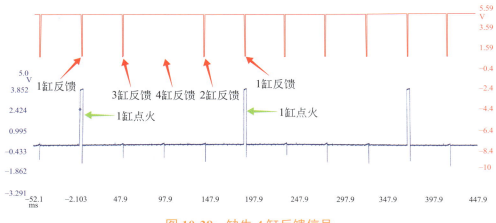

图 10-38　缺失 4 缸反馈信号

7. 初级/次级点火线圈故障波形分析

（1）初级点火线圈故障波形分析

❶ 线圈绝缘不良时的故障波形分析。如图 10-39 所示，由于点火线圈不良，导致在初级电流截止时，先产生一个 40V 左右的异常波动，随之在次级点火线圈波形中感应出一个 4kV 左右的峰值电压。这使点火能量损失，且点火时间发生变化，导致发动机加速不良。

❷ 高压线断路时的故障波形分析。如图 10-40 所示，高压线断路导致次级电路中固定电阻过大，以致击穿电压过高。同时，由于过高的回路电阻（固定电阻），导致电流流过次级回路阻力增大，燃烧电压过高，由于大部分能量消耗在克服次级回路中的电阻上，没有多余的残余能量来维持火花的持续放电，所以燃烧时间极短。而在次级回路中的这一波形变化，在初级波形中也有相应的感应波形。所以，在针对部分直接点火的发动机，尤其是不易测试次级点火系统的发动机，有时候可以根据初级点火波形对次级回路工作情况做出推断。

❸ 次级点火电磁干扰时的初级点火线圈电流波形。如图 10-41 所示，在电

流波形中有一个异常波动,经检查,在次级波形中存在异常点火波形,相应波动点与另一个点火线圈产生的次级电压相符,分析为点火电磁干扰。

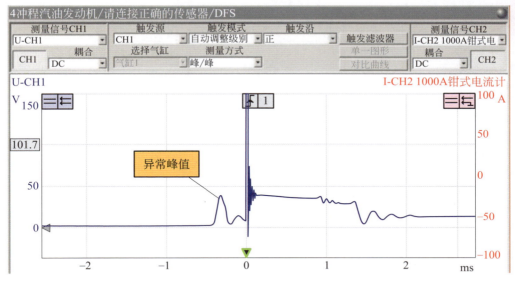

图 10-39　线圈绝缘不良时的故障波形分析

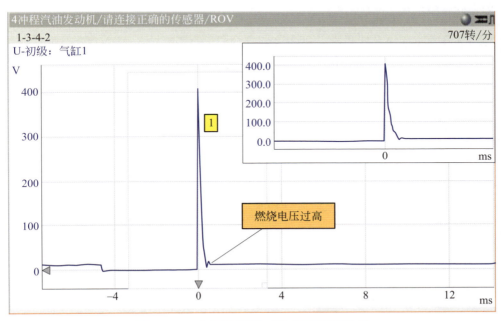

图 10-40　高压线断路时的故障波形分析

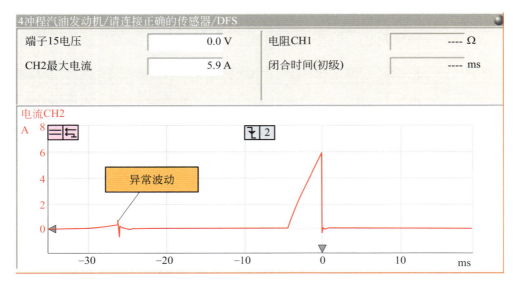

图 10-41　次级点火电磁干扰时的初级点火线圈电流波形

❹ 中央高压线断路时初级点火线圈电流波形。如图 10-42 所示，次级中央高压线断路，导致次级击穿电压过高，燃烧电压也过高，在初级电流波形中可以看到这个影响。即在电流截止后，有一个小的振荡。而当更换良好的高压线后，此杂波消失。

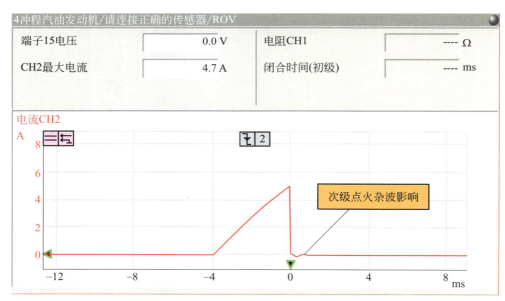

图 10-42　中央高压线断路造成的杂波

（2）次级点火线圈故障波形分析

❶ 火花塞间隙变大时的故障波形分析。某发动机正常次级点火电压在12kV左右，当人为调大火花塞间隙时，次级击穿电压达到15kV。当火花塞使用时间较长时，就会出现电极间隙由于烧蚀而变大的情况，此时出现的波形如图10-43所示。

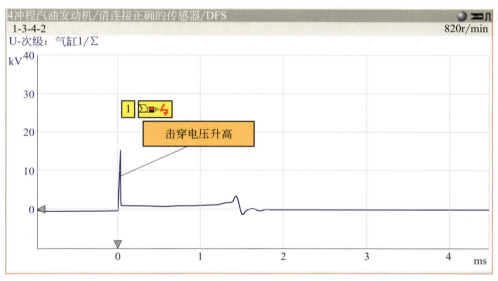

图10-43　火花塞间隙变大的波形

将工作正常的气缸次级点火波形与调大火花塞间隙后的波形进行对比。如图10-44所示，与图中绿色正常波形相比，蓝色波形是人为调大火花塞间隙时测得的波形。从图10-44中可以看出，击穿电压升高，燃烧电压升高，而燃烧时间则减少。

❷ 火花塞间隙变小时的故障波形分析。某发动机正常的次级点火电压在12kV左右，当人为调小火花塞间隙时，击穿电压降低到8kV左右，波形如图10-45所示。当在火花塞的安装过程中，由于操作不当，导致电极被机械碰伤，火花塞间隙变小时，就会出现击穿电压降低的情况，如果电极间隙极小时，可能会导致无高压火产生。

将工作正常的气缸的次级点火波形与调小火花塞间隙后的波形进行对比。如图10-46所示，其中绿色是正常波形，蓝色波形是人为调小火花塞间隙时测得的波形。从中可以看出，击穿电压明显降低，燃烧电压降低，而燃烧时间则增加。

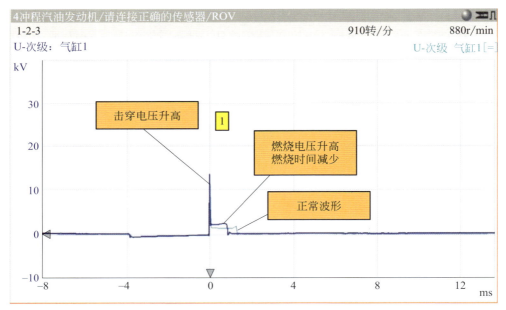

图 10-44　火花塞间隙大与正常间隙波形对比

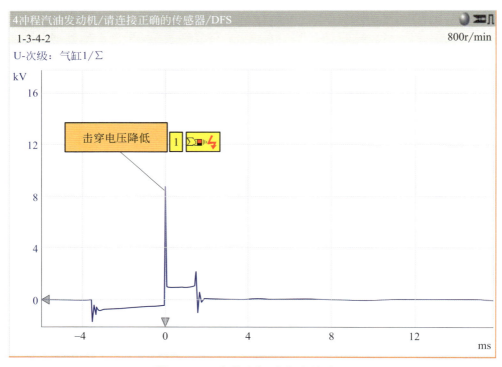

图 10-45　火花塞间隙变小的波形

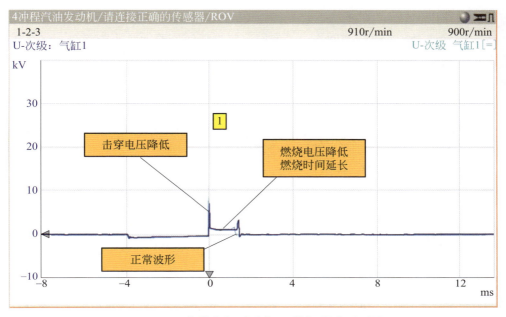

图 10-46　火花塞间隙小与正常间隙波形对比

❸ 火花塞不良时的故障波形分析。拆检火花塞，发现所有火花塞外表已经被机油浸泡。高压电从高压线与火花塞外壳处泄漏，这是因为火花塞外壳上的机油及其沉淀物形成了导体的通路。

如图 10-47 所示，在燃烧线上，出现大量起伏较大的电压波动，火花塞电极

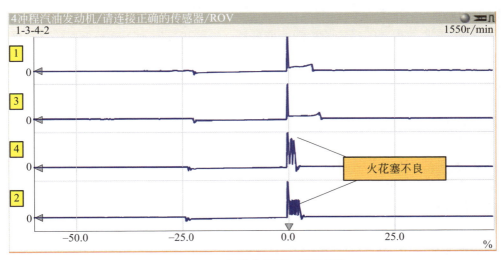

图 10-47　火花塞不良时的波形

间的火花出现熄灭，然后再次点燃的情况（尤其4缸比较明显）。点火线圈的能量大部分被消耗，燃烧时间不足。故障气缸燃烧时间略短于正常气缸，火花线上也有大量杂波出现。

❹ 火花塞油垢时的故障波形分析。如图10-48所示，1缸和2缸出现点火次级电压过低，1缸甚至无次级高压产生，为火花塞油垢导致。

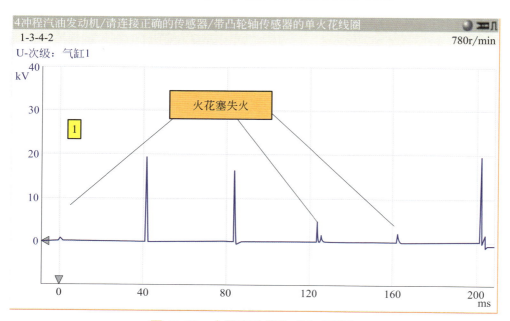

图10-48　火花塞油垢造成点火不良

❺ 火花塞积炭脏污时的故障波形分析。发动机1缸和3缸点火次级波形的击穿电压偏低，其故障波形如图10-49所示。检查火花塞表面，有积炭。

若积炭严重，在形成高压时，点火线圈的放电能量就会通过火花塞分流电阻的旁路泄走，使击穿电压降低。火花塞积炭时单缸次级波形如图10-50所示，可以看到，击穿电压降低，燃烧电压升高，燃烧线明显向下倾斜。

❻ 单缸高压线断路时的故障波形分析。如图10-51所示，该波形中燃烧电压较高，火花线向下倾斜，为单缸高压线断路所致。这是由于高压线断路时，造成次级电路的电阻增大，这样，维持火花塞电极间火花放电的电压就会增加，造成燃烧电压升高。

与此波形类似的是当火花塞不良时，也会形成类似波形，但是击穿电压和燃烧电压比高压线断路时的波形要低一些。

❼ 高压线短路的故障波形分析。

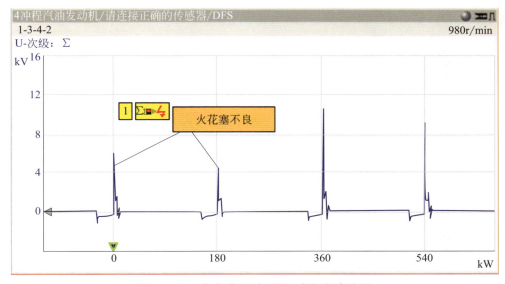

图 10-49　火花塞积炭脏污时的故障波形

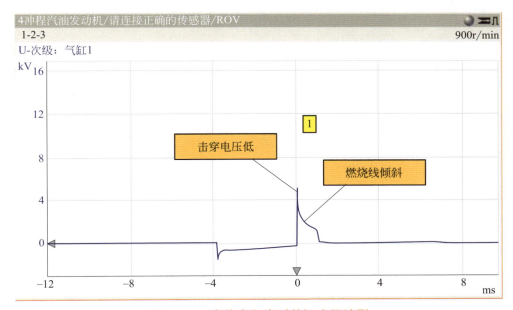

图 10-50　火花塞积炭时单缸次级波形

a. 轻微漏电。当单缸高压线出现绝缘皮损坏，对缸体外漏电时，视漏电程度，次级击穿电压呈现不同值。同样，当点火线圈中央接线柱发生漏电时，观察到的是所有气缸的击穿电压均偏低。

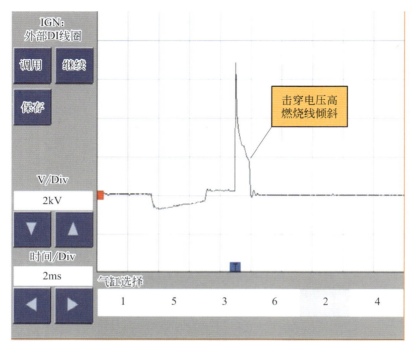

图 10-51　单缸高压线断路时的波形

正常次级击穿电压为 12kV，当出现轻微漏电时，电压值在 8～10kV 之间变化，见图 10-52。

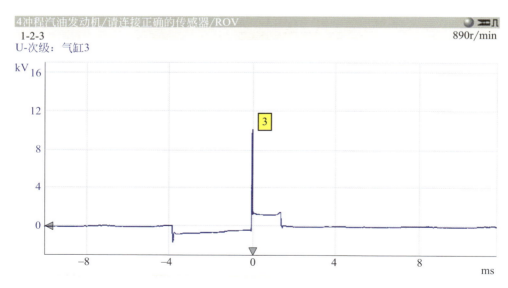

图 10-52　轻微漏电时的单缸波形

b. 严重漏电时。正常次级击穿电压为 12kV，当出现严重漏电时，击穿电压降低到 6kV，如图 10-53 所示。

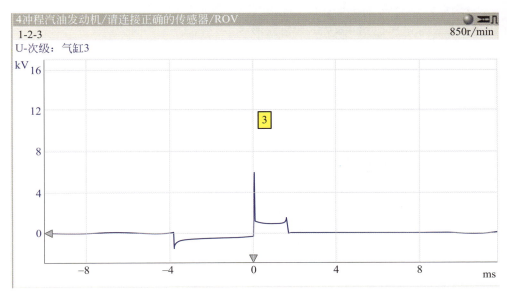

图 10-53　严重漏电时的单缸波形

❽ 点火线圈绝缘不良的故障波形分析。如图 10-54 所示，在击穿电压前，

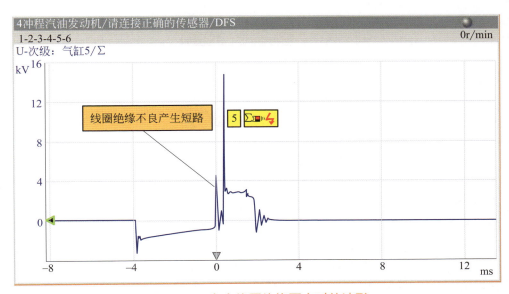

图 10-54　点火线圈绝缘不良时的波形

初级电路产生了一个 40V 左右的电压，而在次级回路中产生了一个 4kV 左右的峰值电压。

❾ 点火线圈裂缝时击穿电压过高的故障波形分析。如图 10-55 所示，1 缸出现次级击穿电压达到 40kV 的异常波形。

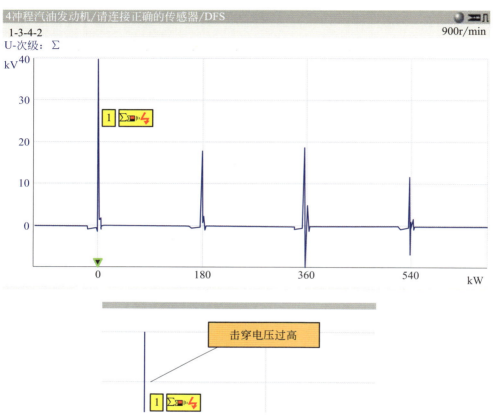

图 10-55　点火线圈裂缝时击穿电压过高的波形

❿ 点火线圈不良的故障波形分析。车辆高速行驶时加速无力，经检查 2 缸和 4 缸燃烧间较短，4 缸燃烧时间少于 0.8ms，将 1 缸和 4 缸点火线圈互换后，得到的波形如图 10-56 所示，1 缸燃烧时间变短，而 4 缸燃烧时间恢复正常，这说明造成 2 缸和 4 缸混合气燃烧不完全的原因为点火线圈不良，致使点火能量不足，车辆高速行驶时加速无力。更换点火线圈后，波形恢复正常。

出现点火线圈性能不良故障后，解体点火线圈发现，几乎都是次级线圈绝缘层击穿。由于绝缘层损坏，出现匝间、层间与极间的短路现象，导致次级线圈正常工作的匝数减少，从而导致点火能量下降或根本就没有能量输出。

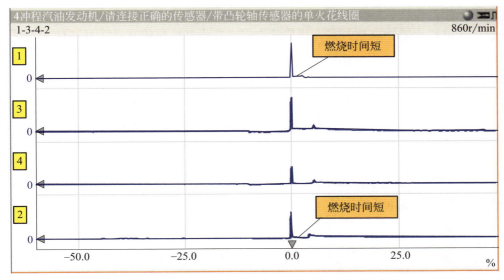

图 10-56　点火线圈不良时的燃烧时间过短的波形

⑪ **高压线或火花塞不良的故障波形分析。**燃烧线上有杂波，如图 10-57 所示。一般为点火线圈、高压线或火花塞不良导致。另外，当缸内混合气形成时若有缸内紊流出现，也可能导致燃烧线有杂波。示波器上的任一条垂直线都代表电压。燃烧线上那些小的、杂乱无章的线是由于气缸内空气与燃油在缸内涡流

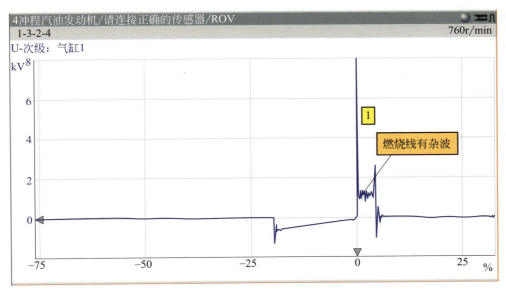

图 10-57　高压线或火花塞不良时的波形

作用下相互运动的结果。混合气中的分子都被混合在一起但混合不均匀,这样的运动被称为燃烧涡流,在火花持续期间会使火花线慢慢移动,从而使火花线受到影响。

当火花线上有燃烧杂波的情况出现时,实际运行中发动机可能会出现加速抖动、行驶中闯动的故障。具体出现故障的元件,则需要进一步检查,采用互换法是比较不错的方法。特别是独立点火系统的点火线圈,判断时,将存在异常波形的气缸的点火线圈与波形正常的气缸互换,就可以判断出是否为点火线圈损坏所致。

⑫ 分火头漏电的故障波形分析。燃烧电压反向到零点以下,如图 10-58 所示,为分火头漏电所致。当高压线或火花塞的陶瓷体有漏电现象时,也会形成类似波形。

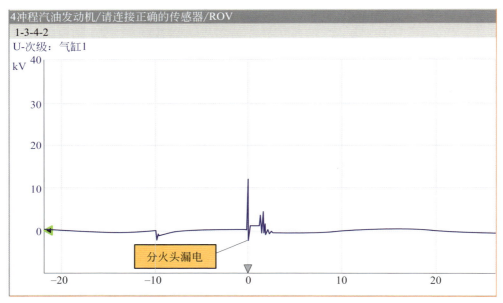

图 10-58　分火头漏电时的波形

⑬ 击穿电压高低不一致的故障波形分析。如图 10-59 所示,击穿电压高低不一致,有的过高,有的过低,高于平均值的气缸,可能是火花塞间隙过大或电极耗损;低于平均值的气缸,可能是火花塞有漏电或点火线圈故障。除此之外,发动机机械部分存在故障,或混合气过浓或过稀也可能造成这种情况的出现,尤其是出现某缸的击穿电压高低变化较大的时候,更应该检查混合气的供给情况。

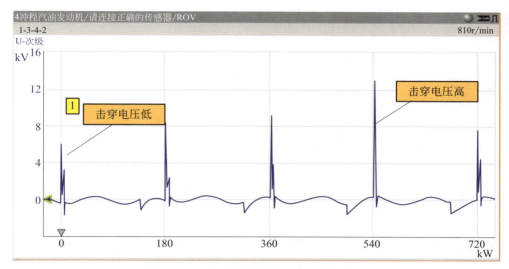

图 10-59　击穿电压高低不一致的波形

⑭ 单点火线圈损坏无高压的故障波形分析。如图 10-60 所示，单缸独立点火系统，点火线圈损坏导致无次级高压产生。相对来讲，这种类型的发动机控制系统也会存储相关故障码，发动机还伴随有怠速抖动、加速闯动或高速行驶无力的故障。

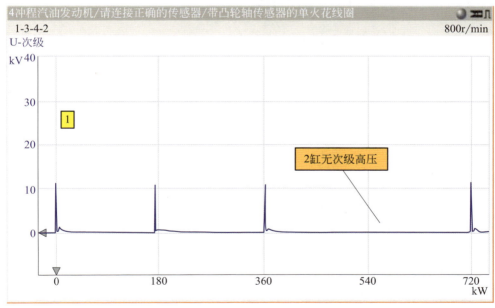

图 10-60　单点火线圈损坏导致无高压火的波形

出现点火线圈性能不良故障后，解体点火线圈发现，几乎都是次级线圈绝缘层击穿。由于绝缘层损坏，出现匝间、层间与极间的短路现象，导致次级线圈正常工作的线圈匝数减少，从而导致点火能量下降或根本就没有能量输出。

⑮ 无线圈振荡波形的故障波形分析。在次级和初级点火波形的衰减过程中，波形严重衰减，线圈振荡次数减少，如图10-61所示。

故障原因为点火能量在火花击穿与燃烧过程中消耗过大，剩余能量储备较小或点火电容与搭铁短接。点火线圈性能不良时，点火线圈的后备能量不足，即使击穿电压与燃烧电压正常，也会出现燃烧时间短、无线圈振荡波的现象。如果燃烧时间过短的话，则会出现混合气燃烧不完全的故障。

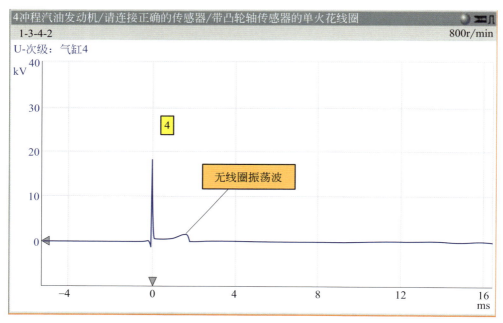

图10-61　无线圈振荡波的波形

⑯ 闭合角过小时的故障波形分析。对于固定闭合角的发动机，人为增大晶体管间隙，使闭合角减小，此时的闭合角对应时间为8ms左右，如图10-62所示。正常的闭合角对应时间为12ms左右。对于传统点火系统来讲，无论发动机转速如何变化，其闭合角都是固定不变的。若闭合角过小，发动机高速时会出现点火线圈充电不足的现象，这将使得点火能量不足，使发动机高速运转时无力。

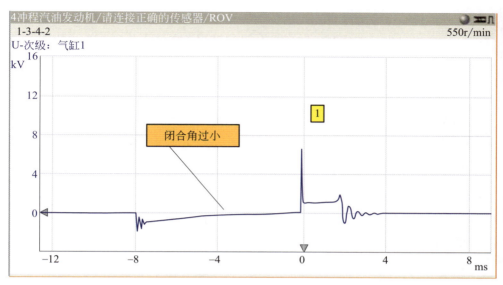

图 10-62 闭合角过小时的波形

⑰ 闭合角过大时的故障波形分析。对于固定闭合角的发动机，人为减小晶体管间隙，使闭合角增大，此时的闭合角对应时间为 15ms 左右，如图 10-63 所示。正常的闭合角对应时间为 12ms 左右。

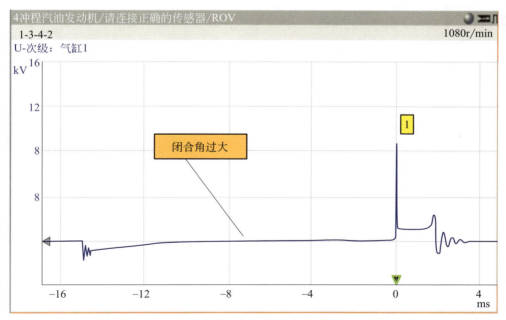

图 10-63 闭合角过大时的波形

对于传统点火系统来讲，无论发动机转速如何变化，其闭合角都是固定不变的。闭合角过大，怠速时，触点打开时间缩短，怠速不稳定，点火线圈容易出现过充电的故障现象。

三、喷油器波形

喷油器主要由启动电路、冷喷油器和热限时开关三部分组成，冷启动喷油器的作用是在发动机冷启动时将燃油喷进进气总管内，以加浓混合气，改善发动机的冷启动性能。

喷油器控制方式：
❶ 饱和开关型；
❷ 峰值保值型；
❸ 脉冲宽度调制型；
❹ PNP 型。

1. 喷油器工作原理

（1）低压喷油嘴工作原理

当发动机 ECU 下达喷油指令时，其电压信号会使电流流经低压喷油嘴内的线圈，产生磁场来把阀针吸起，让阀门开启，使燃油能自喷油孔喷出；当线圈断电时，针阀靠弹簧的力关闭，停止喷油。发动机 ECU 通过节气门位置传感器、进气压力传感器、水温传感器、氧传感器等的信号控制线圈通电的时间（喷油脉宽），就能控制喷入气缸的燃油量。

（2）高压喷油嘴工作原理

一般的低压喷油嘴的电阻为 13～16Ω，而电磁线圈类高压喷油嘴的电阻只有 1Ω，自然吸气的发动机燃油压力为 3～4bar，而帕萨特缸内直喷的燃油压力怠速时就能达到 40bar，由于高压喷油嘴的油压很高，所以需要精确地控制喷油时间。如果喷油时间控制得不精确，将可能导致发动机加速无力、发动机抖动、排放不达标等。

高压喷油嘴是一个电感类执行元件，由电脑控制接地，高压喷油嘴不会马上打开，从电脑控制接地到高压喷油嘴打开之前的这段时间称为无效喷射时间。无效喷射时间主要与高压喷油嘴的电感量有关，也就是与高压喷油嘴的线圈匝数和其两端的电压有关。线圈匝数减少，高压喷油嘴的电阻会变小；提高高压喷油嘴两端的电压，通过高压喷油嘴的电流会变大。所以为了减少无效喷射时间，应该减少高压喷油嘴的线圈匝数，并同时提高高压喷油嘴两端的电压。这也是高压喷油嘴的导线比低压喷油嘴的导线粗很多的原因。

2. 喷油器波形分析

（1）饱和开关型（PFI/SFI）喷油器信号波形分析

饱和开关型喷油器主要在多点燃油喷射系统中使用。

启动发动机，以 2500r/min 的转速保持油门 2 ～ 3min，直至发动机完全热机。

同时使燃油反馈控制系统进入闭环控制状态（可以通过观察波形测试设备上氧传感器的信号确定这一点）。

关闭空调和所有附属电气设备。将换挡操纵手柄置于停车挡或空挡。缓慢加速并观察在加速时喷油器的喷油持续时间的相应增加状况（图10-64）。

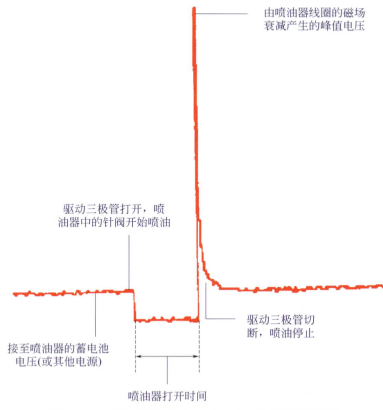

图 10-64　饱和开关型（PFI/SFI）喷油器信号波形

如果混合气变浓，在系统工作正常时，喷油器喷油持续时间将缩短。这是由于排气管中的氧传感器此时输出高的电压信号给发动机ECU，试图对浓的混合气进行修正的结果。

如果混合气变稀，在系统工作正常时，喷油器喷油持续时间将延长。这是由于排气管中的氧传感器此时输出低的电压信号给发动机ECU，试图对稀的混合气进行修正的结果。

将发动机转速提高至2500r/min，并保持稳定。在许多燃油喷射系统中，当该系统控制混合气时，喷油器的喷油持续时间能被调节（改变）得从稍长至稍短。

通常喷油器喷油持续时间在正常全浓（高氧传感器电压）至全稀（低的氧传感器电压）范围内在0.25～0.5ms的区间变化。

如果出现真空泄漏，然后观察喷油器喷油持续时间的变化时，喷油持续时间不发生变化，则表明氧传感器可能损坏。

因为氧传感器或发动机ECU不能察觉混合气浓度的变化，那么喷油器的喷油持续时间就不能改变。所以，在检查喷油器喷油持续时间之前，应先确认氧传感器是否正常。当燃油反馈控制系统工作正常时，喷油器喷油持续时间会随着驾驶条件和氧传感器输出的信号的变化而变化（增加或减少）。

通常喷油器的喷油持续时间在怠速时1～6ms到冷启动或节气门全开时的6～35ms之间变化。

匝数较少的喷油器线圈通常产生较短的关断峰值电压，甚至不出现尖峰。

关断尖峰随不同汽车制造商和发动机系列而不同，正常的范围是30～100V，有些喷油器的峰值被钳位二极管限制在30～60V。

如果所测波形有异常，则应更换喷油器。

（2）峰值保持型喷油器信号波形分析

峰值保持型喷油器主要应用于节气门体燃油喷射系统。

安装在发动机ECU中的峰值保持喷油驱动器被设计成允许大约4A的电流供给喷油器线圈，然后减少电流至约1A以下。

峰值保持型喷油器信号波形如图10-65所示。

从左至右，波形轨迹从蓄电池电压开始，这表示喷油驱动器关闭，当发动机ECU打开喷油驱动器时，它对整个电路提供接地。

发动机ECU继续将电路接地（保持波形轨迹在0V）直至其检测到流过喷油器的电流达到4A时，发动机ECU将电流切换到1A（靠限流电阻开关实现），这个电流减少引起喷油器中的磁场突变，产生类似点火线圈的电压峰值，剩下的喷油驱动器喷射的时间由电控单元继续保持工作，然后它通过完全断开接地电路，而关闭喷油驱动器，这就在波形右侧产生了第 2 个峰值。

当发动机 ECU 接地电路打开时喷油器开始喷油（波形左侧），当发动机 ECU 接地电路完全断开时（断开时峰值最高在右侧）喷油器结束喷油，这时读取喷油器的喷射时间，可以计算发动机 ECU 从打开到关闭波形的格数来确定喷油持续时间。

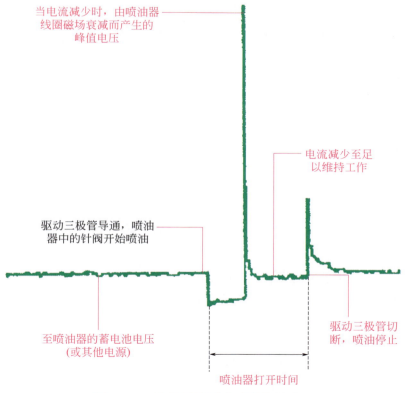

图 10-65　峰值保持型喷油器信号波形

波形的峰值部分通常不改变它的喷油持续时间，这是因为流入喷油器的电流和打开针阀的时间是保持不变的。

波形的保持部分是发动机 ECU 增加或减少开启时间的部分，峰值保持型喷油器可能引起下列波形结果。

加速时，将看到第 2 个峰尖向右移动，第 1 个峰尖保持不动；如果发动机在极浓的混合气下运转，能看到 2 个峰尖顶部靠得很近（图 10-66），这表明发动机 ECU 试图靠尽可能缩短喷油器喷油持续时间来使混合气变得更稀。

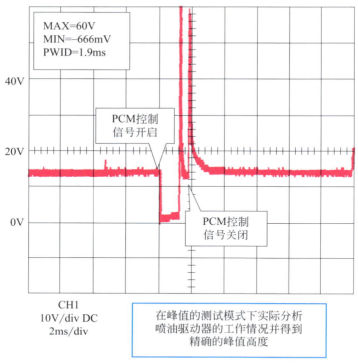

图 10-66　发动机混合气极浓时的喷油器信号波形

(3) 脉冲宽度调制型喷油器波形分析

脉冲宽度调制型喷油器（安装在发动机 ECU 内）被设计成允许喷油器线圈流过大约 4A 的电流，然后再减少大约 1A 的电流，并以高频脉动方式开、关电路。

这种类型的喷油器不同于前述峰值保持型喷油器，因为峰值保持型喷油器的限流方法是用一个电阻来降低电流，而脉冲宽度调制型喷油器的限流方法是脉冲开关电路。

如图 10-67 所示，从左至右，波形开始在蓄电池电压高度，这表示喷油器关闭，当发动机 ECU 打开喷油器时，它提供一个接地使电路构成回路。

在亚洲车型上，磁场收缩的这个部分通常会有一个峰值（图 10-67 中的左侧峰值）。发动机 ECU 继续保持开启操作，以便使剩余喷油时间可以继续得到延续。

然后它停止脉冲并完全断开接地电路使喷油器关闭，这就产生了如图 10-67 所示波形右侧的峰值。

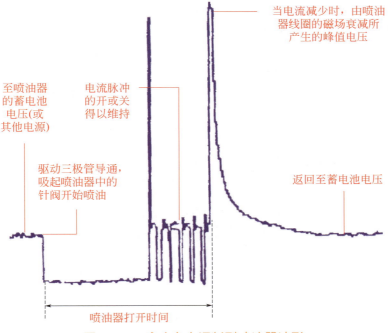

图 10-67 脉冲宽度调制型喷油器波形

发动机 ECU 接地电路打开时，喷油开始，发动机 ECU 完全断开控制接地电路时，喷油结束。在一些欧洲汽车上，例如美洲虎，它的喷油器波形上只有一个释放峰值，由于峰值钳位二极管的作用，第 1 个峰值左侧那一个没有出现。

发动机 ECU 继续接地（保持 0V）直到探测到流过喷油器的电流大约为 4A，发动机 ECU 靠高速脉冲电路减少电流。

（4）PNP 型喷油器波形分析

PNP 型喷油器是由在发动机 ECU 中操作它们的开关三极管的形式而得名的，一个 PNP 喷油器的三极管有两个正极管脚和一个负极管脚。

PNP 的驱动器与其他系统驱动器的区别就在于它的喷油器的脉冲电源端接在负极上。PNP 型喷油器的脉冲电源连接到一个已经接地的喷油器上去开关喷油器。

它的脉冲接地再接到一个已经有电压供给的喷油器上，流过 PNP 型喷油器的电流与其他喷油器上的方向相反，这就是为什么 PNP 型喷油器释放峰值方向相反的原因。

PNP 型喷油器常见于一些多点燃油喷射（MFI）系统中，通常 PNP 型喷油器的波形除了方向相反以外，与饱和开关型喷油驱动器的波形十分相像（图 10-68）。

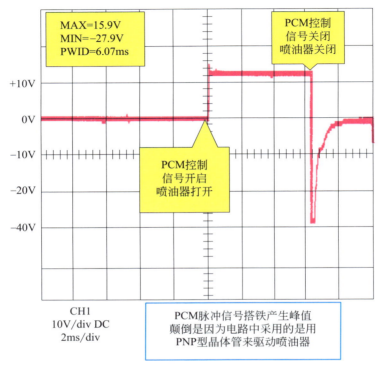

图 10-68　PNP 型喷油器波形

喷油时间开始于发动机 ECU 电源开关将蓄电池电路打开，如图 10-68 的左侧；喷油时间结束于发动机 ECU 完全断开控制电路（释放峰值在图 10-68 的右侧）。

（5）喷油器电流波形分析

如果怀疑喷油器线圈短路或喷油驱动器有故障，可以用静态测试喷油器的线圈电阻值的方法来判断。

更精确的方法是测试动态下流过线圈电流的踪迹或波形，即进行喷油器电流测试。

另外在进行喷油器电流测试时，还可以检查喷油驱动器（发动机 ECU 中的开关三极管）的工作情况。

喷油驱动器电流极限的测试能够进一步确认发动机 ECU 中的喷油驱动器的极限电流是否适合，这个测试需要用波形测试设备中的附加电流钳来完成。

启动发动机并在怠速下运转或驾驶汽车使故障出现，如图10-69所示。

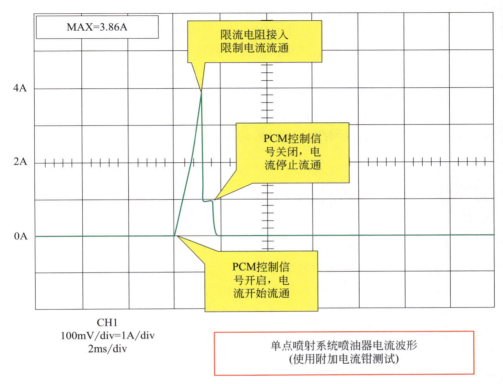

图10-69 喷油器电流波形

波形结果分析如下。

当电流开始流入喷油器时，由喷油器线圈的特定电阻和电感特性，引起波形以一定斜率上升，上升的斜率是判断故障的依据。

通常饱和开关型喷油器电流波形大约在以45°角上升；峰值保持型喷油器波形大约以60°角上升。

在电流最初流入线圈时，峰值保持型喷油器波形比较陡，这是因为与大多数饱和开关型喷油器相比电流增大了。

峰值保持型喷油器的电流通常大约为4A，而饱和开关型喷油器的电流通常小于2A。

若电流开始流入线圈时，电流波形在左侧几乎垂直上升，这就说明喷油器的电阻太小（短路），这种情况还有可能损坏发动机ECU内的喷油驱动器。

另外，也可以通过分析电流波形来检查峰值保持型喷油器的限流电路，在限流喷油器波形中，波形踪迹起始于大约 60°角并继续上升直到喷油驱动器达到峰值（通常大约为 4A），在这一点上，波形成了一个尖峰（在峰值保持型里的尖峰），然后几乎是垂直下降至大约稍小于 1A。

这里喷油驱动器的"保持"部分是指正在工作着并且保持电流约为 1A 直到发动机 ECU 关闭喷油器为止，当电流从线圈中消失时，电流波形慢慢降回零线，如图 10-69 所示。

电流到达峰值的时间以及电流波形的峰值部分通常是不变的，这是因为一个好的喷油器通入电流和打开针阀的时间保持不变（随温度有轻微变化），发动机 ECU 操纵喷油器打开的时间就是波形的保持部分。

四、怠速控制阀波形

怠速控制阀是一种利用发动机 ECU 信号来控制怠速运转期间的进气总量的装置，同时达到控制发动机怠速速度。发动机怠速控制阀具有以下两种类型：节气门旁通型，控制发动机吸入空气量，由于怠速期间，节气门关闭，可从怠速控制阀的通道提供发动机怠速运转期间所需的空气量；节气门控制进气量型，利用节气门控制发动机吸入空气量，装有这种类型怠速控制阀的发动机，可利用节气门准确控制发动机怠速运转期间的空气吸入量，称为电子节气门控制系统。

1. 怠速控制阀工作原理

怠速控制阀由点火开关供电，只要点火开关转至 ON 位置，怠速控制阀即通电，发动机电脑控制其电路搭铁。

当发动机的工作参数偏离正常值时，便使用该阀来调整怠速转速。怠速转速是通过控制旁通节气门体的空气量来调整的。

发动机启动后，怠速控制阀开启一段时间，进气量增加，使发动机怠速转速提高 150～300r/min。当发动机冷却液温度较低时，怠速控制阀开启，以获得适当的快怠速。发动机电脑根据不同的冷却液温度，通过改变传到怠速控制阀的信号强度来控制怠速控制阀柱塞的位置。

2. 怠速控制阀波形分析

（1）占空比控制型怠速控制阀波形分析

占空比较高时，集成电路将阀门向打开方向转动；占空比较低时，集成电路将阀门向关闭方向转动，怠速控制阀就这样打开和关闭。占空比控制型怠速控制阀的波形如图10-70所示。

> **提示**
> 发生使电流无法流向怠速控制阀的故障时（例如电路中出现开路），会在永磁铁的作用下，阀门将向固定开口位置打开。这样发动机的怠速速度可以达到1000～2000r/min。

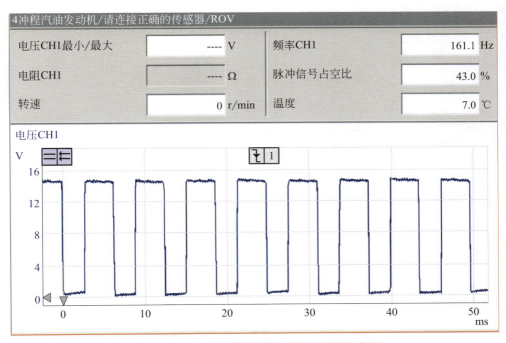

图10-70　占空比控制型怠速控制阀的波形

(2) 步进电机型怠速控制阀波形分析

步进电机型怠速控制阀附接在进气室上。阀门被安装在转子末端，通过其在转子的旋转过程中的被转出或转入，来控制从旁通通道流入的空气量。

步进电机利用的是电流流进电磁线圈时对永久磁铁（转子）产生拉力作用及回弹作用原理。

步进电机型怠速控制阀的控制波形如图10-71所示，该怠速控制阀使用了两组电磁线圈来控制转子的运动。

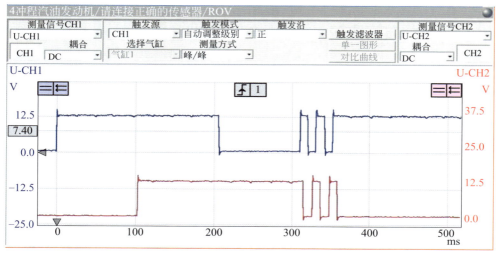

图 10-71　步进电机型怠速控制阀的控制波形

其他执行器的波形

1. 活性炭罐控制阀波形分析

如图 10-72 所示，从外表上看，其与喷油器波形有些类似。活性炭罐采用的是占空比控制，随发动机转速变化，其占空比是变化的。

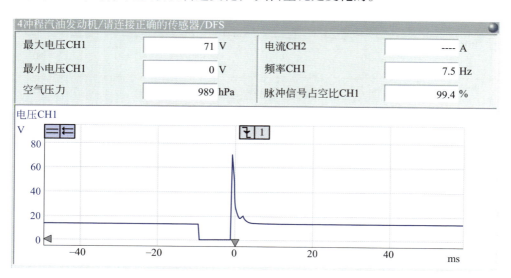

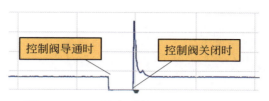

图 10-72　活性炭罐控制阀的工作波形

2. 汽油泵电流波形分析

如图 10-73 所示,当打开点火开关时,发动机 ECU 使汽油泵短暂工作,瞬间电流可以达到 12A,接着降低到 6.4A。而当发动机启动时,启动电流为 8A 左右,接着降低到 6.4A。

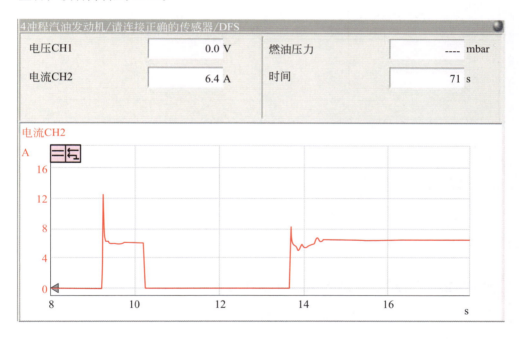

图 10-73　正常的汽油泵电流波形

如图 10-74 所示，汽油泵卡死，工作电流过大产生的波形，当打开点火开关时，电流达到接近 20A，而启动时，电流达到了 16A 左右。

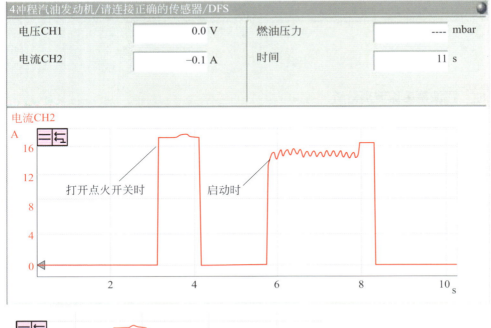

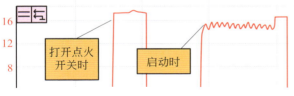

图 10-74　汽油泵电流过大时的波形

3. 自动变速器管路压力控制电磁阀 SLT 信号波形分析

ECT 利用节气门位置传感器检测加速踏板开度角（负载）和发动机功率输出，施加在主调节阀上的节气门压力，在电子控制下使电磁阀 SLT 精确而实时地调节和产生管路油压。

管路压力电磁阀 SLT 信号波形如图 10-75 所示，随节气门开度增大，发动机转速的增加，管路压力电磁阀 SLT 的占空比减小时，流入电磁阀的电流减小，管路压力增大。

如果电磁阀（SLT）出现故障，内阀将被固定在顶部（Hi 侧），所以在换挡期间将会有较大的冲击。

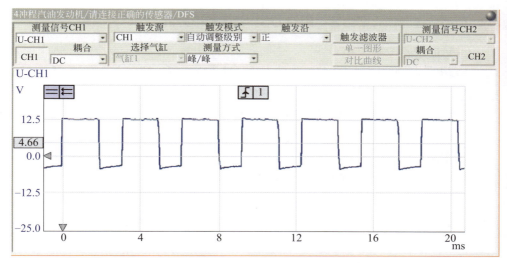

图 10-75　管路压力电磁阀 SLT 信号波形

4. 自动变速器换挡电磁阀 SL1 信号波形分析

来自发动机和 ECT ECU 的信号控制换挡电磁阀和液压。

换挡电磁阀打开和关闭油通路，是根据 ECU 的信号进行的（"通"信号使油通路打开，"断"信号使油通路关闭）。线性电磁阀根据 ECU 的电流以线性方式控制液压。

换挡电磁阀用于控制换挡，线性电磁阀用于控制液压等功能（图 10-76）。

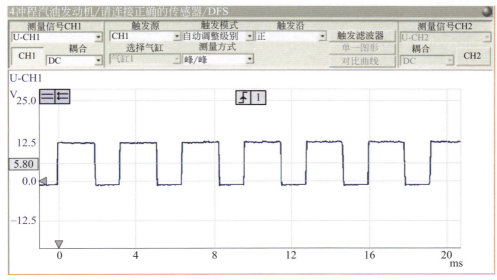

图 10-76　换挡电磁阀 SL1 信号波形

5. 自动变速器锁止离合器电磁阀 DSL 信号波形分析

（1）锁定的控制

发动机和 ECT ECU 已为每个驾驶方式的锁止离合器运转方式编程存入存储器。根据这个锁定方式，ECU 按照车速信号和节气门开度信号将电磁阀接通或断开。

如果下面三个条件同时存在的话，ECU 将接通电磁阀以操纵锁定系统。

❶ 汽车以第二挡或第三挡行驶或以超速挡（"D"区）行驶。

❷ 车速等于或大于规定的速度和节气门开度角等于或大于规定值。

❸ ECU 已接收到非强制性锁定系统取消信号。

ECU 控制锁定时间是为了减少换挡期间的冲击。如果传动桥换高速挡或低速挡，而同时锁定系统在运行时，则 ECU 使锁定系统无效，这有助于减少换挡冲击。

在换高速挡或低速挡完成后，ECU 使锁定系统重新有效。然而，在下列条件下，ECU 将强迫取消锁定。

❶ 停车灯开关接通（制动期间）。

❷ 节气门位置传感器的 IDL 点闭合。

❸ 冷却剂温度低于一定的温度。

❹ 车速降至约 10km/h 或大大低于设定速度而同时常速行驶过程中控制系统正常工作。

（2）信号波形分析

如图 10-77 所示为当车速达到 50km/h 时锁止离合器电磁阀 DSL 信号波形。

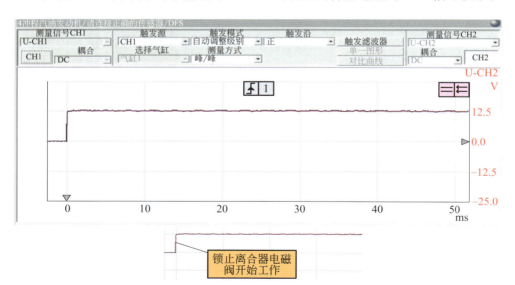

图 10-77　当车速达到 50km/h 时锁止离合器电磁阀 DSL 信号波形

6. 汽车音响音频信号波形分析

汽车喇叭是将收音机或音响系统传来的电信号转换为音频机械震动的机电装置，音频范围为 16～20000Hz。

当示波器屏幕出现波形时，可以从喇叭里听到声音信号。另外，示波器可以断定喇叭、线路或收音机是否有故障。

收音机喇叭的信号是交流信号，所以它们的信号在示波器中是在 0V 位置上下摆动，幅值、频率和形状根据产生的声音发生变化。当电子信号被转变为声音信号进入耳膜后，人们的耳朵可以听到这个信号，但人们的眼睛不能辨认出该信号在示波器上的波形。

如图 10-78 所示，红色波形为音响电流波形，蓝色波形为音响电压波形。其信号幅值随音量增大而增加。

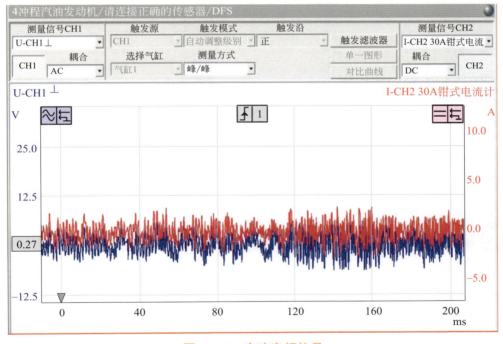

图 10-78　音响音频信号

7. 发电机波形分析

（1）怠速时发电机波形

发电机在怠速时的充电电流为 1.3A，如图 10-79 所示。

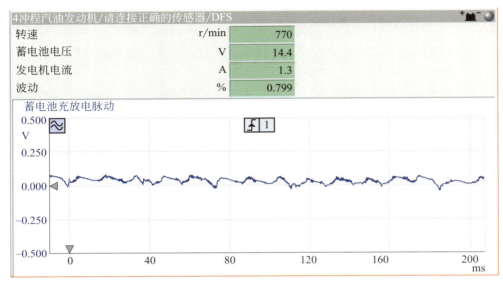

图 10-79　怠速时发电机波形

(2) 电子扇开启时发电机电流波形

如图 10-80 所示，电子扇开启时，风扇启动电流达到 33A，当电子扇稳定运行时，风扇电机电流为 8.0A 左右，发电机电流为 2.8A。蓄电池的放电脉动达到 0.4V（图 10-80 和图 10-81）。

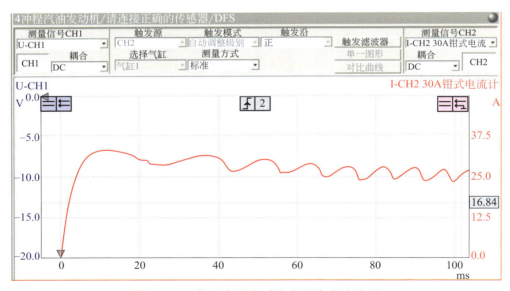

图 10-80　电子扇开启时的电子扇电流波形

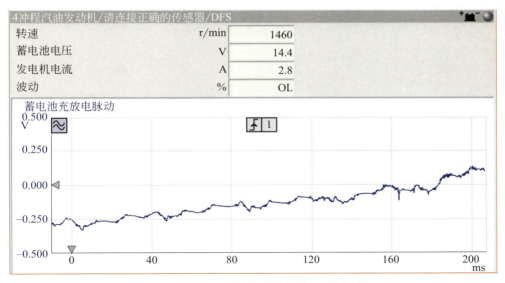

图 10-81　电子扇开启时的蓄电池充电电流

(3) 打开远光灯时发电机波形

单独打开远光灯时，发电机充电电流达到 26.8A（图 10-82）。

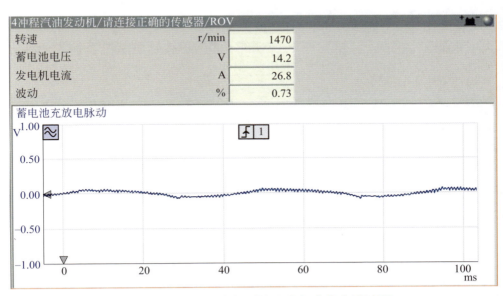

图 10-82　打开远光灯时的发电机充电电流波形

(4) 打开空调时发电机波形

如图 10-83 所示，单独打开空调使压缩机工作时，发电机充电电流达到 27.4A。

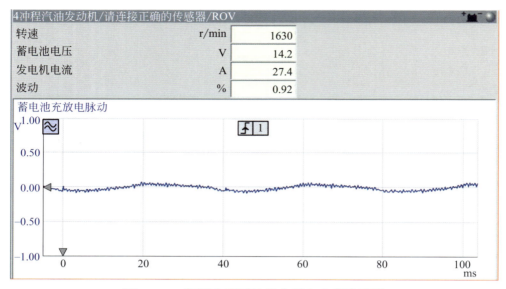

图 10-83　打开空调时的发电机充电电流波形

（5）同时打开远光灯与空调时发电机波形

如图 10-84 所示，同时打开远光灯和空调时，此时用电负荷极大，发电机充电电流达到 43.3A。

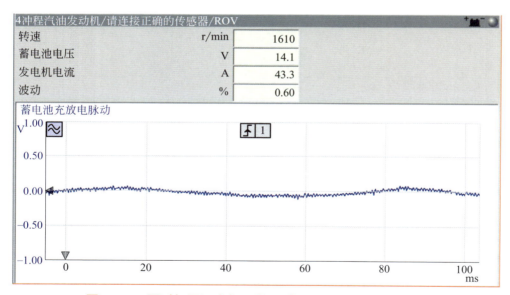

图 10-84　同时打开远光灯和空调时的发电机充电电流波形

第十一章　汽车驱动CAN波形分析

CAN（Controller Area Network）是控制器局域网络的简称，是由以研发和生产汽车电子产品著称的德国博世公司开发的，并最终成为国际标准（ISO 11898），是国际上应用非常广泛的现场总线之一。在北美洲和西欧，CAN总线协议已经成为汽车电脑控制系统和嵌入式工业控制局域网的标准总线，并且拥有以CAN为底层协议专为大型货车和重工机械车辆设计的J1939协议。

一、驱动CAN组成和工作原理

驱动CAN由一个控制器、一个收发器、两个数据传输终端及两条数据传输线组成（图11-1），除数据传输线外，其他元件都置于控制单元内部。

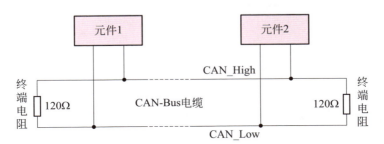

图 11-1　驱动 CAN 的组成

驱动CAN系统的控制单元连接采用铜缆串行方式。由于控制器采用串行合用方式，因此不同控制器之间的信息传送方式是广播式传输。也就是说每个控制单元不指定接收者，把所有的信息都往外发送；由接收控制器自主选择是否需要接收这些信息。其工作方式为多主方式，总线上的所有节点没有主从之分，都处于平等的地位，即在总线空闲状态，任意节点都可以向总线发送消息。

1. 驱动 CAN 的终端电阻

驱动 CAN 总线终端电阻有两个作用：一是提高抗干扰能力，确保总线快速进入隐性状态；二是提高信号质量。

驱动 CAN 内部有两个终端电阻，都是 120Ω，这两个终端电阻在每个车型上的安装位置都不一样，有的车装在仪表中，有的车装在发动机电脑板上，有的车装在 ABS 里面，还有的车装在车身电脑里面……因为这两个终端电阻是并联关系，所以断电后驱动 CAN 上测得的终端电阻应为 60Ω，如果测得的终端电阻为 120Ω 则说明有地方断路。

2. 驱动 CAN 的显性和隐形电压

驱动 CAN 有"显性"和"隐性"两种状态，"显性"代表"0"，"隐性"代表"1"，由驱动 CAN 收发器决定。如图 11-2 所示是典型的驱动 CAN 收发器内部结构。

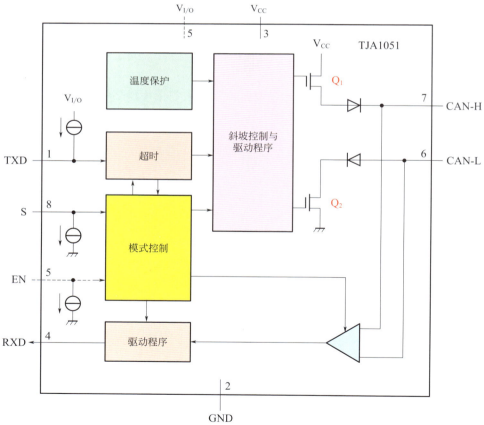

图 11-2　典型的驱动 CAN 收发器内部结构

CAN-H 显性电压为 3.5V，隐性电压为 2.5V；CAN-L 显性电压为 1.5V，隐性电压为 2.5V。

总线显性时，收发器内部 Q_1、Q_2 导通，CAN-H 为 3.5V，CAN-L 为 1.5V，它们之间产生 2V 的压差；总线隐性时，Q_1、Q_2 截止，CAN-H 和 CAN-L 都为 2.5V，处于无源状态，其压差为 0。

总线若无负载，隐性时差分电阻阻值很大，外部的干扰只需要极小的能量即可令总线进入显性（一般的收发器显性最小门限电压仅为 500mV）。为了提升总线隐性时的抗干扰能力，可以增加一个差分负载电阻，且其阻值应尽可能小，以杜绝大部分噪声能量的影响。然而，为了避免需要过大的电流才能使总线进入显性，其阻值也不能过小。

二、驱动 CAN 的波形分析

1. CAN-Bus 线正常波形

如图 11-3 所示为 CAN-Bus 线正常的波形，CAN-H 与 CAN-L 波形一致，但极性相反。

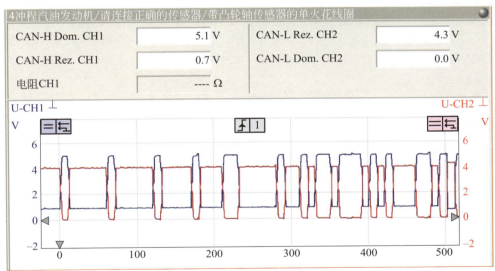

图 11-3　CAN-Bus 线正常的波形

如图 11-4 所示，CAN-H 与 CAN-L 波形一致，但极性相反。

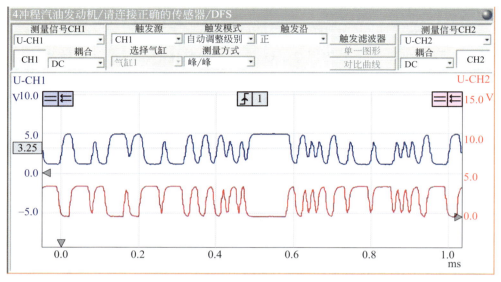

图 11-4　CAN-H 与 CAN-L 线正常的波形

2. CAN-Bus 线波形（休眠状态）

当 CAN-Bus 系统处于休眠状态时，电控单元通过 EN 和 STB 接头把蓄电池电压导入 CAN-H 和 CAN-L 线路，此时 CAN-H 电压接近 12V（蓄电池电压），CAN-L 电压接近 0V，如图 11-5 所示。

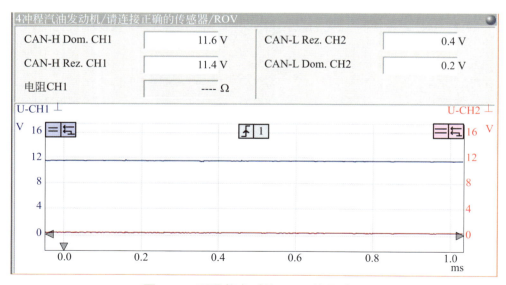

图 11-5　睡眠状态时的 CAN 信号波形

电控单元利用 Wake 接头（用户操作使车辆解锁）唤醒网络，而 Wake 接头正是消耗了 CAN 网 CAN-L 线上的电流，这就使主系统电控单元检测到电流。检测到电流后，主系统电控单元控制 EN 接头和 STB 接头离开休眠模式。这时，CAN-L 和 CAN-H 上不再是蓄电池电压，由主系统将蓄电池电压转换成 +CAN 信号。这样 CAN 网就被唤醒了，通信即可进行。

休眠和苏醒：用户在使用车辆时，多路转换通信系统（MPX）处于"苏醒"状态，但是，该系统判断使用者离开车辆时，系统停止所有节点（ECU）的通信，以防止寄生电流，这种状态叫"休眠"状态。此时，除"苏醒检测"功能外，所有的 ECU 都进入节能模式。

在休眠状态中，如果操作任何相关开关（例如用户打开车门或用钥匙开门锁时），检测到该操作的电子控制单元（ECU）就关闭节能方式并重新开始通信。

在"苏醒"后首次传输时，它会把"苏醒"信息发送给其他电子控制单元（ECU）以唤醒它们。

当点火开关被设置到 ACC 或 LOCK 位置上并且所有的车门已被关闭，而且在最后开关操作后预定时间已过，电子控制单元（ECU）同时休眠。当有一个电子控制单元（ECU）从休眠中"苏醒"过来时，会唤醒其他电子控制单元（ECU）。

3. CAN-H 线对地短路

如图 11-6 所示，蓝色线为 CAN-H 信号对地短路的波形，信号电压为 0V；红色线为 CAN-L 正常传输信号的波形。

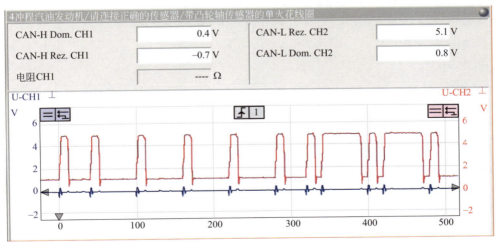

图 11-6　CAN-H 线对地短路的波形

4. CAN-L 线对地短路

如图 11-7 所示，红色线为 CAN-L 信号对地短路的波形，信号电压为 0V；蓝色线为 CAN-H 正常传输信号的波形。

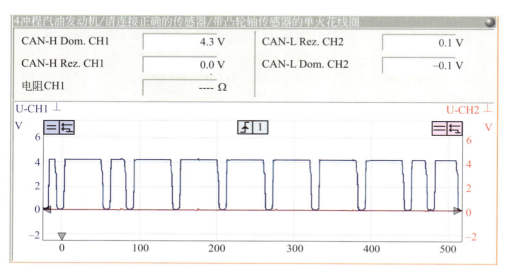

图 11-7　CAN-L 线对地短路的波形

5. CAN-H 和 CAN-L 线同时对地短路

当 CAN-H 和 CAN-L 线同时对地短路时，如图 11-8 所示，其信号电压均为 0V。

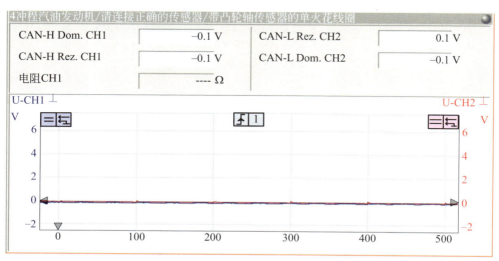

图 11-8　CAN-H 和 CAN-L 线同时对地短路的波形

6. CAN-H 与 CAN-L 线互相短路

如图 11-9 所示，CAN-H 和 CAN-L 线互相短路时，其信号电压极性相同，CAN-L 自动切断，在 CAN-H 降级运行，表现在波形趋于一致，其工作原理见图 11-10。

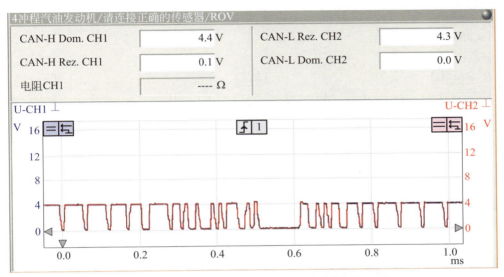

图 11-9　CAN-H 和 CAN-L 线互相短路的波形

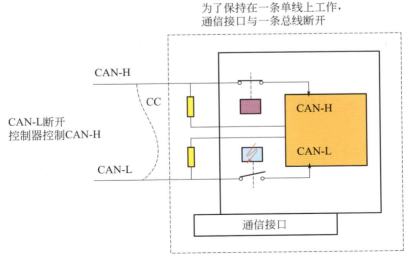

图 11-10　CAN-H 和 CAN-L 线互相短路时 CAN-L 自动切断

7. CAN-H 线对电源短路

如图 11-11 中，CAN-H（蓝色）线对电源短路时，CAN-L（红色）线波形正常。

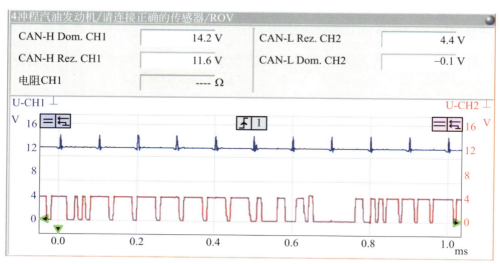

图 11-11　CAN-H 线对电源短路的波形

8. CAN-L 线对电源短路

如图 11-12 中，CAN-L（红色）线对电源短路时，电压始终为 12V，CAN-H（蓝色）线波形正常。

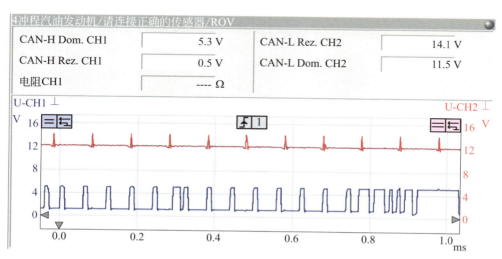

图 11-12　CAN-L 线对电源短路的波形

9. CAN-H 和 CAN-L 线同时对电源短路

如图 11-13 所示，当 CAN-H（红色）和 CAN-L（蓝色）线同时对电源短路时，其电压都为蓄电池电压。

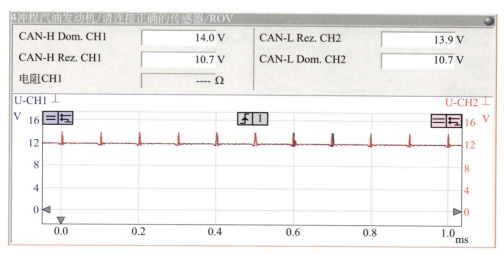

图 11-13　CAN-H 和 CAN-L 线同时对电源短路的波形

10. CAN-H 线断路

CAN-H 线断路时，CAN-L 线波形保持不变，如图 11-14 中蓝色线，而 CAN-H 线（红色）则始终处于高电位（为 5V）。

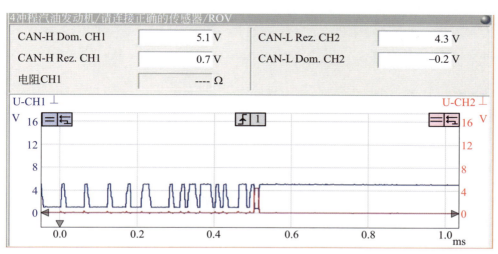

图 11-14　CAN-H 线断路的波形

11. CAN-L 线断路

如图 11-15 所示,当 CAN-L(红色)线断路时,L 线的电压处于高电位,保持在 5V,CAN-H 线(蓝色)波形保持不变。

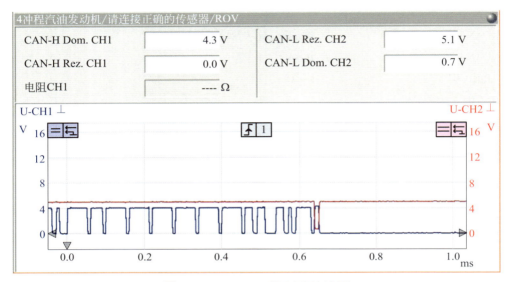

图 11-15　CAN-L 线断路的波形

第十二章 汽车波形典型故障案例

一、检查 CAN 总线

以丰田车型为例。

CAN 总线电路如图 12-1 所示。检查方法如下。

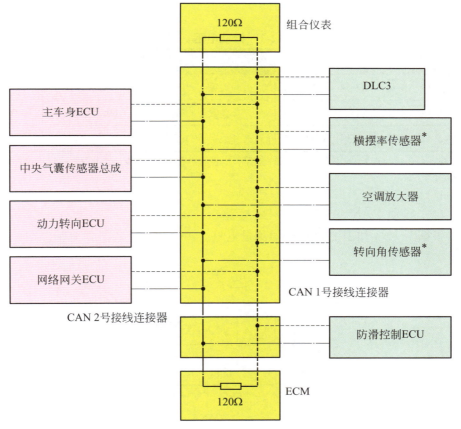

图 12-1　CAN 总线电路

------ 主线(CAN-H)；—— 主线(CAN-L)；------ 支线(CAN-H)；—— 支线(CAN-L)；* 带VSC

(1) 检查 CAN 总线（主线是否断开，CAN 总线是否短路）
❶ 将点火开关置于 OFF 位置。
❷ 根据图 12-2 和表 12-1 中的值测量电阻。

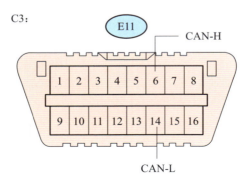

图 12-2　诊断接头（1）

表 12-1　标准电阻（1）

检测仪连接	条件	结果	转至
E11-6（CAN-H）-E11-14（CAN-L）	点火开关置于 OFF 位置	54～69Ω	A
E11-6（CAN-H）-E11-14（CAN-L）	点火开关置于 OFF 位置	69Ω 或更大	B
E11-6（CAN-H）-E11-14（CAN-L）	点火开关置于 OFF 位置	小于 54Ω	C

注：A 表示检查 CAN 总线是否对 B+ 短路；B 表示检查 CAN 总线是否断路；C 表示检查 CAN 总线是否短路。

(2) 检查 CAN 总线是否对 B+ 短路
根据图 12-3 和表 12-2 中的值测量电阻。

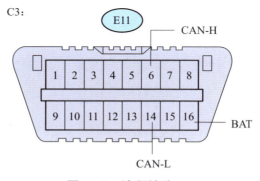

图 12-3　诊断接头 (2)

表 12-2 标准电阻 (2)

检测仪连接	条件	结果
E11-6（CAN-H）-E11-16（BAT）	断开蓄电池负极端子	6 kΩ 或更大
E11-14（CAN-L）-E11-16（BAT）	断开蓄电池负极端子	6 kΩ 或更大

如果异常，则检查 CAN 总线是否对 +B 短路；如果正常，则检查 CAN 总线是否对搭铁短路。

（3）检查 CAN 总线是否对搭铁短路

根据图 12-4 和表 12-3 中的值测量电阻。

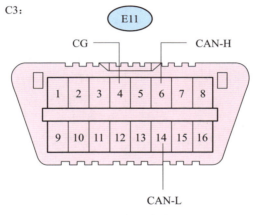

图 12-4 诊断接头 (3)

表 12-3 标准电阻（3）

检测仪连接	条件	结果
E11-6（CAN-H）-E11-4（CG）	点火开关置于 OFF 位置	200Ω 或更大
E11-14（CAN-L）-E11-4（CG）	点火开关置于 OFF 位置	200 Ω 或更大

如果异常，则检查 CAN 总线是否对搭铁短路；如果正常，则系统正常。

二、检查 CAN 总线是否短路

注意

当诊断接头的端子 6（CAN-H）和 14（CAN-L）之间的电阻小于 54Ω 时，CAN 主线或 CAN 支线可能短路。故障现象和故障部位见表 12-4。

表 12-4　故障现象和故障部位（1）

故障现象	故障部位
诊断接头的端子 6（CAN-H）和 14（CAN-L）之间的电阻小于 54Ω	（1）CAN 总线短路 （2）防滑控制 ECU （3）动力转向 ECU （4）转向角传感器（带 VSC） （5）横摆率传感器（带 VSC） （6）ECM （7）中央气囊传感器总成 （8）空调放大器 （9）组合仪表 （10）主车身 ECU （11）网络网关 ECU （12）CAN1 号接线连接器 （13）CAN2 号接线连接器

CAN 系统电路如图 12-5 所示。检查方法如下。

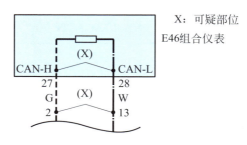

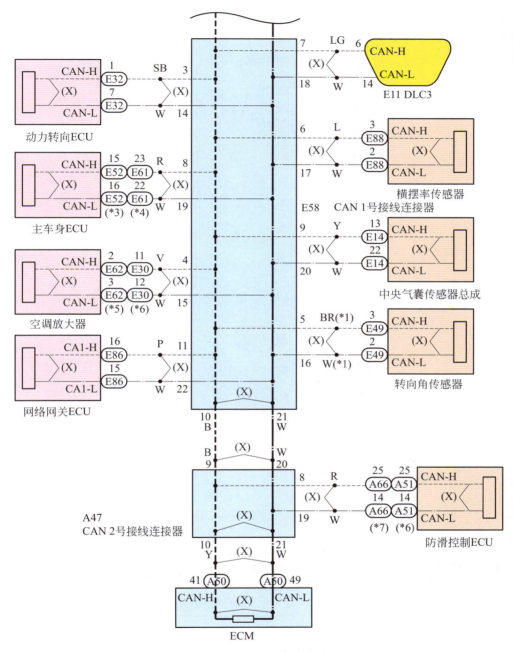

图 12-5　CAN 系统电路

*1—带智能上车和启动系统或自动灯控；　*6—带VSC；
*3—手动空调；　　　　　　　　　　　　*7—不带VSC；
*4—自动空调；
*5—带驻车辅助监视系统；

--------- 主线(CAN-H)　　　　X 可疑部位
————— 主线(CAN-L)；
--------- 支线(CAN-H)；
————— 支线(CAN-L)；

(1) 检查 CAN 总线是否短路（诊断接头支线）

❶ 将点火开关置于 OFF 位置。

❷ 断开 CAN1 号接线连接器（图 12-6）。

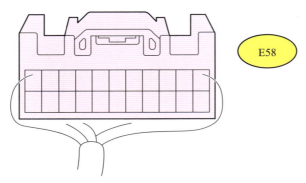

图 12-6　CAN1 号接线连接器（1）

❸ 根据图 12-7 和表 12-5 中的值测量电阻。

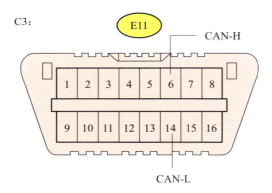

图 12-7　诊断接头（4）

表 12-5　标准电阻（4）

检测仪连接	条件	规定状态
E11-6（CAN-H）-E11-14（CAN-L）	点火开关置于 OFF 位置	1MΩ 或更大

如果异常，则维修或更换连接至诊断接头的 CAN 支线；如果正常，则检查 CAN 总线是否短路（CAN2 号接线连接器）。

(2) 检查 CAN 总线是否短路（CAN2 号接线连接器）

❶ 重新连接 CAN1 号接线连接器。

❷ 断开 CAN2 号接线连接器（图 12-8）。

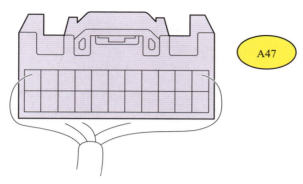

图 12-8　CAN2 号接线连接器（1）

❸ 根据图 12-9 和表 12-6 中的值测量电阻。

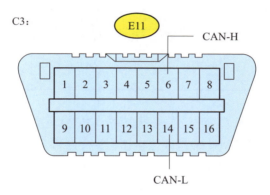

图 12-9　诊断接头（5）

表 12-6　标准电阻（5）

检测仪连接	条件	规定状态
E11-6（CAN-H）-E11-14（CAN-L）	点火开关置于 OFF 位置	108～132Ω

如果异常，则检查 CAN 总线是否短路（CAN1 号接线连接器 -CAN2 号接线连接器）；如果正常，则检查 CAN 总线是否短路（CAN2 号接线连接器）。

(3) 检查 CAN 总线是否短路（CAN2 号接线连接器）

根据图 12-10 和表 12-7 中的值测量电阻。

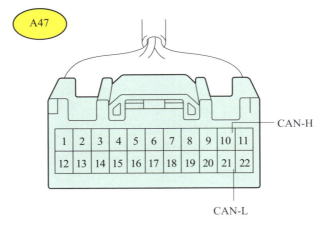

图 12-10 CAN2 号接线连接器（2）

表 12-7 标准电阻（6）

检测仪连接	条件	规定状态
A47-10（CAN-H）-A47-21（CAN-L）	点火开关置于 OFF 位置	108～132Ω

如果异常，则检查 CAN 总线是否短路（ECM 主线）；如果正常，则检查 CAN 总线是否短路（CAN2 号接线连接器-防滑控制 ECU 支线）。

（4）检查 CAN 总线是否短路（CAN2 号接线连接器－防滑控制 ECU 支线）
根据图 12-11 和表 12-8 中的值测量电阻。

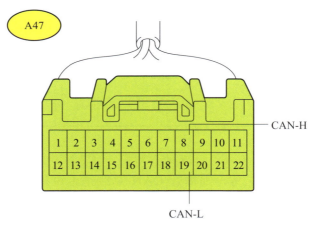

图 12-11 CAN2 号接线连接器（3）

表 12-8　标准电阻（7）

检测仪连接	条件	规定状态
A47-8（CAN-H）-A47-19（CAN-L）	点火开关置于 OFF 位置	1MΩ 或更大

如果异常，则检查 CAN 总线是否短路（防滑控制 ECU 支线）；如果正常，则维修或更换 CAN 主线或连接器（CAN1 号接线连接器 -CAN2 号接线连接器）。

（5）检查 CAN 总线是否短路（ECM 主线）

❶ 断开 ECM 连接器。

❷ 根据图 12-12 和表 12-9 中的值测量电阻。

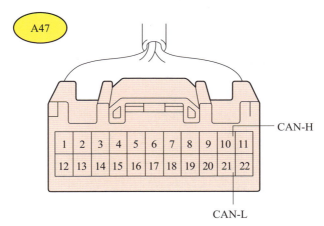

图 12-12　CAN2 号接线连接器（4）

表 12-9　标准电阻（8）

检测仪连接	条件	规定状态
A47-10（CAN-H）-A47-21（CAN-L）	点火开关置于 OFF 位置	1MΩ 或更大

如果异常，则维修或更换 CAN 主线或连接器（ECM 主线）；如果正常，则更换 ECM。

（6）检查 CAN 总线是否短路（CAN1 号接线连接器 -CAN2 号接线连接器）

❶ 将点火开关置于 OFF 位置。

❷ 断开 CAN1 号接线连接器。

❸ 根据图 12-6 和表 12-10 中的值测量电阻。

表 12-10　标准电阻（9）

检测仪连接	条件	规定状态
E58-10（CAN-H）-E58-21（CAN-L）	点火开关置于 OFF 位置	1MΩ 或更大

如果异常，则维修或更换 CAN 主线或连接器（CAN1 号接线连接器 -CAN2 号接线连接器）；如果正常，则检查 CAN 总线是否短路（CAN1 号接线连接器 - 动力转向 ECU 支线）。

（7）检查 CAN 总线是否短路（CAN1 号接线连接器 – 动力转向 ECU 支线）
❶ 重新连接 CAN2 号接线连接器。
❷ 根据图 12-13 和表 12-11 中的值测量电阻。

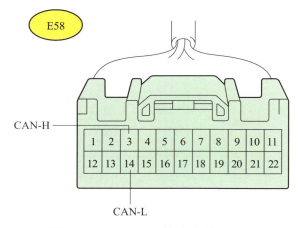

图 12-13　CAN1 号接线连接器（2）

表 12-11　标准电阻（10）

检测仪连接	条件	规定状态
E58-3（CAN-H）-E58-14（CAN-L）	点火开关置于 OFF 位置	1MΩ 或更大

如果异常，则检查 CAN 总线是否短路（动力转向 ECU 支线）；如果正常，则检查 CAN 总线是否短路（CAN1 号接线连接器 - 转向角传感器支线）。

（8）检查 CAN 总线是否短路（CAN1 号接线连接器 – 转向角传感器支线）
根据图 12-14 和表 12-12 中的值测量电阻。

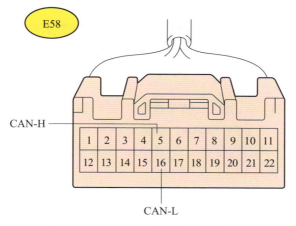

图 12-14　CAN1 号接线连接器（3）

表 12-12　标准电阻（11）

检测仪连接	条件	规定状态
E58-5（CAN-H）-E58-16（CAN-L）	点火开关置于 OFF 位置	1MΩ 或更大

如果异常，则检查 CAN 总线是否短路（转向角传感器支线）；如果正常，则检查 CAN 总线是否短路（CAN1 号接线连接器 - 横摆率传感器支线）。

（9）检查 CAN 总线是否短路（CAN1 号接线连接器 – 横摆率传感器支线）根据图 12-15 和表 12-13 中的值测量电阻。

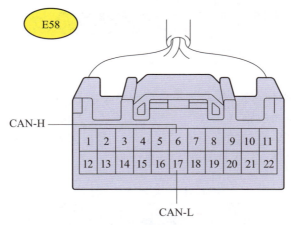

图 12-15　CAN1 号接线连接器（4）

表 12-13　标准电阻 (12)

检测仪连接	条件	规定状态
E58-6（CAN-H）-E58-17（CAN-L）	点火开关置于 OFF 位置	1MΩ 或更大

如果异常，则检查 CAN 总线是否短路（横摆率传感器支线）；如果正常，则检查 CAN 总线是否短路（CAN1 号接线连接器 - 主车身 ECU 支线）。

（10）检查 CAN 总线是否短路（CAN1 号接线连接器 – 主车身 ECU 支线）
根据图 12-16 和表 12-14 中的值测量电阻。

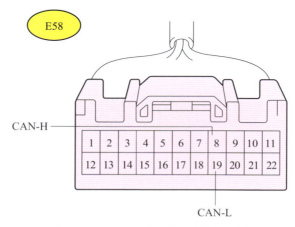

图 12-16　CAN1 号接线连接器（5）

表 12-14　标准电阻（13）

检测仪连接	条件	规定状态
E58-8（CAN-H）-E58-19（CAN-L）	点火开关置于 OFF 位置	1MΩ 或更大

如果异常，则检查 CAN 总线是否短路（主车身 ECU 支线）；如果正常，则检查 CAN 总线是否短路（CAN1 号接线连接器 - 空调放大器支线）。

（11）检查 CAN 总线是否短路（CAN1 号接线连接器 – 空调放大器支线）
根据图 12-17 和表 12-15 中的值测量电阻。

表 12-15　标准电阻（14）

检测仪连接	条件	规定状态
E58-4（CAN-H）-E58-15（CAN-L）	点火开关置于 OFF 位置	1MΩ 或更大

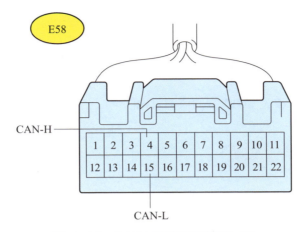

图 12-17 CAN1 号接线连接器（6）

如果异常，则检查 CAN 总线是否短路（空调放大器支线）；如果正常，则检查 CAN 总线是否短路（CAN1 号接线连接器 - 中央气囊传感器总成支线）。

（12）检查 CAN 总线是否短路（CAN1 号接线连接器 - 中央气囊传感器总成支线）

根据图 12-18 和表 12-16 中的值测量电阻。

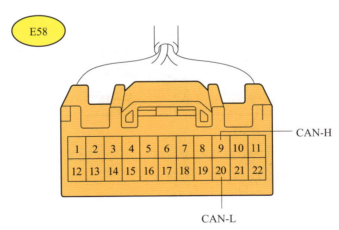

图 12-18 CAN1 号接线连接器（7）

表 12-16 标准电阻（15）

检测仪连接	条件	规定状态
E58-9（CAN-H）-E58-20（CAN-L）	点火开关置于 OFF 位置	1MΩ 或更大

如果异常，则检查 CAN 总线是否短路（中央气囊传感器总成支线）；如果正常，则检查 CAN 总线是否短路（CAN1 号接线连接器 - 组合仪表支线）。

（13）检查 CAN 总线是否短路（CAN 1 号接线连接器 – 组合仪表 ECU 主线）

根据图 12-19 和表 12-17 中的值测量电阻。

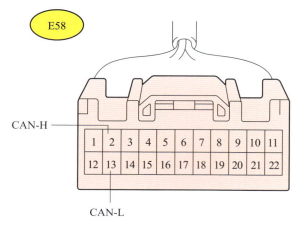

图 12-19　CAN1 号接线连接器（8）

表 12-17　标准电阻（16）

检测仪连接	条件	规定状态
E58-2（CAN-H）-E58-13（CAN-L）	点火开关置于 OFF 位置	108～132Ω

如果异常，则检查 CAN 总线是否短路（组合仪表 ECU 主线）；如果正常，则检查 CAN 总线是否短路（CAN 1 号接线连接器 - 网络网关 ECU）。

（14）检查 CAN 总线是否短路（CAN1 号接线连接器 – 网络网关 ECU）

根据图 12-20 和表 12-18 中的值测量电阻。

表 12-18　标准电阻（17）

检测仪连接	条件	规定状态
E58-11（CAN-H）-E58-22（CAN-L）	点火开关置于 OFF 位置	1MΩ 或更大

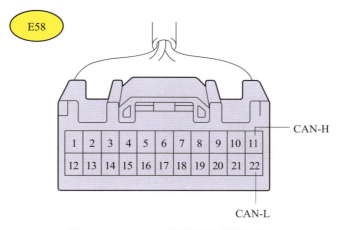

图 12-20　CAN1 号接线连接器（9）

如果异常，则检查 CAN 总线是否短路（网络网关 ECU）；如果正常，则更换 CAN1 号接线连接器。

（15）检查 CAN 总线是否短路（动力转向 ECU 支线）

❶ 断开动力转向 ECU 连接器。

❷ 根据图 12-21 和表 12-19 中的值测量电阻。

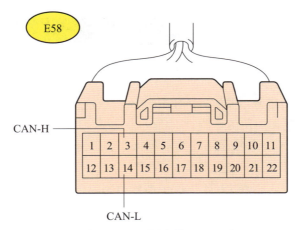

图 12-21　CAN1 号接线连接器（10）

表 12-19　标准电阻（18）

检测仪连接	条件	规定状态
E58-3（CAN-H）-E58-14（CAN-L）	点火开关置于 OFF 位置	1MΩ 或更大

如果异常，则维修或更换 CAN 总线支线或连接器（动力转向 ECU 支线）；如果正常，则更换动力转向 ECU。

（16）检查 CAN 总线是否短路（转向角传感器支线）

❶ 断开转向角传感器连接器。
❷ 根据图 12-22 和表 12-20 中的值测量电阻。

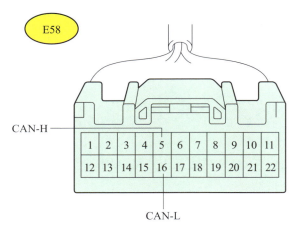

图 12-22　CAN1 号接线连接器（11）

表 12-20　标准电阻（19）

检测仪连接	条件	规定状态
E58-5（CAN-H）-E58-16（CAN-L）	点火开关置于 OFF 位置	1MΩ 或更大

如果异常，则维修或更换 CAN 总线支线或连接器（转向角传感器支线）；如果正常，则更换转向角传感器。

（17）检查 CAN 总线是否短路（横摆率传感器支线）

❶ 断开横摆率传感器连接器。
❷ 根据图 12-23 和表 12-21 中的值测量电阻。

表 12-21　标准电阻（20）

检测仪连接	条件	规定状态
E58-6（CAN-H）-E58-17（CAN-L）	点火开关置于 OFF 位置	1MΩ 或更大

如果异常，则维修或更换 CAN 总线支线或连接器（横摆率传感器支线）；如果正常，则更换横摆率传感器。

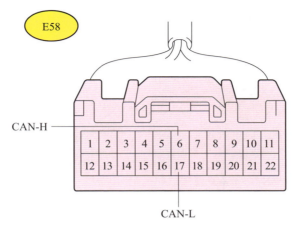

图 12-23　CAN1 号接线连接器（12）

（18）检查 CAN 总线是否短路（主车身 ECU 支线）

❶ 断开主车身 ECU 连接器。

❷ 根据图 12-24 和表 12-22 中的值测量电阻。

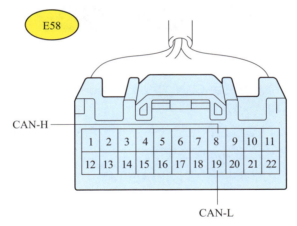

图 12-24　CAN1 号接线连接器（13）

表 12-22　标准电阻（21）

检测仪连接	条件	规定状态
E58-8（CAN-H）-E58-19（CAN-L）	点火开关置于 OFF 位置	1MΩ 或更大

如果异常，则维修或更换 CAN 总线支线或连接器（主车身 ECU 支线）；如果正常，则更换主车身 ECU。

（19）检查 CAN 总线是否短路（空调放大器支线）

❶ 断开空调放大器连接器。

❷ 根据图 12-25 和表 12-23 中的值测量电阻。

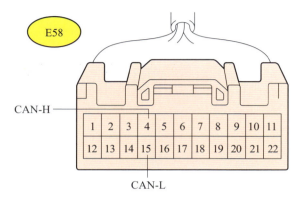

图 12-25　CAN1 号接线连接器（14）

表 12-23　标准电阻（22）

检测仪连接	条件	规定状态
E58-4（CAN-H）-E58-15（CAN-L）	点火开关置于 OFF 位置	1MΩ 或更大

如果异常，则维修或更换 CAN 总线支线或连接器（空调放大器支线）；如果正常，则更换空调放大器。

（20）检查 CAN 总线是否短路（中央气囊传感器总成支线）

❶ 断开中央气囊传感器总成连接器。

❷ 根据图 12-26 和表 12-24 中的值测量电阻。

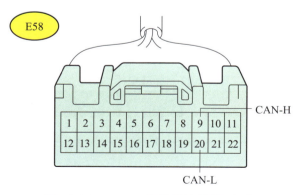

图 12-26　CAN1 号接线连接器（15）

表 12-24　标准电阻（23）

检测仪连接	条件	规定状态
E58-9（CAN-H）-E58-20（CAN-L）	点火开关置于 OFF 位置	1MΩ 或更大

如果异常，则维修或更换 CAN 总线支线或连接器（中央气囊传感器总成支线）；如果正常，则更换中央气囊传感器总成。

（21）检查 CAN 总线是否短路（组合仪表 ECU 主线）

❶ 断开组合仪表 ECU 连接器。

❷ 根据图 12-27 和表 12-25 中的值测量电阻。

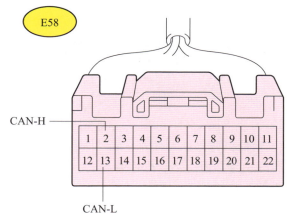

图 12-27　CAN1 号接线连接器（16）

表 12-25　标准电阻（24）

检测仪连接	条件	规定状态
E58-2（CAN-H）-E58-13（CAN-L）	点火开关置于 OFF 位置	1MΩ 或更大

如果异常，则维修或更换 CAN 主线或连接器（组合仪表 ECU 主线）；如果正常，则更换组合仪表。

（22）检查 CAN 总线是否短路（防滑控制 ECU 支线）

❶ 断开防滑控制 ECU 连接器。

❷ 根据图 12-28 和表 12-26 中的值测量电阻。

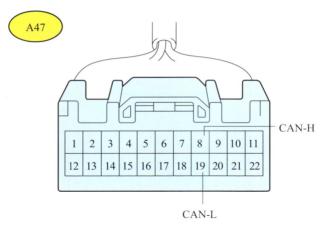

图 12-28　CAN2 号接线连接器（5）

表 12-26　标准电阻（25）

检测仪连接	条件	规定状态
A47-8（CAN-H）-A47-19（CAN-L）	点火开关置于 OFF 位置	1MΩ 或更大

如果异常，则维修或更换 CAN 总线支线或连接器（防滑控制 ECU 支线）；如果正常，则更换制动器执行器总成。

(23) 检查 CAN 总线是否短路（网络网关 ECU 支线）

❶ 断开网络网关 ECU 连接器。

❷ 根据图 12-29 和表 12-27 中的值测量电阻。

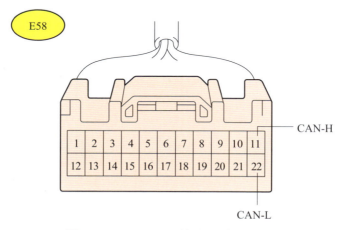

图 12-29　CAN1 号接线连接器（17）

表 12-27 标准电阻（26）

检测仪连接	条件	规定状态
E58-11（CAN-H）-E58-22（CAN-L）	点火开关置于 OFF 位置	1MΩ 或更大

如果异常，则维修或更换 CAN 总线支线或连接器（网络网关 ECU 支线）；如果正常，则更换网络网关 ECU。

三、检查 CAN 总线是否对 +B 短路

如果诊断接头的端子 6（CAN-H）和 16（BAT）或端子 14（CAN-L）和 16（BAT）之间没有电阻，那么在 CAN 总线和 +B 之间可能存在短路。故障现象和故障部位见表 12-28。

表 12-28 故障现象和故障部位（2）

故障现象	故障部位
诊断接头的端子 6（CAN-H）和 16（BAT）或端子 14（CAN-L）和 16（BAT）之间没有电阻	（1）CAN 总线对 +B 短路 （2）防滑控制 ECU （3）动力转向 ECU （4）转向角传感器（带 VSC） （5）横摆率传感器（带 VSC） （6）ECM （7）中央气囊传感器总成 （8）空调放大器 （9）组合仪表 ECU （10）主车身 ECU （11）网络网关 ECU

CAN 系统电路如图 12-5 所示。检查方法如下。

（1）检查 CAN 总线是否对 B+ 短路（诊断接头支线）

❶ 将点火开关置于 OFF 位置，断开蓄电池负极端子。

❷ 断开 CAN1 号接线连接器。

❸ 根据图 12-30 和表 12-29 中的值测量电阻。

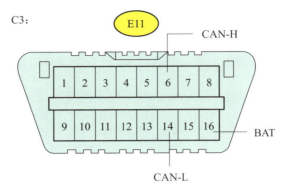

图 12-30 诊断接头（6）

表 12-29 标准电阻（27）

检测仪连接	条件	规定状态
E11-6（CAN-H）-E11-16（BAT）	断开蓄电池负极端子	6kΩ 或更大
E11-14（CAN-L）-E11-16（BAT）	断开蓄电池负极端子	6kΩ 或更大

如果异常，则维修或更换连接至诊断接头的 CAN 支线；如果正常，则检查 CAN 总线是否对 B+ 短路（CAN2 号接线连接器）。

（2）检查 CAN 总线是否对 B+ 短路（CAN2 号接线连接器）

❶ 重新连接 CAN1 号接线连接器。

❷ 将点火开关置于 OFF 位置。

❸ 断开 CAN2 号接线连接器。

❹ 根据图 12-30 和表 12-29 中的值测量电阻。

如果异常，则检查 CAN 总线是否对 B+ 短路（CAN1 号接线连接器 - 动力转向 ECU）；如果正常，则检查 CAN 总线是否对 B+ 短路（CAN2 号接线连接器 -ECM）。

（3）检查 CAN 总线是否对 B+ 短路（CAN2 号接线连接器 –ECM）

根据图 12-31 和表 12-30 中的值测量电阻。

表 12-30 标准电阻（28）

检测仪连接	条件	规定状态
A47-10（CAN-H）-E11-16（BAT）	断开蓄电池负极端子	6kΩ 或更大
A47-21（CAN-L）-E11-16（BAT）	断开蓄电池负极端子	6kΩ 或更大

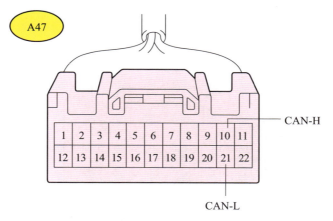

图 12-31　CAN2 号接线连接器（6）

如果异常，则检查 CAN 总线是否对 B+ 短路（ECM 主线）；如果正常，则检查 CAN 总线是否对 B+ 短路（防滑控制 ECU 支线）。

（4）检查 CAN 总线是否对 B+ 短路（防滑控制 ECU 支线）

❶ 断开防滑控制 ECU 连接器。

❷ 根据图 12-32 ～图 12-34 和表 12-31 中的值测量电阻。

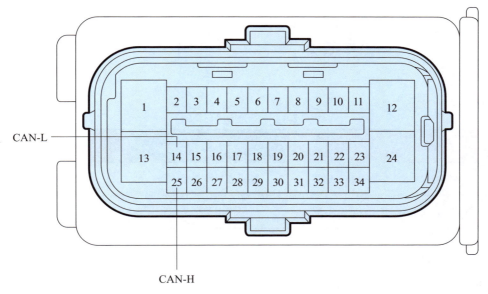

图 12-32　防滑控制 ECU 连接器

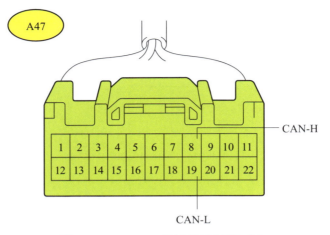

图 12-33 CAN2 号接线连接器（7）

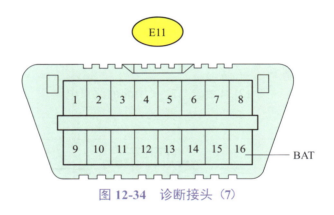

图 12-34 诊断接头（7）

表 12-31 标准电阻（29）

检测仪连接	条件	规定状态
A47-8（CAN-H）-E11-16（BAT）	断开蓄电池负极端子	6kΩ 或更大
A47-19（CAN-L）-E11-16（BAT）	断开蓄电池负极端子	6kΩ 或更大

如果异常，则维修或更换 CAN 总线支线或连接器（防滑控制 ECU 支线）；如果正常，则更换制动器执行器总成。

(5) 检查 CAN 总线是否对 B+ 短路（ECM 主线）

❶ 断开 ECM 连接器。

❷ 根据图 12-34、图 12-35 和表 12-32 中的值测量电阻。

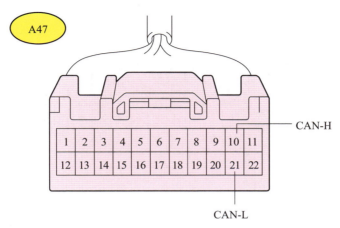

图 12-35　CAN2 号接线连接器（8）

表 12-32　标准电阻（30）

检测仪连接	条件	规定状态
A47-10（CAN-H）-E11-16（BAT）	断开蓄电池负极端子	6kΩ 或更大
A47-21（CAN-L）-E11-16（BAT）	断开蓄电池负极端子	6kΩ 或更大

如果异常，则维修或更换 CAN 主线或连接器（ECM 主线）；如果正常，则更换 ECM。

（6）检查 CAN 总线是否对 B+ 短路（CAN1 号接线连接器 – 动力转向 ECU 支线）

❶ 重新连接 CAN2 号接线连接器。

❷ 断开 CAN1 号接线连接器。

❸ 根据图 12-34、图 12-36 和表 12-33 中的值测量电阻。

表 12-33　标准电阻（31）

检测仪连接	条件	规定状态
E58-3（CAN-H）-E11-16（BAT）	断开蓄电池负极端子	6kΩ 或更大
E58-14（CAN-L）-E11-16（BAT）	断开蓄电池负极端子	6kΩ 或更大

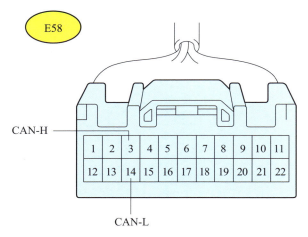

图 12-36　CAN1 号接线连接器（18）

如果异常，则检查 CAN 总线是否对 B+ 短路（动力转向 ECU 支线）；如果正常，则检查 CAN 总线是否对 B+ 短路（CAN1 号接线连接器 - 转向角传感器）。

（7）检查 CAN 总线是否对 B+ 短路（CAN1 号接线连接器 – 转向角传感器）

❶ 断开动力转向 ECU 连接器。

❷ 根据图 12-34、图 12-37 和表 12-34 中的值测量电阻。

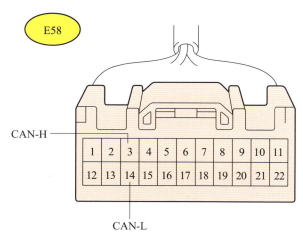

图 12-37　CAN1 号接线连接器（19）

表 12-34　标准电阻（32）

检测仪连接	条件	规定状态
E58-3（CAN-H）-E11-16（BAT）	断开蓄电池负极端子	6kΩ 或更大
E58-14（CAN-L）-E11-16（BAT）	断开蓄电池负极端子	6kΩ 或更大

如果异常，则检查 CAN 总线是否对 B+ 短路（转向角传感器）；如果正常，则检查 CAN 总线是否对 B+ 短路（CAN1 号接线连接器 - 横摆率传感器支线）。

（8）检查 CAN 总线是否对 B+ 短路（CAN1 号接线连接器 – 横摆率传感器支线）

根据图 12-34、图 12-38 和表 12-35 中的值测量电阻。

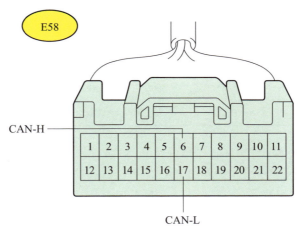

图 12-38　CAN1 号接线连接器（20）

表 12-35　标准电阻（33）

检测仪连接	条件	规定状态
E58-6（CAN-H）-E11-16（BAT）	断开蓄电池负极端子	6kΩ 或更大
E58-17（CAN-L）-E11-16（BAT）	断开蓄电池负极端子	6kΩ 或更大

如果异常，则检查 CAN 总线是否对 B+ 短路（横摆率传感器支线）；如果正常，则检查 CAN 总线是否对 B+ 短路（CAN 1 号接线连接器 - 主车身 ECU 支线）。

（9）检查 CAN 总线是否对 B+ 短路（CAN 1 号接线连接器 – 主车身 ECU 支线）

根据图 12-34、图 12-39 和表 12-36 中的值测量电阻。

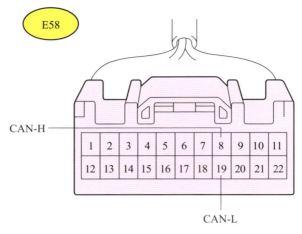

图 12-39　CAN 1 号接线连接器（21）

表 12-36　标准电阻（34）

检测仪连接	条件	规定状态
E58-8（CAN-H）-E11-16（BAT）	断开蓄电池负极端子	6kΩ 或更大
E58-19（CAN-L）-E11-16（BAT）	断开蓄电池负极端子	6kΩ 或更大

如果异常，则检查 CAN 总线是否对 B+ 短路（主车身 ECU 支线）；如果正常，则检查 CAN 总线是否对 B+ 短路（CAN 1 号接线连接器 - 空调放大器支线）。

（10）检查 CAN 总线是否对 B+ 短路（CAN1 号接线连接器 – 空调放大器支线）

根据图 12-34、图 12-40 和表 12-37 中的值测量电阻。

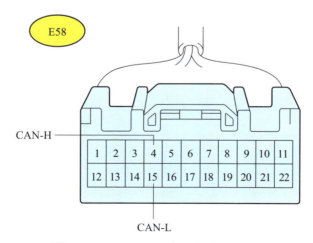

图 12-40　CAN1 号接线连接器（22）

表 12-37　标准电阻（35）

检测仪连接	条件	规定状态
E58-4（CAN-H）-E11-16（BAT）	断开蓄电池负极端子	6kΩ 或更大
E58-15（CAN-L）-E11-16（BAT）	断开蓄电池负极端子	6kΩ 或更大

如果异常，则检查 CAN 总线是否对 B+ 短路（空调放大器支线）；如果正常，则检查 CAN 总线是否对 B+ 短路（CAN1 号接线连接器 - 中央气囊传感器总成支线）。

（11）检查 CAN 总线是否对 B+ 短路（CAN1 号接线连接器 – 中央气囊传感器总成支线）

根据图 12-34、图 12-41 和表 12-38 中的值测量电阻。

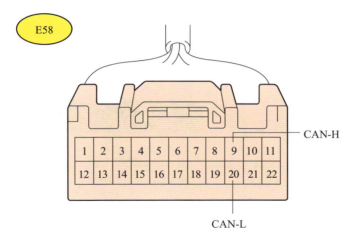

图 12-41　CAN1 号接线连接器（23）

表 12-38　标准电阻（36）

检测仪连接	条件	规定状态
E58-9（CAN-H）-E11-16（BAT）	断开蓄电池负极端子	6kΩ 或更大
E58-20（CAN-L）-E11-16（BAT）	断开蓄电池负极端子	6kΩ 或更大

如果异常，则检查 CAN 总线是否对 B+ 短路（中央气囊传感器总成支线）；如果正常，则检查 CAN 总线是否对 B+ 短路（CAN1 号接线连接器 - 组合仪表）。

（12）检查 CAN 总线是否对 B+ 短路（CAN 1 号接线连接器 – 组合仪表）

根据图 12-34、图 12-42 和表 12-39 中的值测量电阻。

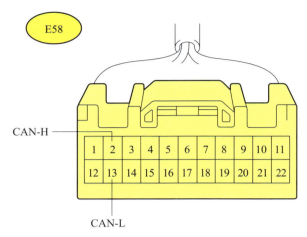

图 12-42　CAN1 号接线连接器（24）

表 12-39　标准电阻（37）

检测仪连接	条件	规定状态
E58-2（CAN-H）-E11-16（BAT）	断开蓄电池负极端子	6kΩ 或更大
E58-13（CAN-L）-E11-16（BAT）	断开蓄电池负极端子	6kΩ 或更大

如果异常，则检查 CAN 总线是否对 B+ 短路（组合仪表）；如果正常，则检查 CAN 总线是否对 B+ 短路（CAN1 号接线连接器 - 网络网关 ECU）。

（13）检查 CAN 总线是否对 B+ 短路（CAN1 号接线连接器 – 网络网关 ECU）

根据图 12-34、图 12-43 和表 12-40 中的值测量电阻。

表 12-40　标准电阻（38）

检测仪连接	条件	规定状态
E58-11（CAN-H）-E11-16（BAT）	断开蓄电池负极端子	6kΩ 或更大
E58-22（CAN-L）-E11-16（BAT）	断开蓄电池负极端子	6kΩ 或更大

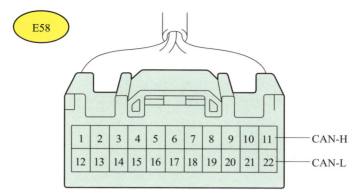

图 12-43　CAN 1 号接线连接器（25）

如果异常，则检查 CAN 总线是否对 B+ 短路（网络网关 ECU）；如果正常，则维修或更换 CAN 主线或连接器（CAN1 号接线连接器 -CAN2 号接线连接器）。

（14）检查 CAN 总线是否对 B+ 短路（动力转向 ECU 支线）

❶ 断开动力转向 ECU 连接器。

❷ 根据图 12-34、图 12-44 和表 12-41 中的值测量电阻。

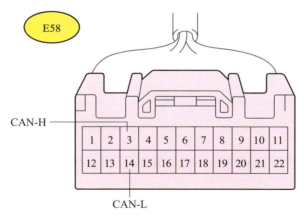

图 12-44　CAN 1 号接线连接器（26）

表 12-41　标准电阻（39）

检测仪连接	条件	规定状态
E58-3（CAN-H）-E11-16（BAT）	断开蓄电池负极端子	6kΩ 或更大
E58-14（CAN-L）-E11-16（BAT）	断开蓄电池负极端子	6kΩ 或更大

如果异常，则维修或更换 CAN 总线支线或连接器（动力转向 ECU 支线）；如果正常，则更换动力转向 ECU。

（15）检查 CAN 总线是否对 B+ 短路（转向角传感器支线）

❶ 断开转向角传感器连接器。

❷ 根据图 12-34、图 12-45 和表 12-42 中的值测量电阻。

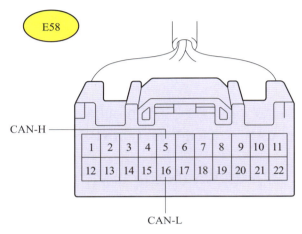

图 12-45　CAN1 号接线连接器（27）

表 12-42　标准电阻（40）

检测仪连接	条件	规定状态
E58-5（CAN-H）-E11-16（BAT）	断开蓄电池负极端子	6kΩ 或更大
E58-16（CAN-L）-E11-16（BAT）	断开蓄电池负极端子	6kΩ 或更大

如果异常，则维修或更换 CAN 总线支线或连接器（转向角传感器支线）；如果正常，则更换转向角传感器。

（16）检查 CAN 总线是否对 B+ 短路（横摆率传感器支线）

❶ 断开横摆率传感器连接器。

❷ 根据图 12-34、图 12-46 和表 12-43 中的值测量电阻。

表 12-43　标准电阻（41）

检测仪连接	条件	规定状态
E58-6（CAN-H）-E11-16（BAT）	断开蓄电池负极端子	6kΩ 或更大
E58-17（CAN-L）-E11-16（BAT）	断开蓄电池负极端子	6kΩ 或更大

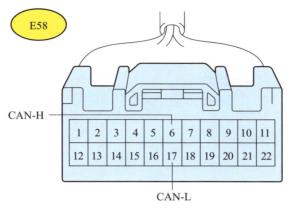

图 12-46　CAN1 号接线连接器（28）

如果异常，则维修或更换 CAN 总线支线或连接器（横摆率传感器支线）；如果正常，则更换横摆率传感器。

(17) 检查 CAN 总线是否对 B+ 短路（主车身 ECU 支线）

❶ 断开主车身 ECU 连接器。

❷ 根据图 12-34、图 12-47 和表 12-44 中的值测量电阻。

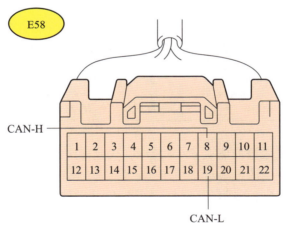

图 12-47　CAN1 号接线连接器（29）

表 12-44　标准电阻（42）

检测仪连接	条件	规定状态
E58-8（CAN-H）-E11-16（BAT）	断开蓄电池负极端子	6kΩ 或更大
E58-19（CAN-L）-E11-16（BAT）	断开蓄电池负极端子	6kΩ 或更大

如果异常，则维修或更换 CAN 总线支线或连接器（主车身 ECU 支线）；如果正常，则更换主车身 ECU。

(18) 检查 CAN 总线是否对 B+ 短路（空调放大器支线）

❶ 断开空调放大器连接器。

❷ 根据图 12-34、图 12-48 和表 12-45 中的值测量电阻。

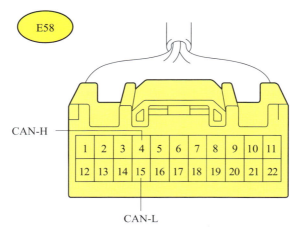

图 12-48　CAN 1 号接线连接器（30）

表 12-45　标准电阻（43）

检测仪连接	条件	规定状态
E58-4（CAN-H）-E11-16（BAT）	断开蓄电池负极端子	6kΩ 或更大
E58-15（CAN-L）-E11-16（BAT）	断开蓄电池负极端子	6kΩ 或更大

如果异常，则维修或更换 CAN 总线支线或连接器（空调放大器支线）；如果正常，则更换空调放大器。

(19) 检查 CAN 总线是否对 B+ 短路（中央气囊传感器总成支线）

❶ 断开中央气囊传感器总成连接器。

❷ 根据图 12-34、图 12-49 和表 12-46 中的值测量电阻。

表 12-46　标准电阻（44）

检测仪连接	条件	规定状态
E58-9（CAN-H）-E11-16（BAT）	断开蓄电池负极端子	6kΩ 或更大
E58-20（CAN-L）-E11-16（BAT）	断开蓄电池负极端子	6kΩ 或更大

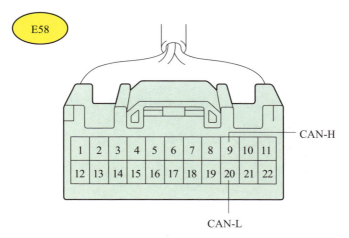

图 12-49　CAN 1 号接线连接器（31）

如果异常，则维修或更换 CAN 总线支线或连接器（中央气囊传感器总成支线）；如果正常，则更换中央气囊传感器总成。

(20) 检查 CAN 总线是否对 B+ 短路（组合仪表主线）

❶ 断开组合仪表连接器。

❷ 根据图 12-34、图 12-50 和表 12-47 中的值测量电阻。

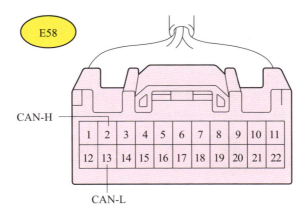

图 12-50　CAN 1 号接线连接器（32）

表 12-47　标准电阻（45）

检测仪连接	条件	规定状态
E58-2（CAN-H）-E11-16（BAT）	断开蓄电池负极端子	6kΩ 或更大
E58-13（CAN-L）-E11-16（BAT）	断开蓄电池负极端子	6kΩ 或更大

如果异常,则维修或更换 CAN 总线支线或连接器(组合仪表主线);如果正常,则更换组合仪表。

(21) 检查 CAN 总线是否对 B+ 短路(网络网关 ECU 支线)

❶ 断开网络网关 ECU 连接器。
❷ 根据图 12-34、图 12-51 和表 12-48 中的值测量电阻。

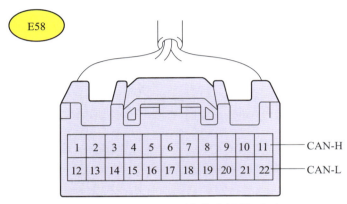

图 12-51　CAN 1 号接线连接器(33)

表 12-48　标准电阻(46)

检测仪连接	条件	规定状态
E58-11(CAN-H)-E11-16(BAT)	断开蓄电池负极端子	6kΩ 或更大
E58-22(CAN-L)-E11-16(BAT)	断开蓄电池负极端子	6kΩ 或更大

如果异常,则维修或更换 CAN 总线支线或连接器(网络网关 ECU 支线);如果正常,则更换网络网关 ECU。

、检查 CAN 总线是否对搭铁短路

如果诊断接头的端子 6(CAN-H)和 4(CG)或端子 14(CAN-L)和 4(CG)之间没有电阻,则 CAN 总线和搭铁之间可能存在短路。故障现象和故障部位见表 12-49。

表 12-49 故障现象和故障部位（3）

故障现象	故障部位
诊断接头的端子 6（CAN-H）和 4（CG）或端子 14（CAN-L）和 4（CG）之间没有电阻	（1）CAN 总线对搭铁短路 （2）防滑控制 ECU （3）动力转向 ECU （4）转向角传感器（带 VSC） （5）横摆率传感器（带 VSC） （6）ECM （7）中央气囊传感器总成 （8）空调放大器 （9）组合仪表 ECU （10）主车身 ECU （11）网络网关 ECU

CAN 系统电路如图 12-5 所示。检查方法如下。

（1）检查 CAN 总线是否对搭铁短路（诊断接头支线）

❶ 将点火开关置于 OFF 位置。

❷ 断开 CAN1 号接线连接器。

❸ 根据图 12-52 和表 12-50 中的值测量电阻。

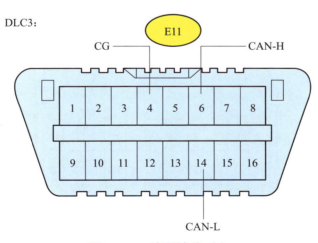

图 12-52　诊断接头（8）

表 12-50 标准电阻（47）

检测仪连接	条件	规定状态
E11-6（CAN-H）-E11-4（CG）	点火开关置于 OFF 位置	200Ω 或更大
E11-14（CAN-L）-E11-4（CG）	点火开关置于 OFF 位置	200Ω 或更大

如果异常，则维修或更换连接至诊断接头的 CAN 支线；如果正常，则检查 CAN 总线是否对搭铁短路（CAN2 号接线连接器）。

(2) 检查 CAN 总线是否对搭铁短路（CAN2 号接线连接器）

❶ 重新连接 CAN1 号接线连接器。
❷ 将点火开关置于 OFF 位置。
❸ 断开 CAN2 号接线连接器。
❹ 根据图 12-52 和表 12-50 中的值测量电阻。

如果异常，则检查 CAN 总线是否对搭铁短路（CAN1 号接线连接器 - 动力转向 ECU）；如果正常，则检查 CAN 总线是否对搭铁短路（CAN2 号接线连接器 -ECM）。

(3) 检查 CAN 总线是否对搭铁短路（CAN2 号接线连接器 -ECM）

根据图 12-53、图 12-54 和表 12-51 中的值测量电阻。

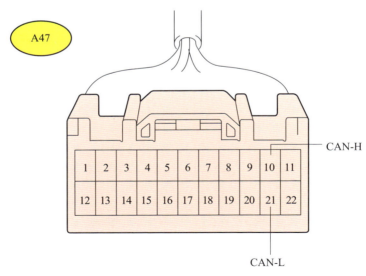

图 12-53　CAN2 号接线连接器（9）

表 12-51 标准电阻（48）

检测仪连接	条件	规定状态
A47-10（CAN-H）-E11-4（CG）	点火开关置于 OFF 位置	200Ω 或更大
A47-21（CAN-L）-E11-4（CG）	点火开关置于 OFF 位置	200Ω 或更大

如果异常，则检查 CAN 总线是否对搭铁短路（ECM 主线）；如果正常，则检查 CAN 总线是否对搭铁短路（防滑控制 ECU 支线）。

（4）检查 CAN 总线是否对搭铁短路（防滑控制 ECU 支线）

❶ 断开防滑控制 ECU 连接器。

❷ 根据图 12-54～图 12-56 和表 12-52 中的值测量电阻。

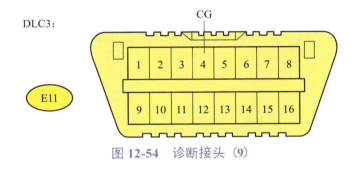

图 12-54 诊断接头（9）

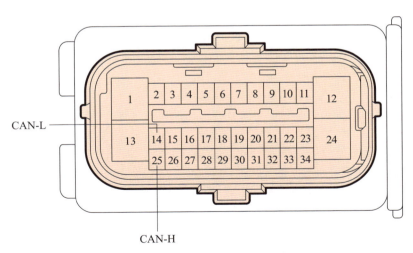

图 12-55 防滑控制 ECU 连接器

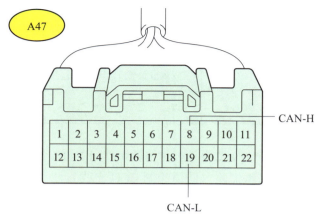

图 12-56　CAN2 号接线连接器（10）

表 12-52　标准电阻（49）

检测仪连接	条件	规定状态
A47-8（CAN-H）-E11-4（CG）	点火开关置于 OFF 位置	200Ω 或更大
A47-19（CAN-L）-E11-4（CG）	点火开关置于 OFF 位置	200Ω 或更大

如果异常，则维修或更换 CAN 总线支线或连接器（防滑控制 ECU 支线）；如果正常，则更换制动器执行器总成。

（5）检查 CAN 总线是否对搭铁短路（ECM 主线）

❶ 断开 ECM 连接器。

❷ 根据图 12-54、图 12-57 和表 12-53 中的值测量电阻。

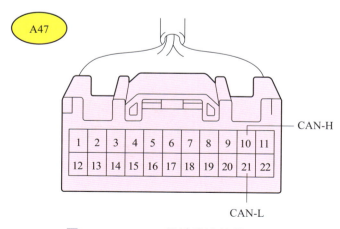

图 12-57　CAN2 号接线连接器（11）

表 12-53　标准电阻（50）

检测仪连接	条件	规定状态
A47-10（CAN-H）-E11-4（CG）	点火开关置于 OFF 位置	200Ω 或更大
A47-21（CAN-L）-E11-4（CG）	点火开关置于 OFF 位置	200Ω 或更大

如果异常，则维修或更换 CAN 总线主线或连接器（ECM 主线）；如果正常，则更换 ECM。

（6）检查 CAN 总线是否对搭铁短路（CAN1 号接线连接器 – 动力转向 ECU 支线）

❶ 重新连接 CAN2 号接线连接器。

❷ 断开 CAN1 号接线连接器。

❸ 根据图 12-54、图 12-58 和表 12-54 中的值测量电阻。

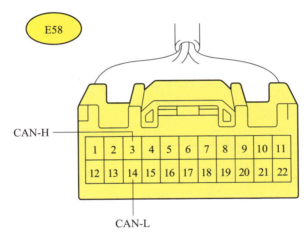

图 12-58　CAN1 号接线连接器（34）

表 12-54　标准电阻（51）

检测仪连接	条件	规定状态
E58-3（CAN-H）-E11-4（CG）	点火开关置于 OFF 位置	200Ω 或更大
E58-14（CAN-L）-E11-4（CG）	点火开关置于 OFF 位置	200Ω 或更大

如果异常，则检查 CAN 总线是否对搭铁短路（动力转向 ECU 支线）；如果正常，则更换 ECM。

（7）检查 CAN 总线是否对搭铁短路（CAN1 号接线连接器 - 转向角传感器支线）

根据图 12-54、图 12-59 和表 12-55 中的值测量电阻。

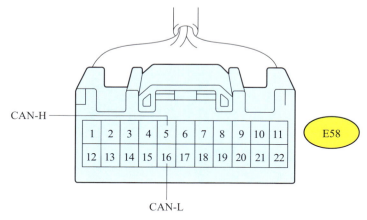

图 12-59　CAN1 号接线连接器（35）

表 12-55　标准电阻（52）

检测仪连接	条件	规定状态
E58-5（CAN-H）-E11-4（CG）	点火开关置于 OFF 位置	200Ω 或更大
E58-16（CAN-L）-E11-4（CG）	点火开关置于 OFF 位置	200Ω 或更大

如果异常，则检查 CAN 总线是否对搭铁短路（转向角传感器支线）；如果正常，则检查 CAN 总线是否对搭铁短路（CAN1 号接线连接器 - 横摆率传感器支线）。

（8）检查 CAN 总线是否对搭铁短路（CAN1 号接线连接器 - 横摆率传感器支线）

根据图 12-54、图 12-60 和表 12-56 中的值测量电阻。

表 12-56　标准电阻（53）

检测仪连接	条件	规定状态
E58-6（CAN-H）-E11-4（CG）	点火开关置于 OFF 位置	200Ω 或更大
E58-17（CAN-L）-E11-4（CG）	点火开关置于 OFF 位置	200Ω 或更大

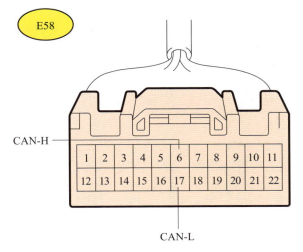

图 12-60　CAN1 号接线连接器（36）

如果异常，则检查 CAN 总线是否对搭铁短路（横摆率传感器支线）；如果正常，则检查 CAN 总线是否对搭铁短路（CAN1 号接线连接器 - 主车身 ECU 支线）。

（9）检查 CAN 总线是否对搭铁短路（CAN1 号接线连接器 - 主车身 ECU 支线）

根据图 12-54、图 12-61 和表 12-57 中的值测量电阻。

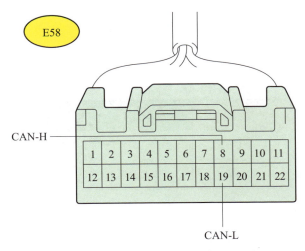

图 12-61　CAN1 号接线连接器（37）

表 12-57　标准电阻（54）

检测仪连接	条件	规定状态
E58-8（CAN-H）-E11-4（CG）	点火开关置于 OFF 位置	200Ω 或更大
E58-19（CAN-L）-E11-4（CG）	点火开关置于 OFF 位置	200Ω 或更大

如果异常，则检查 CAN 总线是否对搭铁短路（主车身 ECU 支线）；如果正常，则检查 CAN 总线是否对搭铁短路（CAN 1 号接线连接器 - 空调放大器支线）。

（10）检查 CAN 总线是否对搭铁短路（CAN1 号接线连接器 – 空调放大器支线）

根据图 12-54、图 12-62 和表 12-58 中的值测量电阻。

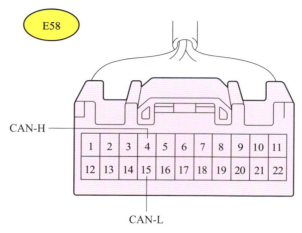

图 12-62　CAN1 号接线连接器 (38)

表 12-58　标准电阻（55）

检测仪连接	条件	规定状态
E58-4（CAN-H）-E11-4（CG）	点火开关置于 OFF 位置	200Ω 或更大
E58-15（CAN-L）-E11-4（CG）	点火开关置于 OFF 位置	200Ω 或更大

如果异常，则检查 CAN 总线是否对搭铁短路（空调放大器支线）；如果正常，则检查 CAN 总线是否对搭铁短路（CAN 1 号接线连接器 - 中央气囊传感器总成支线）。

（11）检查 CAN 总线是否对搭铁短路（CAN1 号接线连接器 – 中央气囊传感器总成支线）

❶ 断开空调放大器连接器。
❷ 根据图 12-54、图 12-63 和表 12-59 中的值测量电阻。

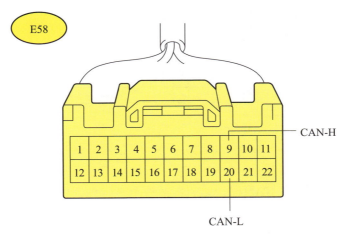

图 12-63　CAN 1 号接线连接器（39）

表 12-59　标准电阻（56）

检测仪连接	条件	规定状态
E58-9（CAN-H）-E11-4（CG）	点火开关置于 OFF 位置	200Ω 或更大
E58-20（CAN-L）-E11-4（CG）	点火开关置于 OFF 位置	200Ω 或更大

如果异常，则检查 CAN 总线是否对搭铁短路（中央气囊传感器总成支线）；如果正常，则检查 CAN 总线是否对搭铁短路（CAN1 号接线连接器 - 组合仪表）。

（12）检查 CAN 总线是否对搭铁短路（CAN1 号接线连接器 – 组合仪表主线）

根据图 12-54、图 12-64 和表 12-60 中的值测量电阻。

表 12-60　标准电阻（57）

检测仪连接	条件	规定状态
E58-2（CAN-H）-E11-4（CG）	点火开关置于 OFF 位置	200Ω 或更大
E58-13（CAN-L）-E11-4（CG）	点火开关置于 OFF 位置	200Ω 或更大

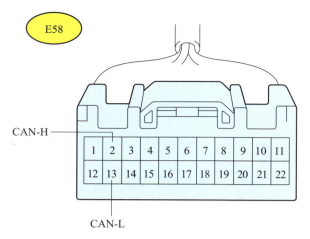

图 12-64　CAN1 号接线连接器（40）

如果异常，则检查 CAN 总线是否对搭铁短路（组合仪表主线）；如果正常，则检查 CAN 总线是否对搭铁短路（CAN1 号接线连接器 - 网络网关 ECU）。

（13）检查 CAN 总线是否对搭铁短路（CAN1 号接线连接器 – 网络网关 ECU）

根据图 12-54、图 12-65 和表 12-61 中的值测量电阻。

如果异常，则检查 CAN 总线是否对搭铁短路（网络网关 ECU）；如果正常，则维修或更换 CAN 主线或连接器（CAN1 号接线连接器 -CAN2 号接线连接器）。

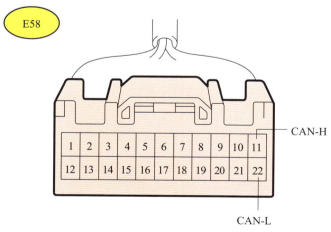

图 12-65　CAN1 号接线连接器（41）

表 12-61　标准电阻（58）

检测仪连接	条件	规定状态
E58-11（CAN-H）-E11-4（CG）	点火开关置于 OFF 位置	200Ω 或更大
E58-22（CAN-L）-E11-4（CG）	点火开关置于 OFF 位置	200Ω 或更大

（14）检查 CAN 总线是否对搭铁短路（动力转向 ECU 支线）

❶ 断开动力转向 ECU 连接器。

❷ 根据图 12-54、图 12-66 和表 12-62 中的值测量电阻。

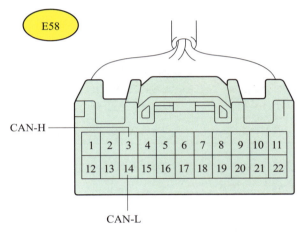

图 12-66　CAN1 号接线连接器（42）

表 12-62　标准电阻（59）

检测仪连接	条件	规定状态
E58-3（CAN-H）-E11-4（CG）	点火开关置于 OFF 位置	200Ω 或更大
E58-14（CAN-L）-E11-4（CG）	点火开关置于 OFF 位置	200Ω 或更大

如果异常，则维修或更换 CAN 总线支线或连接器（动力转向 ECU 支线）；如果正常，则更换动力转向 ECU。

（15）检查 CAN 总线是否对搭铁短路（转向角传感器支线）

❶ 断开转向角传感器连接器。

❷ 根据图 12-54、图 12-67 和表 12-63 中的值测量电阻。

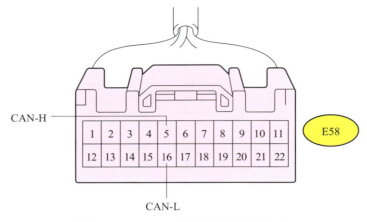

图 12-67　CAN1 号接线连接器（43）

表 12-63　标准电阻（60）

检测仪连接	条件	规定状态
E58-5（CAN-H）-E11-4（CG）	点火开关置于 OFF 位置	200Ω 或更大
E58-16（CAN-L）-E11-4（CG）	点火开关置于 OFF 位置	200Ω 或更大

如果异常，则维修或更换 CAN 总线支线或连接器（转向角传感器支线）；如果正常，则更换转向角传感器。

（16）检查 CAN 总线是否对搭铁短路（横摆率传感器支线）

❶ 断开横摆率传感器连接器（图 12-68）。

❷ 根据图 12-54、图 12-69 和表 12-64 中的值测量电阻。

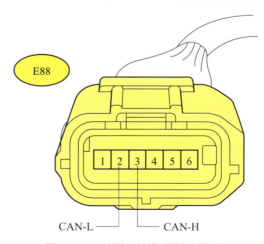

图 12-68　横摆率传感器连接器

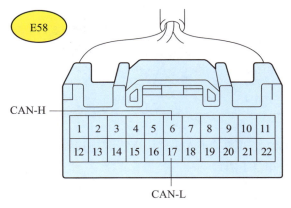

图 12-69　CAN 1 号接线连接器（44）

表 12-64　标准电阻（61）

检测仪连接	条件	规定状态
E58-6（CAN-H）-E11-4（CG）	点火开关置于 OFF 位置	200Ω 或更大
E58-17（CAN-L）-E11-4（CG）	点火开关置于 OFF 位置	200Ω 或更大

如果异常，则维修或更换 CAN 总线支线或连接器（横摆率传感器支线）；如果正常，则更换横摆率传感器。

（17）检查 CAN 总线是否对搭铁短路（主车身 ECU 支线）

❶ 断开主车身 ECU 连接器。

❷ 根据图 12-54、图 12-70 和表 12-65 中的值测量电阻。

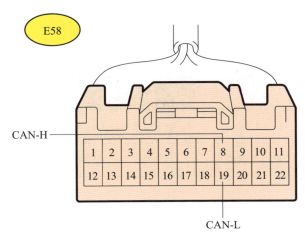

图 12-70　CAN 1 号接线连接器（45）

表 12-65　标准电阻（62）

检测仪连接	条件	规定状态
E58-8（CAN-H）-E11-4（CG）	点火开关置于 OFF 位置	200Ω 或更大
E58-19（CAN-L）-E11-4（CG）	点火开关置于 OFF 位置	200Ω 或更大

如果异常，则维修或更换 CAN 总线支线或连接器（主车身 ECU 支线）；如果正常，则更换主车身 ECU。

（18）检查 CAN 总线是否对搭铁短路（空调放大器支线）

❶ 断开空调放大器连接器。

❷ 根据图 12-54、图 12-71 和表 12-66 中的值测量电阻。

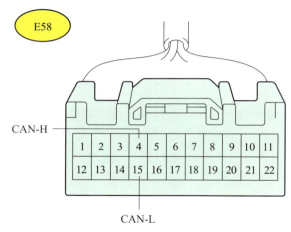

图 12-71　CAN1 号接线连接器（46）

表 12-66　标准电阻（63）

检测仪连接	条件	规定状态
E58-4（CAN-H）-E11-4（CG）	点火开关置于 OFF 位置	200Ω 或更大
E58-15（CAN-L）-E11-4（CG）	点火开关置于 OFF 位置	200Ω 或更大

如果异常，则维修或更换 CAN 总线支线或连接器（空调放大器支线）；如果正常，则更换空调放大器。

（19）检查 CAN 总线是否对搭铁短路（中央气囊传感器总成支线）

❶ 断开中央气囊传感器总成连接器。

❷ 根据图 12-54、图 12-72 和表 12-67 中的值测量电阻。

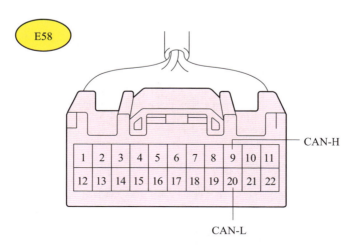

图 12-72　CAN1 号接线连接器（47）

表 12-67　标准电阻（64）

检测仪连接	条件	规定状态
E58-9（CAN-H）-E11-4（CG）	点火开关置于 OFF 位置	200Ω 或更大
E58-20（CAN-L）-E11-4（CG）	点火开关置于 OFF 位置	200Ω 或更大

如果异常，则维修或更换 CAN 总线支线或连接器（中央气囊传感器总成支线）；如果正常，则更换中央气囊传感器总成。

（20）检查 CAN 总线是否对搭铁短路（组合仪表主线）

❶ 断开组合仪表连接器。

❷ 根据图 12-73 和表 12-68 中的值测量电阻。

表 12-68　标准电阻（65）

检测仪连接	条件	规定状态
E58-2（CAN-H）-E11-4（CG）	点火开关置于 OFF 位置	200Ω 或更大
E58-13（CAN-L）-E11-4（CG）	点火开关置于 OFF 位置	200Ω 或更大

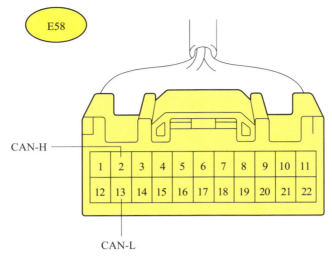

图 12-73　CAN1 号接线连接器（48）

如果异常，则维修或更换 CAN 总线主线或连接器（组合仪表主线）；如果正常，则更换组合仪表。

（21）检查 CAN 总线是否对搭铁短路（网络网关 ECU）

❶ 断开网络网关 ECU 连接器。

❷ 根据图 12-54、图 12-74 和表 12-69 中的值测量电阻。

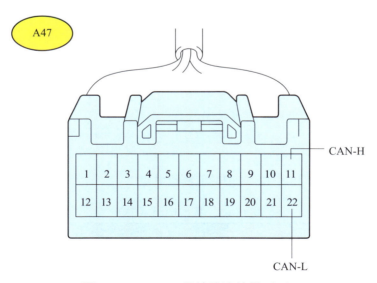

图 12-74　CAN1 号接线连接器（49）

表 12-69　标准电阻（66）

检测仪连接	条件	规定状态
A47-11（CAN-H）-E11-4（CG）	点火开关置于 OFF 位置	200Ω 或更大
A47-22（CAN-L）-E11-4（CG）	点火开关置于 OFF 位置	200Ω 或更大

　　如果异常，则维修或更换 CAN 总线支线或连接器（网络网关 ECU 支线）；如果正常，则更换网络网关 ECU。

参考文献

[1] 周晓飞.汽车维修从入门到精通[M].北京：化学工业出版社，2018.

[2] 顾惠烽.汽车常见故障 识别·检测·诊断·分析·排除[M].北京：化学工业出版社，2019.

[3] 李彦.汽车电脑板维修从入门到精通[M].北京：化学工业出版社，2022.

[4] 曹晶，顾惠烽.汽车故障诊断手册[M].北京：化学工业出版社，2020.

[5] 姚科业，顾惠烽.汽车传感器从入门到精通[M].北京：化学工业出版社，2021.